本书是习近平总书记视察山东五周年专题研究成果
本书是山东省社科规划研究重大项目（批准号17AWTJ02）研究成果

转化与发展
走进新时代的中华优秀传统文化

出版策划／李昌文
主　　编／刘明洋　副主编／王景强

山东人民出版社·济南
国家一级出版社　全国百佳图书出版单位

图书在版编目（CIP）数据

转化与发展：走进新时代的中华优秀传统文化/刘明洋主编．--济南：山东人民出版社，2018.11
ISBN 978-7-209-11818-7

Ⅰ．①转…　Ⅱ．①刘…　Ⅲ．①中华文化—研究　Ⅳ．①K203

中国版本图书馆 CIP 数据核字(2018)第 264054 号

转化与发展：走进新时代的中华优秀传统文化
ZHUANHUA YU FAZHAN：ZOUJIN XINSHIDAI DE ZHONGHUA YOUXIU CHUANTONG WENHUA
刘明洋　主编

主管部门　山东出版传媒股份有限公司
出版发行　山东人民出版社
出 版 人　胡长青
社　　址　济南市英雄山路 165 号
邮　　编　250002
电　　话　总编室（0531）82098914
　　　　　市场部（0531）82098027
网　　址　http：//www.sd-book.com.cn
印　　装　山东临沂新华印刷物流集团有限责任公司
经　　销　新华书店

规　　格　16 开（169mm×239mm）
印　　张　19.5
字　　数　320 千字
版　　次　2018 年 11 月第 1 版
印　　次　2018 年 11 月第 1 次
印　　数　1—1500
ISBN 978-7-209-11818-7
定　　价　38.00 元

前　言

弦诵邹鲁，金声玉振。在中华文化波澜壮阔的发展历程中，孔子的故乡山东济宁曲阜是一个重要的节点。2500 多年前，在这里诞生的儒家学说以及在此基础上发展起来的儒家思想，成为中华传统文化的主干，对中华文明产生了深远影响。2013 年 11 月，习近平总书记在这里作出了“中华民族伟大复兴需要以中华文化发展繁荣为条件”的重要论断，发出了传承弘扬中华优秀传统文化，实现中华民族伟大复兴中国梦的新时代强音。

伟大的时代诞生伟大的理论，伟大的理论根植于伟大的传统。在带领中国人民进行革命、建设和改革的长期历史实践中，中国共产党人始终是中华优秀传统文化的忠实继承者和弘扬者。在将马克思主义与中国实际相结合的伟大理论创造中，中国共产党人始终植根于中华优秀传统文化沃土，从中汲取生生不息的丰厚滋养。党的十九大把习近平新时代中国特色社会主义思想确立为我们党必须长期坚持的指导思想，实现了党的指导思想的又一次与时俱进。作为马克思主义中国化的最新成果，习近平新时代中国特色社会主义思想扎根于当代中国火热实践和中华民族 5000 多年的博大文明，始终从中华民族“根”与“魂”的深度科学定位中华优秀传统文化，从国家战略资源的高度在治国理政中自觉运用中华优秀传统文化，从中华民族伟大复兴和构建人类命运共同体的向度大力弘扬中华优秀传统文化，在中华优秀传统文化和革命文化、社会主义先进文化的一脉贯通和中外文明的激荡融通中，形成了具有鲜明中国风格、中国气派、中国精神的科学理论体系，开辟了马克思主义中国化的新境界、中华文化传承发展的新境界，树立起中华优秀传统文化创造性转化、创新性发展的光辉典范。

落其实者思其树，饮其流者怀其源。深入学习领会习近平新时代中国特色社会主义思想，既要准确把握它的历史地位、精髓要义、实践要求，也要科学把握它的理论渊源和发展脉络，做到知其然更知其所以然。

海岱青青，大河泱泱。山东是文化大省，是优秀传统文化最为丰厚的省份之一，圣贤智者群星灿烂，诸子名家层出不穷，文化长河澎湃不息。以习近平总书记树立的典范为指引，深入研究、阐发新时代应如何对中华优秀传统文化进行创造性转化、创新性发展，奋力开创文化传承发展的新局面，是山东义不容辞的文化责任、政治责任。《转化与发展：走进新时代的中华优秀传统文化》一书，汇集了省内外理论研究、文化研究、传播研究等领域的专家，他们结合山东实际、济宁实践，着力研究阐发传统文化传承发展对增强“四个自信”、推进治国理政方略和建设文化强国的重要意义。本书是纪念习近平总书记视察曲阜并发表重要讲话五周年的研究成果。本书的出版，期望能够进一步提升传承发展优秀传统文化的文化自觉、理论自觉，推动新时代背景下传承发展优秀传统文化的理论创新和实践创新，坚定文化自信，建设文化强国。

2018 年是山东发展史上的重大机遇之年。继五年前首次视察山东之后，习近平总书记再一次视察山东，为山东走在前列勾画了美好蓝图。山东机遇璀璨夺目，齐鲁大地热潮涌动。我们将以高度的政治责任感和历史使命感，深入学习贯彻习近平新时代中国特色社会主义思想，深入推进中华优秀传统文化转化发展的理论创新、实践创新，为新时代山东经济文化强省建设提供精神支撑，为新时代文化强国建设贡献山东力量。

李昌文

2018 年 10 月

目　录

第一编

中华优秀传统文化传承发展与『四个自信』

第一讲　中华优秀传统文化是道路自信的内在逻辑支撑

2013 年 1 月 5 日，习近平总书记在中共中央党校发表重要讲话时指出："道路问题是关系党的事业兴衰成败第一位的问题，道路就是党的生命。"道路问题是根本问题，不同的道路决定了不同的命运。占据全球主导地位的西方文化对中国发展道路的种种不解、质疑、责难、奚落，甚至彻底否定，一度给中国带来了发展道路的认同危机甚至是严峻挑战；中国特色社会主义道路进入改革深水区后遇到的重重困难，也使一些人对中国特色社会主义道路产生了怀疑和困惑。在这种情势下，解决中国的道路自信问题，坚定不移地走中国特色社会主义道路，显得愈发刻不容缓。因此，道路自信自觉的十八大提出以来不断被强调。2012 年 11 月，党的十八大报告中首次提到了"三个自信"："中国特色社会主义道路，中国特色社会主义理论体系，中国特色社会主义制度，是党和人民九十多年奋斗、创造、积累的根本成就，必须倍加珍惜、始终坚持、不断发展"，"全党要坚定这样的道路自信、理论自信、制度自信!"① 2016 年，习近平总书记在原有的"三个自信"的基础上，在庆祝中国共产党成立 95 周年大会上的讲话中正式提出"四个自信"，即"中国特色社会主义道路自信、理论自信、制度自信、文化自信"②，"文化自信，是更基础、更广泛、更深厚

---

① 胡锦涛. 坚定不移沿着中国特色社会主义道路前进　为全面建成小康社会而奋斗——在中国共产党第十八次全国代表大会上的报告[J]. 求是，2012(22).

② 习近平. 在庆祝中国共产党成立 95 周年大会上的讲话[M]. 北京：人民出版社，2016：12.

的自信"[①]。这一创造性的理论发展，拓宽了"三个自信"的理论体系，尤其是深刻揭示了中国特色社会主义道路自信的"文化根基、文化本质和文化理想，标志着我们党对中国特色社会主义有了更加明确而开阔的文化建构"[②]。此后，习近平总书记在党的十九大报告及多次讲话中都一次又一次地强调，全党要更加自觉地增强道路自信、理论自信、制度自信、文化自信。我们可以看到，无论是"三个自信"还是"四个自信"，道路自信都被置于首位。道路是第一位、根本性的问题，道路的开辟、创新、自觉、捍卫之于中国特色社会主义的宏伟事业、之于中华民族伟大复兴的中国梦，都具有决定性的影响，意即"中国特色社会主义道路是实现社会主义现代化的必由之路，是创造人民美好生活的必由之路"[③]。在中国特色社会主义进入新时代的今天，我们站在新的历史方位，更要坚定不移地坚持中国特色社会主义道路，坚定道路自信，让中国特色社会主义焕发出更强大的生命力，为世界贡献一条新的走向现代化的道路。

而中华优秀传统文化则是道路自信的重要理论来源。中国特色社会主义道路的形成，是中国共产党带领中国人民高举马克思主义理论旗帜，兼收并蓄人类文明一切优秀成果的伟大成就。中国特色社会主义道路，从来不拒绝外来文明的优秀成果，同时更注重本民族优秀传统文化的继承与发展。正如习近平总书记在十二届全国人大一次会议上指出的，"（中国特色社会主义）这条道路来之不易……是在对中华民族 5000 多年悠久文明的传承中走出来的，具有深厚的历史渊源和广泛的现实基础"，从而充分肯定了中国特色社会主义发展道路与中华优秀传统文化的密不可分。习近平总书记还多次对文化自信及中国特色社会主义文化的三大渊源进行论述。他在庆祝中国共产党成立 95 周年大会上的讲话中讲到："在 5000 多年文明发展中孕育的中华优秀传统文化，在党和人民伟大斗争中孕育的革命文化和社会主义先进文化，积淀着中华民族最深层的

① 习近平. 在庆祝中国共产党成立 95 周年大会上的讲话[M]. 北京：人民出版社，2016：13.

② 冯鹏志. 从"三个自信"到"四个自信"——论习近平总书记对中国特色社会主义的文化建构[J]. 政策，2016(9).

③ 冯鹏志. 从"三个自信"到"四个自信"——论习近平总书记对中国特色社会主义的文化建构[J]. 政策，2016(9).

精神追求，代表着中华民族独特的精神标识。”① 在党的十九大报告中，这一表述被转述为“中国特色社会主义文化，源自于中华民族五千多年文明历史所孕育的中华优秀传统文化，熔铸于党领导人民在革命、建设、改革中创造的革命文化和社会主义先进文化，植根于中国特色社会主义伟大实践”②。这一论述为探究中华优秀传统文化与中国特色社会主义道路的内在关联提供了理论指导。“中国有坚定的道路自信、理论自信、制度自信，其本质是建立在五千多年文明传承基础上的文化自信。”③ 因此，坚定道路自信，必须以中华优秀传统文化为根基，大力弘扬中华优秀传统文化。

2013 年 11 月 26 日，习近平总书记在曲阜孔子研究院考察时指出：“中华民族有着源远流长的传统文化，也一定能创造中华文化新的辉煌。”习总书记同时强调：“我这次来曲阜就是要发出一个信息：要大力弘扬中国传统文化。”④ 此后，习总书记在多次讲话中强调，要继承和发扬中华优秀传统文化，推动中华优秀传统文化的创造性转化及创新性发展，使之成为实现“两个一百年”奋斗目标和中华民族伟大复兴中国梦的根本性力量。党的十九大报告中也提出要弘扬中华优秀传统文化，“中国共产党从成立之日起，既是中国先进文化的积极引领者和践行者，又是中华优秀传统文化的忠实传承者和弘扬者”⑤。弘扬中华优秀传统文化，不仅在坚定社会主义发展道路，开创符合中国国情、民族文化传统新局面方面具有重要意义，同时可抵制西方文化思潮、资本主义发展道路唯吾独尊意识的入侵，满足人民精神信仰的诉求，重振民族自信和道路自信，亦可为越来越多陷入西方民主化道路附庸地位的发展中国家提供一条新的现代化思路。习近平总书记在曲阜的讲话已发表近五年的时间，各相关领

---

① 习近平. 在庆祝中国共产党成立 95 周年大会上的讲话[M]. 北京：人民出版社，2016：13.

② 习近平. 决胜全面建成小康社会　夺取新时代中国特色社会主义伟大胜利——在中国共产党第十九次全国代表大会上的报告[M]. 北京：人民出版社，2017：41.

③ 陈晋. 文化自信与中国道路[J]. 理论导报，2016(7).

④ 弘扬中国传统文化　助力廉政文化建设——“践行习近平总书记曲阜讲话”座谈会在京召开[EB/OL]. (2014-12-18). 中国共产党新闻网，http://theory. people. com. cn/n/2014/1218/c40534-26231392. html.

⑤ 习近平. 决胜全面建成小康社会　夺取新时代中国特色社会主义伟大胜利——在中国共产党第十九次全国代表大会上的报告[M]. 北京：人民出版社，2017：44.

域贯彻讲话精神的实践，也已经全面铺开并初见成效。这些成果的取得说明习近平总书记不断强调的对中华优秀传统文化的弘扬，是顺应时代发展潮流，契合中国现实国情，符合中国特色社会主义发展道路的。

综上所述，弘扬中华优秀传统文化，并对其进行创造性转化、创新性发展，对坚定道路自信具有重要意义。

一、何为道路自信

中华文化源远流长，每一个概念的提出都有其特定的内涵与深意，这体现了中华文化的博大精深和对社会发展规律的思考与把握。中国特色社会主义的道路自信，正是基于这样一种优秀的文化基因。中华优秀传统文化是我们今天走在中国特色社会主义发展道路上依然自信满满的文化渊源。

（一）道路自信释义

道路自信由四个相互独立又内在相依的概念组成，体现了人们对达成目标追求所选择的路径的充分肯定。在中华优秀传统文化语境中，我们首先分析“道路”。

甲骨文中，“道”字暂缺。在金文中，“道”有两种主要的写法，即散氏盘的“[illegible]”和“[illegible]”以及曾伯簠的“[illegible]”。通过观察散氏盘的“道”可以发现，其字包含了三个核心要素：其一，“[illegible]”，也就是甲骨文中的“[illegible]”，字形为一个十字路口，或可解释为交通要道，是现代“行”字的前身。其二，“[illegible]”，“古文百也”①（百也就是“首”），最初指人的头颅，引申为有“头脑”，将“头脑”融入“道”，说明其字中蕴含着思虑、思考、思维与选择之意。换言之，在行进道路的十字路口，需要审慎思考，方能决定向何处去。其三，“[illegible]”，即现代文字的“止”，其字形仿佛脚后跟着地，脚趾向上，系停止姿态。说明其最初的含义是停下脚步不动。从散氏盘“道”字的构型看，其基本含义可以解释为人在自我意识的引领之下，选择路途之后再行走；也可以解释为有思想、有头

---

① 〔汉〕许慎，撰. 说文解字注[M]. 〔清〕段玉裁，注. 上海：上海古籍出版社，1981：423.

脑、有见识的人，在十字路口停下脚步，思虑选择之后再行走。曾伯簠的“道”与散氏盘之“道”的差别在于，其字的下部为“”（“爪”，即“抓”），借指人的手指，有指路、指引的意思。如果将金文“道”字的两种写法结合起来进行解读，“道”最初的含义就是在面临选择的十字路口，人们陷入迷惑之中，此时有智者（即有思想、有远见卓识者）挺身而出，为大家在迷途中选择了走出困境的道路。

“路”字目前亦未见于甲骨文。史懋壶上的“路”写作“”，由“”和“”两部分组成。在甲骨文中，“足”写作“”，与“正”同，而“正”系“征”之本字。“征”是正义方对非正义方的讨伐，当时主要指中央对方伯、诸侯等的征讨。以“征”代“正”表达行军讨伐，是文字表意复杂化后的必然趋向。随着“”的出现，人们似乎忽略了“正”（“足”）的本意，即出征、讨伐、凯旋等。而“各”“从口夂”，“夂者，有行而止之，不相听意”①。“夂”是“去”“往”的意思，“口”是口头表达，商议。两字合而为“各”，表示在十字路口，大家凑在一起协商去向何处的问题。将“足”和“各”的最初含义结合起来进行解读，“路”就不仅仅是途径、路径那么简单了，而是包含了群策群力、各献智慧的协商，正确的走向，凯旋的结果。

从造字本义上看，“道”“路”结合形成“道路”，就不是一般意义上的途径、方法、手段、去向、奔走等那么简单了，而是描述了这样一种现象：人们在社会发展的路途中，向左，向右，向前，向后？种种令人迷惑的选择使人举棋不定。于是，中国的先人们汇聚众人智慧，通过协商，最终由领路人带领大家走上了正确的发展方向。也就是说，在汉语语境中，“道路”自古以来就不是简单的“路径”，不是可以随随便便确定的。中华民族，既不会穿“新鞋”走“老路”，也不会懵懵懂懂地跟在他人后面“拾牙慧”。中华民族是智慧的民族，是善于思考、创新的民族，是勇于开拓、不惧艰险的民族。故而，我们这个民族走过的道路，有鲜花，也有泪水，其中的甘苦绝非那些刚刚走上文明发展道路且不及我们十分之一长度的国家所能理解的。甚至早年的马克思在研究人类历史发展阶段的时候，也认为东亚在他的五阶段

① 〔汉〕许慎，撰. 说文解字注[M].〔清〕段玉裁，注. 上海：上海古籍出版社，1981：61.

分析之外。就是这样的国情，这样的特色，造就了中华民族与众不同的发展道路。

在明确了何谓“道路”之后，再来看看何谓“自信”。

在甲骨文中，“自”为“鼻”的本字。“自”通常写作“”，与“鼻子”的“鼻”字完全相同（“自本训鼻，引申为自家”①）。“自”之形（“”）生动地描画了“鼻子”的鼻翼与鼻梁。而“鼻子”的“鼻”在甲骨文中还写作“”，该字的下部写作“”，通过其形状如蛇、用来捕捉外部信息的舌（即俗谓“蛇信子”），明确了“鼻”的感觉器官定位。按照许慎的说法，二字读音亦同：“自，读若鼻。”② 随着人类认识世界能力的增强以及视野的开阔，“自”既代表“自己”，又指呼吸、嗅觉器官。这给社会互动带来了诸多不便，于是人们在“自”之下部加“畀”，从而出现了一个新的汉字——鼻。这样，“鼻”从“自”中独立出来，指人的嗅觉、呼吸器官，只是“自”在这方面的最初含义逐渐被淡化，甚至被人们所淡忘。观察社会生活中的某些现象，“自”与“鼻”的内在关联还是非常清晰的，如人们在表达“自我”这个概念时，除了有声语言的发声，往往会辅以肢体语言——以手指指向自己的脸部中央位置，即“鼻”。这可以看作“鼻”源于“自”的清晰印证。从造字角度看，“自”“鼻”相通，说明先民们自古以来就强调了自主、自我思考与重视自身的主观能动性，对自身的主体性地位有着比较明确的认知。

目前所见并可识读的甲骨文中没有“信”字，早期金文“信”写作“”，由“”（人）和“”（口）两部分组成。《说文解字注》中说，“信，诚也。从人言。会意”③，并指出，古文中的“信”表达的是言必由衷之意。这说明“信”的内涵为不欺、诚实，与“忠”的基本含义具有内在一致性。高树藩的解释也证明了这一判断：“必尽心任事始能不懈于位，故忠从心。又以中有不偏不倚之意；忠为正直之德，乃不偏不倚者。”④ 高氏释“信”说：“凡人说话

---

① 〔汉〕许慎，撰. 说文解字注[M]. 〔清〕段玉裁，注. 上海：上海古籍出版社，1981：137.

② 〔汉〕许慎，撰. 说文解字注[M]. 〔清〕段玉裁，注. 上海：上海古籍出版社，1981：136.

③ 〔汉〕许慎，撰. 说文解字注[M]. 〔清〕段玉裁，注. 上海：上海古籍出版社，1981：92.

④ 高树藩，编纂. 中文形音义综合大字典[M]. 北京：中华书局，1989：486.

要落实才能见得人，故信之本义作‘诚’解，即笃实不自欺亦不欺人之意。”[①] 可见，忠与信都具有不欺之意，放在一起使用，更强化了这种思想的道德色彩。

具体到今日之中国，通常所言的“道路自信”就是指我们在当今中国社会发展的道路选择问题上，基于对人类社会发展历史经验总结的基础上，鉴于中华文化辉煌成就建立的高度效能期望而唤起的崇高感性评估。

（二）道路自信的内涵

“道路自信”的提出说明，中国共产党带领中国人民经过 90 多年的探索与实践，已经找到了建设富强、民主、文明、和谐的社会主义国家的现实途径。这种“道路自信”主要包括两方面内容。

一是对中国特色社会主义道路已取得的成就的自信。中国的发展道路并非一帆风顺。近代以来，无数仁人志士抛头颅、洒热血，效法西方，试图寻求救亡图存的生存发展之路，但均以失败告终。“在旧式的农民战争走到尽头，不触动封建根基的自强运动和改良主义屡屡碰壁，资产阶级革命派领导的革命和西方资本主义的其他种种方案纷纷破产的情况下，十月革命一声炮响，为中国送来了马克思列宁主义，给苦苦探寻救亡图存出路的中国人民指明了前进方向、提供了全新选择。”[②] 中国共产党人把马克思主义基本原理同中国具体实际相结合，最终带领中国走上社会主义道路。“方向决定道路，道路决定命运。中国特色社会主义不是天上掉下来的，是党和人民历尽千辛万苦、付出巨大代价取得的根本成就。”[③] 然而，社会主义道路是一条没有前人走过的路，需要我们“摸着石头过河”，自己去开拓。从怀疑社会主义道路能不能走得通，到对社会主义道路的探索，再到开拓出中国特色社会主义道路，我们走过了一条艰难曲折的不同寻常之路。可喜的是，这条路越走越宽，越走越平坦，越走越获得广大民众的支持，越走越获得国际社会的广泛认可，并最终形成了为国际

---

① 高树藩，编纂. 中文形音义综合大字典[M]. 北京：中华书局，1989：78.

② 习近平. 在纪念马克思诞辰 200 周年大会上的讲话[N]. 人民日报，2018-05-05.

③ 习近平. 在庆祝中国共产党成立 95 周年大会上的讲话[M]. 北京：人民出版社，2016：12.

社会所赞誉的“中国道路”“中国模式”“中国奇迹”。特别是改革开放40年来，中国在经济建设、政治建设、文化建设、社会建设、生态文明建设等各个方面取得了令人瞩目的成就。中国的经济实力、科技实力、国防实力、综合国力都进入世界前列，国际地位实现前所未有的提升，中国特色社会主义进入了新时代，中华民族实现了从站起来、富起来到强起来的伟大飞跃。“经过近70年奋斗，我们的人民共和国茁壮成长，正以崭新的姿态屹立于世界东方！”① 党的十九大报告中对过去五年交出的“成绩单”，就是中国坚定“道路自信”最好的证明。

二是对中国特色社会主义道路前景的自信。一方面，中国特色社会主义道路并不是一种巧合，而是在总结历史实践经验、判断现实形势的基础上形成的战略规划，因此也具有一脉性与延续性。改革开放后，中国共产党针对我国社会主义现代化建设提出“三步走”战略目标和“两个一百年”奋斗目标，对社会主义现代化建设作出战略安排及整体布局。“到建党一百年时建成经济更加发展、民主更加健全、科教更加进步、文化更加繁荣、社会更加和谐、人民生活更加殷实的小康社会，然后再奋斗三十年，到新中国成立一百年时，基本实现现代化，把我国建成社会主义现代化国家。”② 我们对未来中国特色社会主义发展道路有着清晰的认知。这种道路的延续性与清晰性无疑会更加明确道路方向，增强对未来发展的信心。如今，中国正处于“两个一百年”奋斗目标的历史交汇期，我们有信心实现第一个百年奋斗目标，同时也有信心向第二个百年奋斗目标迈进。另一方面，中国特色社会主义道路并不是一条封闭的道路，而是随着时代的发展不断变化的，以适应时代的要求。“中国特色社会主义道路，是在改革开放和社会主义现代化建设的历史实践中产生和形成的，同时又在中国特色社会主义实践检验中得到丰富和发展。而实践永无止境，中国特色社会主义道路探索和创新发展也永无止境。”③ 面对新的时代条件和实践要求，中国共产党人不断进行理论探索，不断丰富和发展中国特色社会主义理论体

---

① 习近平. 在第十三届全国人民代表大会第一次会议上的讲话[N]. 人民日报，2018-03-21.

② 习近平. 决胜全面建成小康社会　夺取新时代中国特色社会主义伟大胜利——在中国共产党第十九次全国代表大会上的报告[M]. 北京：人民出版社，2017：27.

③ 袁银传，田亚. 论中国特色社会主义道路自信的根据[J]. 学校党建与思想教育，2018（5）.

系，以更好地引领中国特色社会主义道路。而围绕党的十八大以来的重大时代课题，中国共产党与时俱进，取得了重大理论创新成果，形成了习近平新时代中国特色社会主义思想。习近平新时代中国特色社会主义思想，是全党全国人民为实现中华民族伟大复兴而奋斗的行动指南，是中国特色社会主义理论体系的重要组成部分。在中国特色社会主义思想的引领下，新时代中国特色社会主义必将夺取伟大胜利，中国特色社会主义道路必将不断前行，中华民族伟大复兴的中国梦必将实现。

二、中华优秀传统文化是道路自信的重要源泉

面对中国社会主义事业取得的辉煌成就，世界不禁越来越多地将目光投向中国，期待“中国方案”能够化解全球各种危机，以解倒悬，并陷入深深的反思之中：为什么中国人走出了自己的发展之路？为什么中国人对“中国道路”充满自信？要回答这个问题，答案可以归结出很多条，其中中华优秀传统文化的作用不可忽视。习近平总书记在第十三届全国人民代表大会第一次会议上讲到：“中国人民的特质、禀赋不仅铸就了绵延几千年发展至今的中华文明，而且深刻影响着当代中国发展进步，深刻影响着当代中国人的精神世界。”① 正是中华优秀传统文化与民族精神造就了中华儿女迥异于其他文明的思维与行为方式，保证了中华文明的独立性、兼容性、创新性、适应性，如此才能在面对外来冲击和内在失序时依然能够自我更新，并最终走出困境，不断书写民族发展的华章。没有中华优秀传统文化的滋养，道路自信就不会有如此深厚的底蕴。

（一）中华优秀传统文化有着强大的凝聚力与历史穿透力

中华文明是人类文明史上唯一从未中断过的文明，作为“四大文明古国”仅存的硕果，在全球化成为时代风潮的今天，依然在社会主义建设事业中展现出勃勃生机，这无疑体现了中华文明的强大凝聚力与历史穿透力。正如习近平总书记指出的：“中华优秀传统文化是我们最深厚的文化软实力，也是中国特

---

① 习近平．在第十三届全国人民代表大会第一次会议上的讲话[N]．人民日报，2018-03-21.

色社会主义植根的文化沃土。”[①] “中华优秀传统文化中很多思想理念和道德规范，不论过去还是现在，都有其永不褪色的价值。”[②]

关于世界文明发源地在何方，国际学术界有较多说法，尚未有公认的结论。中国学术界人士往往更倾向于用“四大文明古国”来指称世界文明发源地。“四大文明古国”的说法来自梁启超的《二十世纪太平洋歌》：“地球上古文明国家有四：中国及印度、埃及、小亚细亚是也。”[③] 后来，人们把“小亚细亚”修改为古代巴比伦，于是有了今天大家所熟知的古代巴比伦、古代埃及、古代印度和古代中国之说。

回望历史不难发现，上述四大文明古国走过的发展路径与国运是各不相同的。

古代巴比伦位于中亚的美索不达米亚平原，大约在公元前 19 世纪立国。其留给后人的历史遗迹、典章文物等不是很丰富，大家熟悉的是该文明几乎统一了两河流域，并在汉谟拉比（第六任国王）时期公布了法典，即著名的《汉谟拉比法典》。汉谟拉比国王之后，由于古巴比伦文明未能在农业基础上发展出先进的冶铁技术，以至于面对游牧民族的凶悍进攻而败下阵来，最终为亚述所灭。自此，人类文明发展史上再无作为文明古国的巴比伦。后来在其原址上建立发展起来的伊拉克，与古代巴比伦在文化以及文明发展道路上没有任何关系。巴比伦也只能作为一个文化符号存在于后人的记忆中了。

古代埃及在世界文明发展中的贡献是非常突出的，如文字、宗教、度量衡、莎草纸、数学、建筑、天文学等。但其文明从辉煌走向没落直至消亡的演化路径，似乎无法给后人提供多少可资学习、继承的历史资源。世人几乎无法说明法老时期的文化尤其是社会发展道路之于当今社会的承续意义。如果说有的话，恐怕教训会更多一些。如古埃及掌握知识的都是神职人员，夸张点说古埃及文明就是祭司文明。神职人员几乎垄断了知识，垄断知识往往就意味着垄断了思想，垄断了政权。在这样一种制度安排下，神职人员可以随意愚弄百

① 鲍家树. 弘扬优秀传统文化　提升“文化软实力”[J]. 前进，2015(6).

② 习近平. 在文艺工作座谈会上的讲话[N]. 人民日报，2015-10-15.

③ 〔清〕梁启超. 梁启超全集(第九册)[M]. 北京：北京出版社，1999：5426.

姓。在没有外来文明冲击的时候，这种祭司文明可以自娱自乐地延续。一旦遭遇强敌，祭司阶层垮塌了，文明必然无法接续。那些不识字的百姓难以担当传递“伟大”法老文明的重任。神明、法老、国家、社会、担当……这些毋宁说距离百姓过于遥远，即便是他们想有所为，谁会相信这些人有能为的思想与能力呢？其结果自然是，希腊人来了，百姓跟着希腊人的导向走；罗马人来了，百姓随着罗马人的旗帜去……古代埃及的文明就这样无奈地消失在茫茫“沙”海中了。①

提起古代印度，首先进入脑海的是种姓制度。虽然这种声名狼藉的等级制度依然在印度大行其道，但不得不说的是继承了古代印度文化糟粕的今日印度人并非古印度人。古代印度人是达罗毗荼人，今天的印度人以雅利安人为主。古代印度文明虽然在人类社会发展中作出了独特贡献，如文学、宗教、哲学、数学等，其影响可谓深远。但从文化传承的角度看，古印度已经灭绝，今日印度与古代印度不过是地理上的关联，确乎不是承续古代印度文明的结果。

上述三大文明古国无一例外地灭亡了，它们“灭亡了”，而非“中断”！古代巴比伦、古代埃及、古代印度的文明已经被其他民族创造的文明所取代。如果说其文明影响犹存的话，只能是一些文化元素碎片化的存在，或是嵌入到其他文化体系中担当补充、润饰的角色而已。

古代中国与现代中国确是一脉相承的。中华五千多年的文明史，虽然有曲折，有痛苦，甚至有亡国灭种的严峻考验，但在这些危机面前我们总是能够力挽狂澜，这不仅值得中华儿女无比骄傲与自豪，更应当引起今日国人的反思：为什么在世界文明发展史上，在社会发展道路的选择上，中国总是能够作出正确的选择？即便是在以西方为主导的全球化浪潮中，中华文化受到了前所未有的冲击与挑战——“欧洲诸国，百十年来，由印度而南洋，由南洋而中国，闯入边界腹地，凡前史所未载”②，如此“三千余年未有之大变局”面前，中国依然经受住了考验……为什么？这个问题的答案，既可以是无数皇皇巨著，

---

① 按：俄罗斯有关领域的专家、科学家近期制作了一部纪录片——《福缅科：历史发明家》，该纪录片对包括埃及在内的文明古国的历史造假进行了全面细致的揭露。该纪录片认为，金字塔是用“原始混凝土”浇筑的产物，埃及古文明不过是西方学者近两百年包装虚构的产物。

② 梁启超．李鸿章传[M]．北京：东方出版社，2009：62．

也可以是一句话：中国自古以来就拥有追求人类社会大同，构建人类命运共同体的崇高理想，并将道德与法律进行了有机结合，为国家治理找到了切实有效的“齐民”工具，在“人皆可以为尧舜”① 旗帜的感召下，汇聚人心、善聚民智、凝聚民力，因此具有极强的凝聚力与历史穿透力，最终形成滚滚洪流，在中华优秀传统文化的导引下，如同黄河之水，创造了人类文明的奇迹。即习近平总书记所言：“中华优秀传统文化是中华民族的突出优势，是我们最深厚的文化软实力。”②

（二）中华优秀传统文化是道路自信的重要源泉

中华优秀传统文化绵延数千年，造就了中国历史发展道路上一个又一个文明高峰，留下了十分丰厚的精神遗产。而这些宝贵的精神遗产深深植根在中国人的内心，是中华民族自信心更基本、更深沉、更持久的来源，是中国特色社会主义道路自信的丰厚滋养。

自从人类出现在地球上，从原始时代的刀耕火种到当今的信息化、全球化、智能化，各个民族走过了风格迥异、效果判若云泥的发展道路。有些民族直到今天还在茹毛饮血，有些民族却早已上可探地球之外生命，下可游深海绝域。更多的民族则是在学习中艰难地探索属于自己民族的发展道路。有一个现象颇为有趣且值得我们思考：自从最早的奴隶制出现在人类社会，几乎所有创造过辉煌文明成就的民族，不论当时的光华多么的璀璨耀眼，一旦沉沦下去，就再也没有走出低谷，重塑往日巅峰时期的荣光。无论是古希腊、古罗马、马其顿、波斯……概莫能外，而传统文化滋养下的中国独独是个例外。

古希腊是西方文明的源泉，创造过辉煌灿烂的文化成就，文学、哲学、戏剧、雕塑……不一而足。现代社会无数耳熟能详的文明成就，或多或少与古希腊有关。思想家如苏格拉底、柏拉图、亚里士多德等，神话人物如宙斯、阿波罗、雅典娜等，乃至当今的体育盛会——奥运会，也起源于古希腊。这是一个

---

① 杨伯峻，杨逢彬，注译. 孟子[M]. 长沙：岳麓书社，2000：207.

② 习近平. 中华优秀传统文化：我们最深厚的文化软实力[EB/OL].（2013-10-15）. 中国网，http://cul.china.com.cn/2013-10/15/content_6372400.htm.

令西方人骄傲自豪的时代，也是人类文明发展共有的光荣。[①] 可惜的是，古希腊的光荣未能延续，接踵而来的是统治欧洲长达千年的黑暗的中世纪，一直延续到约15世纪的“文艺复兴”。当此“黑暗”之时，哲学沦为神学的婢女，思想遭到宗教禁锢，民主、自由、理性荡然无存，割据战争频繁，科技与生产力陷入停滞，人民生活在无边的苦海之中。

中国走过的道路却与西方有着天壤之别。与基本同时期的古希腊相比，中国大地上出现了百家争鸣的盛况，无数思想家为探求完美的社会发展道路和治国理政的理想途径殚精竭虑、奔走呼号。他们的目的只有一个——寻找一条社会发展的理想道路，救国于水火，解民于倒悬。英国著名学者凯伦·阿姆斯特朗在其《轴心时代：人类伟大宗教传统的开端》一书中，对这一时代中国取得的思想文化成就给予了高度评价。[②] 随着法家思想的最终胜出，中国历史上第一个统一的强大王朝——秦帝国诞生了。秦帝国由于过分推崇法家思想与暴力，固然建立了一整套高效的政治制度，最终还是二世而亡。代秦而起的汉王朝，深刻总结了秦帝国发展道路的惨痛教训，走出了一条以儒家思想为主导，兼容并包诸子百家思想精华的治国理论为指针，以全面加强中央集权为手段，大力发展繁荣经济、改善民生为抓手的发展道路，缔造了中国传统社会发展史上第一个“贯朽粟腐”[③] 的盛世。汉王朝成为当时世界上最强大的政权。反观中国的史书，此后再无关于“匈奴扰华”的记载。虽然数百年后华夏大地陷入分裂，但这可以解读为社会发展道路走到一定阶段之后的修正、探索与重新校正。经过分分合合的尝试，中国又在七世纪迎来了一个更加强盛的王朝——唐朝。唐朝之盛以及当时于现世影响之广、之深，只要看看遍布世界的“唐人街”和颇为流行的唐装即可窥其盛之一斑。两宋三百年，走的是依文治国之路，闻名世界的“四大发明”有三个产生于这一时代。元代横扫欧亚大陆与明

---

① 按：古希腊文明是遭到颇多质疑的文明，最典型的如亚里士多德，其著作不仅涉及领域广泛，几乎涵盖了普通人所能想到的所有学科，而且传世的文字竟然达百万字以上，考虑到当时历史条件提供的可能性，这样的成就的确不能不让人产生怀疑。

② 详见凯伦·阿姆斯特朗，著．轴心时代：人类伟大宗教传统的开端[M]．孙艳燕，白彦兵，译．海口：海南出版社，2010.

③ 《史记·平准书》载：“汉兴七十余年之间……京师之钱累巨万，贯朽而不可校。太仓之粟陈陈相因，充溢露积于外，至腐败不可食。”

代的郑和下西洋，更是将中华文化广泛传播于世界各地。清朝中后期，中华民族固然再一次陷入危机，但嗣后，在中国共产党的领导下，中国人民再一次创造了人类文明发展的奇迹。特别是改革开放以来，“中国奇迹”“中国模式”“中国方案”“中国智慧”已经成为世界性的热词。G20 杭州峰会与汉堡峰会之后，“一带一路”已经当之无愧地成为全球人民寄予厚望的世界经济的发动机和新的增长极。中华民族正健步行走在民族复兴的社会主义道路上，一个新的文明高峰正在形成。

如习近平总书记所言：“有这样伟大的人民，有这样伟大的民族，有这样的伟大民族精神，是我们的骄傲，是我们坚定中国特色社会主义道路自信、理论自信、制度自信、文化自信的底气，也是我们风雨无阻、高歌行进的根本力量!”① 伟大的人民、伟大的民族和伟大的民族精神是我们坚定道路自信的力量源泉，而正是中华独特的优秀传统文化孕育了中华民族以及中华民族伟大的民族精神，催生了中国道路的奇迹，使中国成为世界上唯一能够走过漫漫五千多年文明发展之路而依然青春勃发地筑就中国特色社会主义道路的国家。中华优秀传统文化作为民族本根和民族灵魂，深深刻入中国人的内心，发挥着潜移默化的作用，成为我们坚持走中国特色社会主义道路的不竭的自信源泉。

三、坚定道路自信，必须弘扬中华优秀传统文化

“任何正确道路的选择和拓展，都离不开特有的‘文化依赖’，这就是传统文化的巨大作用。”② 中华优秀传统文化作为中国特色社会主义文化的三大源泉之一，它与马克思主义的内在契合性，为中国特色社会主义现代化道路找到了前进的指南。

（一）大同思想与共产主义的崇高理想追求的内在契合性

马克思主义所描绘的共产主义理想社会，与中国传统文化中的“大同”社

① 习近平. 在第十三届全国人民代表大会第一次会议上的讲话[N]. 人民日报，2018-03-21.

② 包心鉴. 道路自信的政治价值、文化底蕴与时代逻辑——认识和坚持中国特色社会主义道路的三个维度[J]. 党政研究，2017(5).

会理想不谋而合。《礼记》指出：“大道之行也，天下为公。选贤与能，讲信修睦，故人不独亲其亲，不独子其子。使老有所终，壮有所用，幼有所长，矜寡、孤独、废疾者，皆有所养。男有分，女有归。货，恶其弃于地也，不必藏于己。力，恶其不出于身也，不必为己。是故谋闭而不兴，盗窃乱贼而不作。故外户而不闭，是谓大同。”①

以孔子的“大同”理想为发端，到谭嗣同之《仁学》与康有为的《大同书》，再到孙中山的“三民主义”，无不表现出中国人对大同世界的憧憬、向往与不懈追求。中国人民迫切希望能够将这种理想社会转变成现实，但在列强环伺、战乱频仍的历史条件下，这种理想更多的只能是一种空想。近代中国社会发展道路探索的百年坎坷历史证明，资产阶级的建国设想并不符合中国实际，所以在看似无限多样的种种发展道路选择中，很难找到一条实现大同社会的现实路径，中国似乎真的无路可走。当此之时，历史似乎在无情地告诉我们：作为古老的东方大国，中国已经走到了生命的尽头。古代巴比伦、古代埃及、古代印度不是已经消失了？下一个消失的难道是中国？悲怆、绝望弥漫中华大地……直到中国共产党出现之后，在黑暗中探索的中国人民才在中国革命实践中找到了一条全新的道路，即“经过人民共和国到达社会主义和共产主义，到达阶级的消灭和世界的大同”②。大同的思想就如同一座桥梁，连接起了马克思主义与中华优秀传统文化，即用儒家的最高社会理想来理解和阐释共产主义。在中国的文化氛围中，历朝历代的读书人都把这种带有中国特色文化基因的“原始共产主义”理想——大同社会，作为自己最高的社会理想，在致力于治国平天下的实践中，以期将这种远大政治抱负转变为现实。

毛泽东受前人影响，积极探求实现大同社会的路径，毛泽东早年在致黎锦熙的信中说过“大同者，吾人之鹄也”③，并且认为：“康有为写了《大同书》，他没有也不可能找到一条到达大同的路……唯一的路是经过工人阶级领导的人

---

① 〔元〕陈澔，注. 礼记[M]. 金晓东，校点. 上海：上海古籍出版社. 2016：248.

② 毛泽东. 毛泽东选集（第四卷）[M]. 北京：人民出版社，1991：1471.

③ 中共中央文献研究室，中共湖南省委《毛泽东早期文稿》编辑组，编. 毛泽东早期文稿 1912年6月—1920年11月[M]. 长沙：湖南人民出版社，2008：76.

民共和国。”[①] 他还指出：“按照孙中山先生的设想，实现工业化有三种方式，就中国的一般条件来说，我们认为这是正确的。”[②]

进入新中国的建设时期，虽然中国共产党领导中国人民追求大同社会中人人平等价值理念的现实实现，但在实践中由于受到种种主客观因素的制约，同时面临着很多难以克服的困难，也遭受了巨大的损失，社会主义发展道路出现了曲折。党的十一届三中全会后，以邓小平为代表的中国共产党人沿着实事求是的思想路线，在正确认识什么是社会主义和怎样建设社会主义后，结合当时的具体国情进行了一系列的改革。随着改革开放的深入，中国特色社会主义现代化建设事业得到进一步发展，这种发展更加贴近中国的实际，中国特色社会主义道路初步形成。

而进入中国特色社会主义新时代，中国社会的主要矛盾已然发生了转化，转化为“人民日益增长的美好生活需要和不平衡不充分的发展之间的矛盾”[③]。随着改革开放后中国经济的飞速发展，人民物质生活水平不断提高，我国已提前实现了解决人民温饱问题、人民生活总体上达到小康水平这两个目标，人民对美好生活提出了更高的要求。而发展的“不平衡不充分”已经成为满足美好生活需要的主要制约因素。要解决这种“不平衡不充分”的发展，就要加强社会的公平正义，更加注重平等价值理念，重新弘扬大同社会与共产主义社会的理想信念。

（二）德治思想与自律意识符合人类社会文明进步的一般规律和“齐民”要求

孔子要求“为政以德”，主张在治国理政中恰当处理德与刑之间的平衡，提出以道德教化为主，刑罚制裁为辅，意即强调道德重要性的社会发展道路并不排斥法治，治国的核心在于施行仁政。“道之以政，齐之以刑，民免而无耻；

---

① 毛泽东. 毛泽东选集(第四卷)[M]. 北京：人民出版社，1991：1471.

② 中共中央文献研究室，编. 毛泽东文集(第三卷)[M]. 北京：人民出版社，1996：186.

③ 习近平. 决胜全面建成小康社会　夺取新时代中国特色社会主义伟大胜利——在中国共产党第十九次全国代表大会上的报告[M]. 北京：人民出版社，2017：11.

道之以德，齐之以礼，有耻且格。”① 孔子认为，君王、官员自身在治理国家时行为正派，也就是要求为政者要品行端正，堪为楷模。《论语》讲到：“季康子问政于孔子。孔子对曰：‘政者，正也。子帅以正，孰敢不正？’”② 执政者的行为就像是一面旗帜，自身廉正为民就会成为表率，潜移默化地影响着周围的人，其他人就会效仿执政者的言行，没有人去做违法的事，正所谓“其身正，不令而行”③。教化民众往往需要君王自己能有谨言慎行的自律意识，成为以上率下的道德表率，不单是要合法，更要合乎于情、合乎于理。也就是说，德政绝非依靠法律制度来一味地压制人民，迫使他们被动地接受和无奈地认同，而更多的是运用德礼的教化，来引起民众内心深处的共鸣。所以君王自身成为道德表率，民众才会心悦诚服。

孟子深入到民众中，关心人民的困苦和需求，借助“仁”“义”“礼”“智”的理念，反对统治者残酷的剥削和压迫。他提倡“以德服人”，深化了孔子“德治”思想的内涵。从汉武帝采纳了董仲舒“罢黜百家，独尊儒术”的建议，直到清王朝被推翻，孔子和孟子的“德治”与“仁政”思想延续了两千多年，持续不断地影响着一代代君王治理国家和社会的施政理念。

“德治”与“人治”是两种不同却又互融的治国理念。古代的“德主刑辅”表明，德治并不排斥法治。刑罚虽然处于辅助的地位，但不能因此忽视法律，它有着不同于道德的评价、强制等规范作用。法律的执行往往要借助国家强制力保证实施，对行为的合法性作出最终的裁决。而道德与法律相辅相成，道德伦理往往寓于政治实践中，最终在政治制度中内化为法律、政令等形式，并固定下来。

新中国进入社会主义建设时期后，一系列具有中国特色的理论体系中，对于在治理国家时“以德治国”与“依法治国”的思想和中国共产党的建设理论中的有关阐释，均与中国古代的治国理政思想密切相关。习近平总书记在中央政治局集体学习时强调，在新中国建设时期，“必须坚持依法治国和以德治国

① 杨伯峻.论语译注[M].北京：中华书局，2006：12.

② 杨伯峻.论语译注[M].北京：中华书局，2006：145.

③ 杨伯峻.论语译注[M].北京：中华书局，2006：152.

相结合”[①]，“以德治国”正是来源于孔子的“为政以德”思想。这也成为中国特色社会主义法治建设的鲜明特点。

党的十八大以来，习近平同志系统明确地提出要加强党的自身建设，并深刻阐述了全面从严治党的重要意义。2014年3月，习近平同志参加了第十二届全国人民代表大会讨论审议，针对作风建设问题发言时，提出要做到“三严三实”，即是要“既严以修身、严以用权、严以律己，又谋事要实、创业要实、做人要实”[②]，这正是“自省”“慎独”“正德”等思想的现代表述。同年4月，中共中央办公厅印发了有关开展“三严三实”活动的具体方案，将习近平总书记的讲话精神落实到基层。习近平总书记提醒广大党员干部，整治工作作风，避免贪污腐败问题的出现。他清醒地认识到，“奢靡之始，危亡之渐”[③]，引领全党避免作风败坏导致人亡政息。习近平总书记的系列讲话精神，充分体现了中国古代“慎独”自律意识对当代执政者的影响和社会主义发展道路自我纠偏机制的动力来源。

在党的十九大报告中，习近平总书记再次强调：“全面从严治党永远在路上……新时代党的建设总要求是：坚持和加强党的全面领导，坚持党要管党、全面从严治党。”[④] 2018年3月10日，在参加十三届全国人大一次会议重庆代表团审议时，习近平总书记将传统为政以德的思想与共产党人的道德修养联系起来，论述道：“领导干部要讲政德。政德是整个社会道德建设的风向标。立政德，就要明大德、守公德、严私德。”“立政德”既是对优秀传统文化的承续，更为今天党员干部树立了具有时代内涵的价值标准。一方面，“立政德”强调领导干部内心的道德律令与思想觉悟；另一方面，将道德外化为制度，将德治与法治紧密结合起来。这种德治与法治并举、自律与他律结合、注重选贤与能的国家治理模式，较之西式民主将党派利益置于国家民族利益之上的制度设计，具有显而易见的优势。

---

① 全国人大常委会办公厅，中共中央文献研究室. 人民代表大会制度重要文献选编[M]. 北京：中国民主法制出版社，2015：1830.

② 习近平、李克强、张德江、刘云山、王岐山、张高丽分别参加全国人大会议一些代表团审议[N]. 人民日报，2017-03-10.

③ 〔宋〕欧阳修，宋祁，撰. 新唐书[M]. 北京：中华书局，1975：4025.

④ 习近平. 决胜全面建成小康社会　夺取新时代中国特色社会主义伟大胜利——在中国共产党第十九次全国代表大会上的报告[M]. 北京：人民出版社，2017：61-62.

（三）和合思想与命运共同体的构建相辅相成

“和合”中的“和”寓意和谐，追求不同事物间的统一；“合”是指融合，尊重事物间的差异并承认其多样性。西周的太史史伯提出，“和实生物，同则不继”“以它平它谓之和”[1]，也就是说完全相同的事物简单堆叠，难以产生新变化或者推动原有事物进一步发展，而相互各异的事物和谐共生，却可以生成、发展为新事物。同时，《老子》中也提出，“负阴而抱阳，冲气以为和”[2]，认为“和”是自然固有的属性，也是万物赖以生存维系的关键。《墨子》中讲到，“离散之心不能相和合”[3]，如果父子兄弟之间相互仇视怨恨，那就很难和睦相处。因而这里的“和”延伸为社会生活中人与人相处的准则。

儒家思想主张并推崇“和为贵”与“和而不同”[4]的观念。“和而不同”，既是一种感知和认识客观世界的具体方法，又反映出评价事物的价值理念。这种思想理念的基本内涵是事物和谐共生，尊重万物多元发展的社会认知。这也体现为它用辩证思维将本来截然对立的矛盾双方最大限度地折中调和，其价值目标是追求事物之间的和谐发展。当然，此说并非否认事物之间普遍存在的矛盾性，也不是单方的妥协退让，而是强调“和为贵”中的“和”，是将二元对立的矛盾在可调和的范围内最大限度地统一于互利共赢的有机整体中。这一主张客观上并不否认矛盾的存在，也不是将矛盾的双方简单进行叠加，而是承认和尊重矛盾的多样性和差异性，在此基础之上形成有机的整体。

党的十八大报告首倡构建人类命运共同体的设想，即根源于这种以和为贵、和而不同的思想理念。宇宙只有一个地球，人类共有一个家园。历史已经告诉我们，战争只会给人类带来灾难。经历了两次世界大战与冷战的劫难，和平发展、合作共赢已经成为各国人民共同的诉求，而构建人类命运共同体正是中国努力为世界提供的方案。人类命运共同体思想与“和合”文化一脉相承，其本质是各国间差异互补、和谐共荣，即以期在同一个地球、同一个世界背景

---

① 〔战国〕左丘明，撰. 国语[M]. 上海：上海古籍出版社，2015：347.

② 朱谦之，撰. 老子校释[M]. 北京：中华书局，1984：175.

③ 〔清〕毕沅，校注. 墨子[M]. 上海：上海古籍出版社，2014：45.

④ 杨伯峻. 论语译注[M]. 北京：中华书局，2006：159.

下，各国人民根据自己的国情自主选择发展道路，在充分尊重发展道路多样性的前提下，实现世界各国人民的和谐共荣。

党的十九大报告中，习近平总书记将“坚持和平发展道路，推动构建人类命运共同体”[①] 作为新时代坚持和发展中国特色社会主义的基本方略之一。第十三届全国人民代表大会第一次会议通过的宪法修正案正式将人类命运共同体写入宪法。人类命运共同体思想是中国作为负责任大国为世界秩序提供的中国方案，“是快速发展的中国‘内和乃求外顺，内和必致外和’的逻辑延伸，是中国作为一个对世界负责任的‘利益攸关者’的‘利益诉求’，也是中华民族作为一个有深厚文化底蕴的古老民族发自内心的‘千年一叹’”[②]。

现代化绝不是西方化，而是人类社会发展至今各民族文化精华在全球范围内的大荟萃，是文化上的“和而不同”，是各种异质文化接触、碰撞、交融、互鉴，取长补短、共谋发展的新机遇。实现现代化的道路也绝不止西方现代化道路一条。五千多年的中华文明塑造了中国的特殊性，中国的现代化道路不能照搬照抄任何国家，必须由中国人民自己走出来。而实践证明，“中国特色社会主义道路是实现社会主义现代化的必由之路，是创造人民美好生活的必由之路，是使中国人民富强起来的必由之路”[③]，我们必须毫不动摇地坚持走中国特色社会主义现代化道路，坚定中国特色社会主义道路自信。

中华民族走过了五千多年的历史，见证了无数民族的兴与衰。在中西对比、古今对比之中，我们更加坚信，中华民族是历史的骄子，中华优秀传统文化是人类文明花园中最具生命力、最具创造力、最具亲和力的优秀之花，这不仅已经被过往的历史所证明，也正在被中国特色社会主义建设取得的巨大成就所证明。历史的长河是悠远的，也是曲折迂回的，但最终还是滚滚向前的，我们不能因为路遇了急流险滩就退缩，更不能因为短暂的曲折就怀疑自己前进的方向。习近平总书记说，“历史是最好的老师”，“学史可以看成败、鉴得失、

---

① 习近平. 决胜全面建成小康社会　夺取新时代中国特色社会主义伟大胜利——在中国共产党第十九次全国代表大会上的报告[M]. 北京：人民出版社，2017：57.

② 叶小文. “打造人类命运共同体”中国作为全球性大国的软实力支撑[J]. 人民论坛，2015(34).

③ 邵士庆. 中国特色社会主义道路必将越走越宽广[J]. 人民论坛，2017(11).

知兴替”[①]。一个国家、一个民族选择什么样的发展道路，一定是基于这个国家的民族传统与历史文化并借鉴其他民族文化优秀成果的理性抉择。解决民族发展之路的问题，答案的根本点还是在民族文化本根基础上的承续与创新。历史已经证明，中华民族业已走过了一条虽曲折却辉煌迭现的发展之路。历史还将继续证明，只要我们对待优秀传统文化“坚持古为今用、推陈出新，有鉴别地加以对待，有扬弃地予以继承”[②]，“善于把弘扬优秀传统文化和发展现实文化有机统一起来，紧密结合起来，在继承中发展，在发展中继承”[③]，中华民族伟大复兴的中国梦就不仅仅是梦，而必将是活生生的现实。中国化的马克思主义理论给予了中国人民选择社会发展道路的行动指南，中华民族的优秀传统文化则赋予我们将中国特色社会主义道路坚定不移走下去的信心与决心。

---

① 习近平. 在中央党校建校 80 周年庆祝大会暨 2013 年春季学期开学典礼上的讲话[N]. 人民日报，2013-03-03.

② 罗国杰，夏伟东. 古为今用　推陈出新——论继承和弘扬中华传统美德[J]. 红旗文稿，2014(7).

③ 习近平. 在纪念孔子诞辰 2565 周年国际学术研讨会暨国际儒学联合会第五届会员大会开幕会上的讲话[N]. 人民日报，2014-09-25.

第二讲　中华优秀传统文化是理论自信的坚固底气

中华优秀传统文化是中华民族在几千年的历史发展中创造和积淀的智慧结晶，已深深熔铸于亿万中华儿女的血脉之中，成为中华民族的精神命脉。正如习近平总书记所说："优秀传统文化是一个国家、一个民族传承和发展的根本，如果丢掉了，就割断了精神命脉。我们要善于把弘扬优秀传统文化和发展现实文化有机统一起来，紧密结合起来，在继承中发展，在发展中继承。"①。与此同时，中国特色社会主义理论体系作为马克思主义理论与中国具体实际相结合而诞生的理论成果，则注定与中华优秀传统文化存在着千丝万缕的联系。因此，挖掘中国特色社会主义理论体系中蕴含的中华优秀传统文化因子，无疑对我们更好地传承和弘扬中华优秀传统文化、坚定中国特色社会主义理论自信、推动传统文化实现创造性转化和创新性发展，都具有重要的意义和价值。

一、中国特色社会主义理论自信的底气何在？

党的十八大报告提出："中国特色社会主义道路，中国特色社会主义理论体系，中国特色社会主义制度，是党和人民九十多年奋斗、创造、积累的根本

① 习近平.习近平谈治国理政(第二卷)[M].北京：外文出版社，2017：313.

成就，必须倍加珍惜、始终坚持、不断发展”①，并在积极实现“两个一百年”奋斗目标的政治语境中强调：“全党要坚定这样的道路自信、理论自信、制度自信!”② 这是“三个自信”首次而完整的出场过程。自此，在“三个自信”中处于核心和主导地位的理论自信也开始得到思想宣传界、理论界和学术界等专家、学者的广泛关注。关于理论自信的宣传材料、学术论著也纷纷出版，并持续成为近年来专家、学者的研究焦点和社会各界的热门话题。

理论自信是对于自身理论价值的认可和信心，中国特色社会主义理论自信是对中国特色社会主义理论体系的认可和信心。在当前西方霸权主义肆意横行和国内改革进入攻坚期和深水区的现实面前，无论是出于打破当前学术研究中“西强我弱”的研究现状，突破国内理论研究基于西方话语体系而导致的“人云亦云”局面，实现用中国话语传播中国思想的要求；还是基于驳斥“理论他信”，消解在领会中国特色社会主义理论体系过程中所出现的“西化”“僵化”等错误思潮的诉求；抑或是立足当前实现中华民族伟大复兴中国梦的客观需要，进一步发挥理论自信的主导和核心作用，更加坚定我们业已选择的中国特色社会主义道路和制度的需要，都要求我们必须坚持理论自信，把中国特色社会主义理论体系贯彻到我们坚持和发展中国特色社会主义的全过程和各方面。正如习近平总书记所强调的：“我们坚持和发展中国特色社会主义，必须高度重视理论的作用，增强理论自信和战略定力。”③

在明确坚持中国特色社会主义理论自信的客观必要性之后，中国特色社会主义理论体系何以自信，底气何在？这成为萦绕在人们心头的又一疑问。针对这一问题，众多专家、学者在进行深入研究和探讨之后，也纷纷作出了自己的回答。其中，学者王树荫提出：中国特色社会主义理论自信来源于我国社会主义建设“成功的经验和伟大成就”，来源于“对马克思主义中国化最新成果的

---

① 胡锦涛.坚定不移沿着中国特色社会主义道路前进　为全面建成小康社会而奋斗——在中国共产党第十八次全国代表大会上的报告[J].求是,2012(22).

② 胡锦涛.坚定不移沿着中国特色社会主义道路前进　为全面建成小康社会而奋斗——在中国共产党第十八次全国代表大会上的报告[J].求是,2012(22).

③ 习近平.习近平谈治国理政(第二卷)[M].北京:外文出版社,2017:62.

充分肯定和对中国特色社会主义道路和制度的坚定信念”。[①] 齐卫平提出：“中国共产党的理论自信主要来源于对马克思主义科学性的认知，来源于对人民群众实践出真知的认同，来源于党自身把握理论的能力。”[②] 包心鉴则认为：“自信来自于实践，自信来自于比较，自信来自于自觉。”[③] 王东红也指出，中国特色社会主义理论自信，“来自于历史实践的证明，来自于国际比较的启示，来自于责任担当的要求”[④]。综合上述学者的意见和观点，可以发现，学者们大都从我们党对于马克思主义理论的科学运用、中国特色社会主义已取得的实践成果以及与世界其他国家相比较的维度出发，阐述和证明坚持中国特色社会主义理论自信的缘由。毋庸置疑，从这些维度出发阐明理论自信的来源是科学的和必要的，中国特色社会主义理论自信离不开马克思主义理论的科学指导，也离不开对于西方文化的镜鉴。但是，仅从这些维度出发论证中国特色社会主义理论自信的来源似乎仍显单薄。中国特色社会主义理论体系是在马克思主义中国化的过程中，马克思主义理论与中国具体实际、与中华优秀传统文化相结合而形成的理论成果，其中蕴含着丰富的传统文化基因，而中华优秀传统文化也为中国特色社会主义理论体系的形成和发展提供了丰厚的文化滋养和文化底蕴。正如习近平总书记在全国宣传思想工作会议上所强调的：“中华优秀传统文化是中华民族的突出优势，是我们最深厚的文化软实力。”阐明中国特色社会主义理论自信，中华优秀传统文化无疑是一个不可或缺的重要来源。

由此观之，中国特色社会主义理论自信的底气需要从中华优秀传统文化中找寻。习近平总书记明确指出：“宣传阐释中国特色，要讲清楚每个国家和民族的历史传统、文化积淀、基本国情不同，其发展道路必然有着自己的特色；讲清楚中华文化积淀着中华民族最深沉的精神追求，是中华民族生生不息、发展壮大的丰厚滋养；讲清楚中华优秀传统文化是中华民族的突出优势，是我们最深厚的文化软实力；讲清楚中国特色社会主义植根于中华文化沃土、反映中

---

① 王树荫.坚持中国特色社会主义理论自信[N].中国教育报，2012-11-30.

② 齐卫平.理论自觉和理论自信:党和人民事业的希望所在[J].思想理论教育，2012(9).

③ 包心鉴.中国自信来自于哪里？[J].求是，2013(7).

④ 王东红.中国特色社会主义“三大自信”的来源、结构和影响[J].湖湘论坛，2013(3).

国人民意愿、适应中国和时代发展进步要求，有着深厚历史渊源和广泛现实基础。”[①] 可以说，中华优秀传统文化以其广博的文化内涵和独特的文化魅力，赋予了我们当前所从事的社会主义事业以鲜明的中国特色。由此，深刻阐明“中国特色”需要以传统文化为切入点，深入挖掘传统文化为中国特色社会主义及其理论体系所提供的文化滋养与自信底气，真正落实习近平总书记所提出的“不忘本来才能开辟未来，善于继承才能更好创新”[②]。与此同时，“四个讲清楚”也体现了习近平总书记对于中华优秀传统文化的深刻认识和高度重视。改革开放以来，中国共产党人围绕“什么是社会主义、怎样建设社会主义”“建设什么样的党、怎样建设党”“实现什么样的发展、怎样发展”以及新时代“坚持和发展什么样的中国特色社会主义、怎样坚持和发展中国特色社会主义”的时代之问，相继形成了邓小平理论、“三个代表”重要思想、科学发展观和习近平新时代中国特色社会主义思想，丰富和发展了中国特色社会主义理论体系。作为马克思主义与中国传统文化相结合的产物，中国特色社会主义理论体系中渗透着中华优秀传统文化的精髓，而在中国特色社会主义理论体系中也总是能够看到中华优秀传统文化的影子。可以说，从很大程度上，正是中华民族五千多年孕育形成的优秀传统文化构成了中国特色社会主义理论自信的坚固底色，并不断推动着中国特色社会主义理论自信的巩固和提高。因此，中国特色社会主义理论自信离不开中华优秀传统文化，找寻中国特色社会主义理论自信的底气必须回溯到中华优秀传统文化的思想宝库中去。

二、中国特色社会主义理论体系与中华优秀传统文化的契合：继承与创新

如上所述，中国特色社会主义理论体系不是无源之水、无本之木。中华文明在数千年漫漫历史长河的兴衰沉浮中奔流不息、绵延不绝，为中华民族的繁衍生息提供了丰厚的文化滋养。其中，中华优秀传统文化作为中华文明的精

---

① 习近平. 习近平谈治国理政[M]. 北京：外文出版社，2014：155-156.

② 中共中央宣传部. 习近平总书记系列重要讲话读本[M]. 北京：学习出版社，人民出版社，2014：100.

髓，早已植根于中华儿女的内心深处，成为中华民族的文化基因，并对中华民族的发展轨迹产生了深远影响，也为中国特色社会主义理论体系提供了最为深厚的源泉。质言之，中国特色社会主义理论体系作为马克思主义与中华优秀传统文化相结合而产生的科学理论成果，其本身携带的文化烙印也充分印证了与中华优秀传统文化之间的内在契合、继承与创新。其中，二者在价值观、方法论以及一些理念层面的契合、继承与创新方面表现得尤为突出。

（一）价值观层面的契合：继承与创新

虽历经中华民族五千多年历史的大浪淘沙，中华优秀传统文化中的一些价值观念依旧流传至今，并与当前中国特色社会主义理论体系中的诸多价值取向不谋而合，具体主要体现在：

第一，“民本”思想与“以人为本”的内在契合。中国传统的民本思想由来已久，早在《尚书·五子之歌》中就有“民惟邦本，本固邦宁”的说法。而在传统文化中具有举足轻重地位的儒家则同样强调“以民为本”，《孟子·尽心下》中强调“民为贵，社稷次之，君为轻”，以民贵君轻思想告诫统治者“得民心者得天下”；荀子也将君民关系比作“舟”与“水”的关系。汉代名士贾谊则极力倡导“民为国本”，唐代著名谏官魏征也提出“民存则社稷存，人亡则社稷亡”。然而，这些珍贵的民本思想依旧未能打破我国封建王朝不断更迭的历史周期律，究其原因，可以发现，在我国的封建体制下，民本论最终仍是一种君本论，“贵民”“重民”的本质仍是为了“驭民”。正是在借鉴、反思历史的基础上，中国特色社会主义理论体系打破传统以君为中心的民本论的桎梏，坚持“以人为本”，把人民群众“拥护不拥护、赞成不赞成、高兴不高兴、答应不答应”作为各项工作的出发点和落脚点，并提出要“始终代表最广大人民的根本利益”，做到“发展为了人民、发展依靠人民、发展成果由人民共享”。党的十八大以来，习近平总书记明确提出：“中国梦归根到底是人民的梦，必须紧紧依靠人民来实现，必须不断为人民造福。”① 随着社会生产力的不断发展和人民生活水平的不断提高，中国共产党人及时关注人民群众的需求变化，转变发展方式，把人民对美好生活

---

① 习近平．习近平谈治国理政[M]．北京：外文出版社，2014：40．

的向往作为奋斗目标，把为人民谋幸福作为不变的初心和使命。这些都表明中国特色社会主义理论体系实现了由传统的“民本”思想向真正“以人为本”的价值转换，实现了对传统“民本”思想的传承与发展。

第二，“天人合一”与“绿色发展”的内在契合。“天人合一”的思想是由道家代表人物庄子提出的，庄子认为：“有人，天也；有天，亦天也。”天是自然，人是自然中的一部分，天人本是合一的，因此，应达到人与自然相和谐的状态。“天人合一”思想作为中华传统文化的重要组成部分，也得到了后世的持续演绎。如北宋时期的唯物主义哲学家张载在《西铭》中提出：“民吾同胞，物吾与也”，主张破除人与自然之间的对立关系，达至和谐相处。这些古老的生态理念，在滋养中华民族永续发展的同时也为我们今天正确处理人与自然的关系提供了丰富的思想源泉。改革开放之初，邓小平就曾提出：“要采取有力的步骤，使我们的发展能够持续、有后劲”①，并依据当时的国情，积极推动计划生育、植树造林等工作的开展。随着改革开放的深入发展，如何协调人与自然的关系成为一个突出问题。对此，江泽民提出坚持走新型工业化道路的主张，胡锦涛则在“科学发展观”中强调必须坚持可持续发展，提出“人与自然和谐相处”是和谐社会的基本特征之一。进入新时代，随着“五位一体”总体布局的制定实施，生态文明建设被提到了前所未有的高度，习近平总书记明确强调，要“正确处理经济发展和生态环境保护的关系，像保护眼睛一样保护生态环境，像对待生命一样对待生态环境，坚决摒弃损害甚至破坏生态环境的发展模式，坚决摒弃以牺牲生态环境换取一时一地经济增长的做法，让良好生态环境成为人民生活的增长点、成为经济社会持续健康发展的支撑点、成为展现我国良好形象的发力点，让中华大地天更蓝、山更绿、水更清、环境更优美”②，并指出，建设生态文明关系人民福祉，关乎民族未来。因此，可以说，中国特色社会主义理论体系中的生态文明理念正是对“天人合一”思想的现代演绎。

（二）方法论层面的契合：继承与创新

中华优秀传统文化作为中华民族宝贵的精神财富，以润物无声的方式浸润

① 邓小平．邓小平文选(第三卷)[M]．北京：人民出版社，1994：312．

② 习近平．习近平谈治国理政(第二卷)[M]．北京：外文出版社，2017：395．

着中华儿女的心灵，也培育了中华儿女的性情与品格，更为中华儿女的为人处世提供了方法论指导。其中，中华优秀传统文化与中国特色社会主义理论体系在方法论层面的内在契合主要体现在：

第一，坚持实事求是的方法论。“实事求是”作为我国传统文化的一个重要命题，是东汉著名史学家班固在其所著的《汉书·河间献王传》一书中提出的，“修古好学，实事求是”，旨在提倡一种踏实认真、质朴无华的学习态度和方法，并对后世产生了深远影响。如宋代理学家朱熹提出的“格物致知”“即物穷理”等命题都体现出对实事求是方法论的传承。而明末清初的进步思想家王夫之、黄宗羲、顾炎武等则明确倡导经世致用的求实之风，反对坐而论道，流于空谈。同样，在建设中国特色社会主义的过程中，实事求是的方法论也得到了进一步的继承和发展。“实事求是，一切从实际出发，理论联系实际，坚持实践是检验真理的标准，这就是我们党的思想路线。”① 邓小平的这一论断迅速破除了改革开放之初禁锢在人们头脑中的思想藩篱，推动我国改革开放顺利进行。党的十八大以来，习近平总书记也明确指出：“实事求是，是马克思主义的根本观点，是中国共产党人认识世界、改造世界的根本要求，是我们党的基本思想方法、工作方法、领导方法。”② 习近平总书记在不同场合多次运用“发展是硬道理”“空谈误国，实干兴邦”“贵在力行，重在履事”“循名责实，重效致用”等话语。可以说，这些指示和话语都体现了我们党在领导建设中国特色社会主义过程中所始终坚持的实事求是、求真务实的方法论。

第二，坚持辩证统一的方法论。辩证统一思想作为马克思主义的重要观点，在我国传统文化中也有鲜明体现。早在春秋战国时期，作为中华民族集体智慧结晶的《周易》一书中就曾提出“一阴一阳谓之道”“生生之谓易”，另外，宋代理学家张载提出的“两一”学说，以及我国中医学术中讲求的辨证施治等，都体现了中华传统文化中的辩证思想，这为我们准确认识和把握事物提供了重要的方法论指导。而在中国特色社会主义理论体系中，辩证统一的方法论也得到了充分运用。面对改革开放之初亟待解决的各种问题，邓小平强调要

① 邓小平. 邓小平文选(第二卷)[M]. 北京：人民出版社，1994：278.

② 习近平. 习近平谈治国理政[M]. 北京：外文出版社，2014：25.

把辩证统一的方法运用于全部领导工作之中，“正确认识和妥善处理中国特色社会主义事业中的重大关系”①，并提出“一手抓物质文明，一手抓精神文明”的“两手抓”方针，指出前者是基础，后者是保证，要坚持“两手抓，两手都要硬”。辩证统一的方法在随后的改革开放中也得到了持续的传承和发展。进入新时代，习近平总书记更是明确指出，“辩证唯物主义是中国共产党人的世界观和方法论”②，并在多个场合强调，要学习掌握唯物辩证法的根本方法，不断增强辩证思维能力，提高驾驭复杂局面、处理复杂问题的本领。事实证明，辩证统一的方法已经成为我国处理发展过程中各种矛盾的重要法宝。

第三，坚持统筹兼顾的方法论。统筹兼顾的工作方法是我国传统文化中整体性思维在当代社会的演绎形式。我国传统文化历来重视从整体的角度出发思考问题，认为世间万物是一个有机整体，因此不能割裂事物之间的相互联系，反对片面地强调事物的某一方面而忽视其他方面的做法。如孟子曾提出“上下与天地同流”，庄子也曾在《齐物论》中提出“天地与我共生，而万物与我为一”，西汉淮南王刘安在其主持编纂的《淮南子·泰族训》中同样强调君王执政要“仰取象于天，俯取度于地，中取法于人”，还有我国传统文化中所主张的“刚柔并济”“阴阳相生”等观点，都体现出我国历史上对于事物整体性的偏重，强调从天地人、正反对立面等角度力求全面地认识和解决问题。而传统文化中的整体性思维对我国的社会发展也产生了重要影响，邓小平在改革开放之初就强调，“我们必须按照统筹兼顾的原则来调节各种利益的相互关系”。江泽民也提出，“在推进社会主义现代化建设的过程中，必须处理好各种关系，特别是若干带有全局性的重大关系”。胡锦涛则将统筹兼顾确立为科学发展观的根本方法。习近平总书记也在主持第十八届中共中央政治局第一次集体学习时就明确指出：“中国共产党是中国特色社会主义事业的领导核心，所以必须加强和改善党的领导，充分发挥党总揽全局、协调各方的领导核心作用。”③党的十八大以来，随着“四个全面”战略布局、“五位一体”总体布局的制定

---

① 中国共产党第十八次全国代表大会文件汇编[C].北京：人民出版社，2012：8.

② 习近平.坚持运用辩证唯物主义世界观方法论　提高解决我国改革发展基本问题本领[N].人民日报，2015-01-25.

③ 习近平.习近平谈治国理政[M].北京：外文出版社，2014：13.

实施，以及“五大发展理念”中“协调”发展理念的不断落实等，统筹兼顾的工作方法在新时代得到了更加充分的演绎，同时，也为我国传统文化中的整体性思维增添了更加绚丽的时代色彩。

（三）理念层面的契合：继承与创新

作为中华民族的血脉和中华儿女共同的精神家园，中华优秀传统文化以其海纳百川、包容万象的气度铸就了自身的博大精深，特别是其中包含的许多宝贵价值理念，在传承民族血脉、筑牢精神家园的同时，也为中国特色社会主义理论体系的构建提供了丰富的思想源泉，促成了二者在理念层面的诸多契合之处，而这些契合之处则主要体现在：

首先，和合理念与推动构建人类命运共同体的内在契合。中华民族作为一个爱好和平、追求和谐的民族，和合理念在我国传统文化中流传已久并占有举足轻重的地位。“讲信修睦”“亲仁善邻”“以和为贵”“协和万邦”等都浓缩了我国传统文化中的和合理念，我国古代的先哲们在著书立说的过程中也对这一理念进行了阐述。例如，孔子强调“四海之内皆兄弟”“己所不欲，勿施于人”，墨子主张“兼相爱”“爱无差”，孟子则提出“仁者无敌”“达则兼济天下”等，都表达了对于和合理念的理解与肯定。当前，随着时代的发展，和合理念在世代传承的过程中也得到了更加充分的运用。进入新时代，面对国际风云的变幻不定和“中国威胁论”的甚嚣尘上，习近平总书记向世界明确表态，“中国将始终做世界和平的建设者，坚定走和平发展道路，无论国际形势如何变化，无论自身如何发展，中国永不称霸、永不扩张、永不谋求势力范围”①，将我国传统文化中的和合理念推广到处理国际关系问题的领域，创新性地提出构建人类命运共同体的主张，运用和合理念对国际权利观、共同利益观、可持续发展观以及全球治理观做出了新的更加符合人类社会发展规律的解读，同时也为我国跨越“修昔底德陷阱”指出了可行之路。因此，可以说，一方面，和合理念指导着人类命运共同体的构建；另一方面，推动构建人类命运共同体也为和合理念的价值彰显提供了更加广阔的世界舞台。

---

① 习近平. 习近平谈治国理政(第二卷)[M]. 北京：外文出版社，2017：525.

其次，革故鼎新的理念与全面深化改革之间的内在契合。“我们的先人们早就提出：‘周虽旧邦，其命维新。’‘天行健，君子以自强不息。’‘苟日新，日日新，又日新。’”[①] 习近平总书记通过引用三句古语对我国传统文化中坚持革故鼎新的理念进行了生动的阐释。“革故鼎新”出自《周易·杂卦传》，“革，去故也，鼎，取新也”。自古以来，革故鼎新的进取精神就备受中国人的推崇。战国末期法家代表人物韩非就曾提出“世异则事异，事异则备变”，汉代著名文学家桓宽也指出“明者因时而变，知者随事而制”，以及《易经》中所强调的“穷则变，变则通，通则久”等，都表明革故鼎新的理念在我国传统文化中的重要地位。与此同时，革故鼎新的理念对我国的社会主义建设也发挥了关键的指导作用。作为我国改革开放的总设计师，邓小平始终坚持，要发展就要变，不变就不会发展。正是在这一理念的指引下，我国的改革开放得以在众多阻力之中破浪前行，并取得当前的巨大成就。党的十八大以来，面对制约我国社会主义事业发展的桎梏和枷锁，习近平总书记提出，必须将改革进行到底，并大力推行全面深化改革战略举措，指出“改革开放是一项长期的、艰巨的、繁重的事业”[②]，“改革开放只有进行时没有完成时”[③]。同时，随着我国改革开放的不断深入，习近平总书记又及时指出：“中国已经进入改革的深水区，需要解决的都是难啃的硬骨头，这个时候需要‘明知山有虎，偏向虎山行’的勇气，不断把改革推向前进。”[④] 全面深化改革，改掉的是制约发展的藩篱，获得的是新时代中国特色社会主义事业蓬勃发展的新动力，同时也是革故鼎新理念在新时代的再次绽放。

最后，德治理念与以德治国的内在契合。在数千年的中国封建王朝中，法治作为治理国家的手段虽然被历代统治者所普遍采用，但总体仍以“德主刑辅”的方式而存在。特别是汉武帝“罢黜百家，独尊儒术”之后，儒家以德治国的思想就逐渐成为封建统治者治国理政的主流思想。西周初期，周公就曾提出“黄天

① 习近平. 在中国科学院第十七次院士大会、中国工程院第十二次院士大会上的讲话[N]. 光明日报，2014-06-10.

② 习近平. 习近平谈治国理政[M]. 北京：外文出版社，2014：67.

③ 习近平. 习近平谈治国理政[M]. 北京：外文出版社，2014：69.

④ 习近平. 在布鲁日欧洲学院的演讲[N]. 人民日报，2014-04-02.

无亲，惟德是辅”，孔子也强调“为政以德，譬如北辰，居其所而众星拱之”以及“道之以政，齐之以刑，民免而无耻；道之以德，齐之以礼，有耻且格”等，都是在告诫统治者应实行德政。历史证明，“德主刑辅”“以德治国”的方式在维护封建统治和维持社会稳定等方面发挥了重要作用。与此同时，德治理念也成为我国传统文化的重要组成部分，并被沿用至今。改革开放以来，我国在以经济建设为中心的基础上，更加重视加强社会主义道德建设。其中，积极培育“四有”新人，实行法治建设与道德建设相结合的治国方略，倡导社会主义荣辱观，加强社会主义核心价值体系建设，培育和践行社会主义核心价值观等战略举措都体现了我国在社会主义建设过程中对于德治理念的传承和弘扬。正如习近平总书记所说：“国无德不兴，人无德不立。必须加强全社会的思想道德建设，激发人们形成善良的道德意愿、道德情感，培育正确的道德判断和道德责任，提高道德实践能力尤其是自觉践行能力，引导人们向往和追求讲道德、尊道德、守道德的生活，形成向上的力量、向善的力量。”① 所以，进入新时代，在继承传统文化中德治理念和坚持依法治国的基础上，以德治国也正在发挥越来越重要的作用。

中华优秀传统文化内涵丰富、博大精深，与中国特色社会主义理论体系的内在契合除上述价值观、方法论以及理念层面外，还体现在百姓日用而不觉的隐性层面。正如习近平总书记在北京大学考察时强调的，“中华优秀传统文化已经成为中华民族的基因，植根在中国人内心，潜移默化影响着中国人的思想方式和行为方式”②，“我们生而为中国人，最根本的是我们有中国人的独特精神世界，有百姓日用而不觉的价值观”③。因此，虽然没有显性的典籍文本可以引用和考证，但不可否认的是，中华优秀传统文化每时每刻都在滋养着我们的心灵，培育着我们的精神，塑造着我们的品格。

---

① 习近平在山东考察时强调 认真贯彻党的十八届三中全会精神 汇聚起全面深化改革的强大正能量[N].人民日报,2013-11-29.

② 习近平.习近平谈治国理政[M].北京:外文出版社,2014:170.

③ 习近平.习近平谈治国理政[M].北京:外文出版社,2014:171.

三、中华优秀传统文化为中国特色社会主义理论自信提供文化根基

作为马克思主义中国化第二次飞跃的理论成果，中国特色社会主义理论体系深深扎根于中华大地，实现了与中华优秀传统文化的水乳交融。与此同时，中华优秀传统文化作为中华民族的智慧宝库，也在孕育文化精神、塑造文化品格、营造文化语境等方面为中国特色社会主义理论自信提供了坚实的文化根基，促成了中国特色社会主义理论体系独特的中国风格和中国气派。

（一）中华优秀传统文化孕育了中国特色社会主义理论体系的文化精神

文化精神是文化深层次的内容，是文化的灵魂和精髓，每一种文明都以自己独特的文化精神滋养着创造和信奉自己的人们。其中，历史悠久的中华文明在这一方面表现得尤为卓越。而作为中华文明的精华，中华优秀传统文化也以其厚重的文化底蕴孕育了中国特色社会主义理论体系中以爱国主义为核心的民族精神和以改革创新为核心的时代精神，民族精神与时代精神紧密相连、相辅相成，共同构筑了中国特色社会主义理论体系的文化精神，推动中国特色社会主义事业不断发展。

民族精神是一个民族的灵魂向导，它源于民族自身并指引着民族的发展前进。中华民族自古就有“天下兴亡，匹夫有责”“捐躯赴国难，视死忽如归”的文化基因和爱国豪情，而这一精神也在近代中国争取民族独立和人民解放的战斗中被彰显得淋漓尽致。然而，不惧侵略并不意味着喜好战争，中华民族从来都将和平视为珍宝，崇奉“协和万邦”的外交理念，特别是面对当前国际范围内甚嚣尘上的“中国威胁论”，习近平总书记更是明确提出：“中国这头狮子已经醒了，但这是一只和平的、可亲的、文明的狮子。”[①] 与此同时，“天时不如地利，地利不如人和”“克勤于国，克俭于家”等自古流传下来的古训也造就了中华民族团结统一、勤劳勇敢的精神品质。此外，中华民族在发展过程中

① 中共中央宣传部．习近平总书记系列重要讲话读本(2016 年版)[M]．北京：学习出版社，人民出版社，2016：16．

所经历的无数艰难险阻也为亿万中华儿女的血脉中注入了自强不息的精神基因。所以，正是在历史长河的奔流不息中，“中华民族形成了以爱国主义为核心的团结统一、爱好和平、勤劳勇敢、自强不息的伟大民族精神”[①]。这一精神也成为中国特色社会主义理论体系的重要组成部分，并为新时代中国特色社会主义的发展提供了强大动力。

时代精神是一个国家的发展方向，它源于时代潮流并指导着国家的蓝图规划。中华民族历来重视创新为社会发展带来的巨大动力，战国时期的商鞅变法，宋朝时期的王安石变法，以及晚清时期的戊戌变法等都体现出中国人民求新求变的创新精神。进入新时代，习近平总书记更加强调：“创新是一个民族进步的灵魂，是一个国家兴旺发达的不竭动力，也是中华民族最深沉的民族禀赋。在激烈的国际竞争中，惟创新者进，惟创新者强，惟创新者胜。”[②] 质言之，正是在这一浓厚的创新求变文化氛围的滋润下，随着时代发展，中华优秀传统文化中追求创新的精神得到了充分的传承和发扬。“世界每时每刻都在发生变化，中国也每时每刻都在发生变化，我们必须在理论上跟上时代，不断认识规律，不断推进理论创新、实践创新、制度创新、文化创新以及其他各方面创新。”[③] 因此，基于时代的发展要求，中华民族逐渐形成了以改革创新为核心的时代精神。其中，大庆精神、“两弹一星”精神等为人们带来极大鼓舞的行业精神构成了时代精神的重要内容。当前，随着红船精神、井冈山精神、西柏坡精神等一批革命精神在新时代持续焕发精神力量，时代精神也在不断地被丰富和充实。进入新时代，随着全面深化改革的不断深入，以改革创新为核心的时代精神持续鼓舞着中国人民在与时俱进、开拓进取的中国道路上越走越远、越走越坚定。

此外，中华优秀传统文化在孕育中华民族的民族精神和时代精神的同时，也为中国特色社会主义核心价值观的形成提供了直接来源，使中国特色社会主

---

① 江泽民.全面建设小康社会 开创中国特色社会主义事业新局面——在中国共产党第十六次全国代表大会上的报告[M].北京：人民出版社，2002.

② 习近平.习近平谈治国理政[M].北京：外文出版社，2014：59.

③ 习近平.决胜全面建成小康社会 夺取新时代中国特色社会主义伟大胜利——在中国共产党第十九次全国代表大会上的报告[M].北京：人民出版社，2017：26.

义理论体系的文化精神更为丰盈饱满，为亿万中华儿女提供了源源不断的精神滋养。与此同时，正如习近平总书记所强调的，“社会主义核心价值观是当代中国精神的集中体现，是凝聚中国力量的思想道德基础”①，“培育和弘扬社会主义核心价值观必须立足中华优秀传统文化。牢固的核心价值观，都有其固有的根本。抛弃传统、丢掉根本，就等于割断了自己的精神命脉”②。因此，在接受传统文化精神滋养的同时，“坚守中华文化立场、传承中华文化基因、展现中华审美风范”也成为我们义不容辞的使命和担当。

（二）中华优秀传统文化塑造了中国特色社会主义理论体系的文化品格

一种文化的兴衰沉浮一定程度上取决于其文化品格。中华文明之所以能作为世界上唯一留存、未曾中断的古老文明，其兼收并蓄、海纳百川的文化品格功不可没。而这一优秀文化品格在维护文化传承、滋养中华儿女、推动民族发展的同时，也为中华民族世代传承，成为中华优秀传统文化的重要组成部分，在指导中国特色社会主义理论体系形成的同时内化于其中，成为中国特色社会主义理论体系本身所固有的文化品格。

尊重文化差异，注重文化多元，汲取古今中外文化养料，延揽八面来风，是兼收并蓄、海纳百川的文化品格赋予中华民族的宏大文化气度。中华民族在漫长的发展过程中一贯坚持厚德载物、有容乃大的文化立场，从西汉时期的丝绸之路，到唐朝时期的国际大都会，再到明朝时期的郑和下西洋等，都促进了中华民族的对外交流与文化发展。随后，1917 年俄国十月革命的一声炮响，给苦苦追求民族独立和人民解放的中国人民送来了马克思主义。面对马克思主义这一外来文化，中华文化以其包罗万象的气度和姿态迅速接纳，并积极找寻其与中华优秀传统文化之间的契合点，最终实现了马克思主义在中华大地的落地生根乃至开花结果，为马克思主义中国化的两次飞跃提供了必要条件。党的十一届三中全会后，改革开放成为我国的基本国策，推动中华民族实现了由近代以来的被动全球化向主动全球化的转变。新时代，随着“一带一路”、推动

---

① 习近平. 习近平谈治国理政(第二卷)[M]. 北京：外文出版社，2017：351.

② 习近平. 习近平谈治国理政[M]. 北京：外文出版社，2014：163-164.

构建人类命运共同体等倡议的实施和推进，中国的对外开放迈向了更高层次，正如习近平总书记指出的："每种文明都有其独特魅力和深厚底蕴，都是人类的精神瑰宝。不同文明要取长补短、共同进步，让文明交流互鉴成为推动人类社会进步的动力、维护世界和平的纽带。"① 与此同时，也正是在这些国家间的交流互动中，中国特色社会主义理论体系兼收并蓄、海纳百川的文化品格得到了持续巩固和充分彰显。

"文化就像一个绵延不断的河流，源头来自远古，又由许多支流、干流汇合而成。"② 中华优秀传统文化正是以其兼收并蓄、海纳百川的文化品格成就了自身的源远流长与博大精深。与此同时，传统文化也在潜移默化的滋养中塑造和赋予了中国特色社会主义理论体系以同样的文化品格，推动中国特色社会主义理论体系的不断丰富和发展。

（三）中华优秀传统文化营造了中国特色社会主义理论体系的文化语境

文化语境作为人们交流互动的社会背景，与社会文化习俗等密切相关。在不同的文化语境中，人们的表达方式和交往风格也有较大区别。中华优秀传统文化中包含着中华民族的文化基因，以润物无声的方式影响着中华儿女的为人处世和言行举止，也为中国特色社会主义理论体系营造了独特的文化语境，使中国特色社会主义理论体系通过"方块字"和"中国话"等中华民族所特有的表达方式得以承载和传播。

马克思主义理论作为人们认识世界和改造世界的科学理论体系，凭借其无可辩驳的科学性和先进性，一经传入中国就受到了当时革命人士的热烈欢迎。然而，科学理论只有被广大人民群众所掌握，才能充分释放其真理力量，甚至转化为物质力量，这也成为马克思主义实现中国化和大众化的客观要求。基于此，大量的马克思主义论著被翻译成中文，而一些晦涩难懂的马克思主义原理也采用了普通百姓通俗易懂的中国传统表达方式进行传播。改革开放以来，面对经济迅速发展和人们信仰日趋多元化的社会现状，我们党在坚持以马克思主

---

① 习近平. 习近平谈治国理政（第二卷）[M]. 北京：外文出版社，2017：544.

② 习近平. 中国发展有目标有路径有思路[N]. 光明日报，2013-03-25.

义为指导的前提下，日益重视对于中国特色社会主义理论体系的宣传工作，通过“小康”“共同富裕”“实事求是”“发展是硬道理”等既符合马克思主义原理、又易于为普通百姓所领会的传统话语进行理论阐释。特别是党的十八大以来，习近平总书记在不同场合灵活运用“治大国若烹小鲜”“如履薄冰，如临深渊”“己所不欲，勿施于人”“不要人夸好颜色，只留清气满乾坤”“一花独放不是春，百花齐放春满园”等传统文化经典表达自身的立场观点，形成了独特的“习式风格”。不可否认，这些独特而又美妙的话语在充分彰显中华优秀传统文化为中国特色社会主义理论体系所营造的独特文化语境的同时，也逐渐提高了人民群众对于中国特色社会主义理论体系的理解、接纳和信仰程度。

中华优秀传统文化是中国特色社会主义理论体系形成和发展的文化家园，为中国特色社会主义理论体系营造了独特的文化语境。与此同时，以“方块字”“中国话”等中国传统表达方式为载体的中国特色社会主义理论体系也因此而呈现浓郁的民族风格和独特的美妙意境。

综上所述，“一个国家、一个民族的强盛，总是以文化兴盛为支撑的，中华民族伟大复兴需要以中华文化发展繁荣为条件”①。进入新时代，在习近平总书记的高度重视和大力支持下，传承和弘扬中华优秀传统文化的热潮兴起，亿万国人沐浴在中华优秀传统文化的洗礼之中。然而，随着时代变迁，中华优秀传统文化也面临着如何创新形式以满足当代需要的挑战。习近平总书记提出的对传统文化实行“创造性转化和创新性发展”的指导方针无疑是当前推动中华优秀传统文化满足当代需要的必然选择。因而，在新时代，要充实中国特色社会主义理论自信的源泉，需要我们不断对中华传统文化进行创造性转化和创新性发展。一是要批判性继承。要消除中国传统文化中的奴性文化，从而走上现代文化道路。近年来，传统文化中的糟粕“官本位主义”卷土重来，导致官僚主义、奢靡之风横行，这是我们应该特别警惕的。二是要创造性继承。“要系统梳理传统文化资源，让收藏在禁宫里的文物、陈列在广阔大地上的遗产、

① 习近平在山东考察时强调　认真贯彻党的十八届三中全会精神　汇聚起全面深化改革的强大正能量[N]. 人民日报，2013-11-29.

书写在古籍里的文字都活起来。”① 如举办“汉语桥”比赛，点燃外国人学习汉语的热情；将传统文化学习与手机应用软件相结合，盘活中华传统文化资源，使其为世界人民所喜闻乐见。三是要开放性继承。一方面，要促进中华优秀传统文化与世界文明互动和互鉴，在比较和借鉴中深度挖掘中华优秀传统文化的当代价值，在与“他者”文明的比较中认清自己的优势与不足，在平等、尊重、包容“他者”文明的过程中获得对“他者”文明的认同。另一方面，要基于当代中国的新文明观来看待和处理全球不同文明。新文明观认为，“文明因交流而多彩，文明因互鉴而丰富。文明交流互鉴，是推动人类文明进步和世界和平发展的重要动力”②。站在新文明观的立场上，既要展现出中国文化在对外文化交流中的自信，又要展现出中国愿意学习借鉴世界其他文明优秀成果的大气姿态。由此，实现中华优秀传统文化在当代社会的传承与弘扬、转化与发展，不仅有助于提升中国特色社会主义理论自信，而且是实现中华民族伟大复兴这一价值旨归的客观需要。

---

① 习近平. 建设社会主义文化强国　着力提高国家文化软实力[N]. 人民日报，2014-01-01.

② 习近平. 在联合国教科文组织总部的演讲[N]. 人民日报，2014-03-28.

第三讲　中华优秀传统文化是制度自信的深厚根基

制度自信是中国共产党发展进程中的突出特点和光荣传统，是中国共产党领导中国特色社会主义建设事业的核心驱动和重要法宝。中华优秀传统文化是制度自信生成的深厚根基。习近平总书记明确指出，制度自信，其本质是建立在5000多年文明传承基础上的文化自信。“坚定中国特色社会主义道路自信、理论自信、制度自信，说到底就是要坚定文化自信。”“文化自信是更基本、更深沉、更持久的力量。”[①] 这就深刻阐明了中华优秀传统文化与中国共产党制度自信之间的内在关联和逻辑机理。根据中国共产党制度自信的新实践、新要求，加强对中华优秀传统文化理论与实践的系统分析和深入思考，对于进一步弘扬中华优秀传统文化、增强中国共产党制度自信，具有十分重要的价值和意义。

一、逻辑内蕴：中华优秀传统文化是中国共产党制度自信的生成渊源

毋庸置疑，中国共产党的制度自信根源于中国近代以来的历史性实践。而这一历史性实践，不仅体现为中华民族在其自身发展的现实过程中遭遇“三千年未有之变局”时倍感艰辛的苦苦求索，更在深层次上体现为中华优秀传统文化在其自我传承过程中遭遇“古今之争”“中西之辩”等多重文明的困境与冲

① 中共中央宣传部.习近平新时代中国特色社会主义思想三十讲[M].北京:学习出版社,2018:194-195.

突时，所表现出来的独特、坚韧的文化品格。因此，要论及中国共产党的制度自信，就无法脱离这一文化前提。遵循这一逻辑思路，中华优秀传统文化便成为中国共产党制度自信的生成渊源。

（一）中华优秀传统文化内蕴着中国共产党制度自信生成的时代视域

中国共产党的制度自信，以中国特色社会主义制度的现代实践为直接依据。而“现代实践与传统文化是不是对立两分的关系”，是一个值得深入思考的历史问题。长期以来，在启蒙时代理性主义西风盛行的影响下，以强调主客体二者分离为基础的认识论日益侵蚀着人类的视域。如此一来，在通俗意义上被视为完成时态或者既成之物的传统文化，就被解读为与现代实践毫不相关的纯客观存在。马克思主义认识论的真实意义告诉我们，认识是由主客体之间的互动关系形成的一个交互耦合的过程，这一过程不仅包含着认识客体的对象性，也包含着认识主体的构建性，从而体现为一种由“既成”到“生成”的思维方式。由此，无论在理论上还是在现实中，传统文化只能是被我们所认识到的并且带有主体建构特点的存在。传统文化所具有的这层意义一经揭示，它就不再是一种远离我们现实生活的“既成性存在”，而是一种与作为主体性存在的我们以及我们所生活的时代密切相关的、交融互动的“生成性存在”。这不仅需要我们不断地与之进行互动，而且也会因这种永不停息的互动，使其参与到对当下乃至对未来社会的塑造过程之中。当然，只有在传统文化自身不断生成的过程中，能为成功应对新时代的各种挑战而作出持续性贡献的部分，才可以称之为优秀的传统文化。从一定程度上看，中国共产党的制度自信，就源自于这种与中华优秀传统文化的持续互动。在这个持续交融互动的过程中，既形成制度自身发展特有的本土化定向，又在应对新时代面临的挑战中不断扬弃更新，从而在制度文明演进的漫漫征途中彰显出自身的优势与活力，坚定着自己的信心。

（二）中华优秀传统文化内含着中国共产党制度自信生成的空间界域

中国共产党的制度自信，以东方社会对资本主义制度“卡夫丁峡谷”的跨越为理论依据。这一跨越在中国的成功实践，始终无法回避中国自身特有的历史文化背景，或者说，这一跨越的成功，在很大程度上源自于中华优秀传统文化的自我传承。“现代文明”的普遍性空洞抽象范式，首先是而又不可能不是地域性的，因其被定义的真实内容与其实质无不将其定义为西方文明。而这一文明所带有的真正普遍性，其实是其自身所具有的“世界历史意义”，即这种普遍性是历史的，历史地产生，历史地繁盛辉煌，同样也历史地走向衰落。① 当然，现阶段的西方资本主义文明仍旧拥有着其绝对的权利，马克思明确指出，现代资本主义文明“使未开化的和半开化的国家从属于文明的国家，使农民的民族从属于资产阶级的民族，使东方从属于西方”②。这一从属关系，不但是必然的，而且必须是历史的，同样也始终是局部的。正是这样一种从属关系，才使得中国当代的社会制度在其嬗变中不断吸收和借鉴西方文明的成果，并使其成为中国当代发展本质中的重要部分。马克思在谈到东方社会的发展有可能跨越资本主义制度的“卡夫丁峡谷”之时，无不标明着一个根本性的前提，即对资本主义文明积极成果的充分占有。由此深入，中国共产党的制度自信，一方面源自于中国当代制度对资本主义文明的部分从属或者充分占有，另一方面则源自于中国完全进入西方文明范式的不可能性。而造成这两方面彼此共存的根本原因，在于中国独特的地域环境所孕育的中华优秀传统文化的特定性质，这种特定性质决定了其经过历史的筛选而保留下来的，诸如“贵和”“尚中”“仁爱”“大同”等殊异属地，决定了其不仅从形式之意志，或者主观之自由来对社会的经济、政治、文化等进行基本建制，而且将具有实体性之内容的“社会”或“集体”整合到其基本建制的所有基础之中。③ 在此基础上生成的中国共产党的制度自信，便拥有了其特定的空间界域。

（三）中华优秀传统文化内生着中国共产党制度自信生成的文明境域

中国共产党的制度自信，以马克思主义与中华优秀传统文化的结合为文化依据。实际上，“文化结合”具有其特定的条件，即这种结合不仅发生在一种文化的当代实践与其所承继的文化传统之间，而且也发生在本土文化与

---

① 吴晓明.当代中国的精神建设及其思想资源[J].中国社会科学，2012(5).

② 马克思恩格斯文集(第二卷)[M].北京：人民出版社，2009：36.

③ 吴晓明.当代中国的精神建设及其思想资源[J].中国社会科学，2012(5).

外来文化之间。只有具备这两个条件时，一种文化的创新性发展与创造性转化才是可能的；而唯有当这种发展和转化在现实中实际地发挥作用时，我们才能称此文化为一种成熟的文化形态。因为它不仅属于这一民族，而且成为其特有的精神标识，更在维系民族精神纽带的突出作用中实现其文化之自我传承的真正意义。就文化而言，任何一个民族之所以能取得伟大成就，只要它曾遇到过外力的强大冲击，都会一方面表明其具有充分的包容性；另一方面，则必然表明其有能力在交融发展的过程中获得对自我的传承。就此而言，马克思主义与中华优秀传统文化结合的真实意义，应该是马克思主义的世界观变革对中华优秀传统文化内生力的重新开启。换言之，是马克思主义中国化的艰辛历程，充分激活了中华优秀传统文化的内生力，并使其展现出了自身特有的文明境域。在此过程中，我们不能忽略的根本前提是，中华优秀传统文化在其特定的发展阶段中，必须是具有批判反思能力的，从而在扬弃中获得它的自我传承。由此而论，中华优秀传统文化独特的文明境域，内在地生成了中国共产党的制度自信。没有如此独特的文明境域，就没有中国特色社会主义制度的生成、完善和发展。

二、现实交融：弘扬中华优秀传统文化是中国共产党制度自信的时代诉求

中国共产党的制度自信，直接生成于其对现实的深切把握。中国当前最突出的现实，就是中国经济的迅速发展及其所带来的经济、政治、社会、文化等体制的相关变革。如何能在这种体制的变革中，既保持其社会主义的方向，又不失中国特色的活力，遂成为当今中国面临的时代课题。鉴于此种社会发展的时代诉求，我们不能不回到虽经历史不断淘洗，而又始终保持其精髓的中华优秀传统文化中去，并将其进行历史与现实的互应与比照，进而发掘中国共产党制度自信的深层动力。

（一）弘扬中华优秀传统文化，有利于中国共产党坚定自身的理想信念，能够为制度自信提供方向引领

制度自信需要方向引领。理想信念是人类文明的崇高特征，引领着人类社

会制度的变迁和发展进步的方向。中华优秀传统文化在其漫长的历史时期中，之所以能源远流长、生生不息，得到人们的热爱和推崇，首先是因为其具有涵养理想信念的特质，从而使其获得了超凡的文化感召力和浑厚的民族凝聚力，引领社会前进发展的时代轨迹。在多元文化相互并存、激荡交融的现今时代，对优秀传统文化的弘扬，有利于中国共产党坚定其理想信念，进而能够为其制度自信提供方向上的引领。

第一，弘扬中华优秀传统文化，有利于坚定共产主义奋斗目标的理想信念，为制度自信提供根本指向。

中国共产党的制度自信，源自于其崇高的目标追求，此一目标的终极目的，是要实现人类彻底解放的共产主义。毫无疑问，此目标的提出，从理论基础上看，其依循着马克思主义对人类历史发展演变规律的切实把握，蕴含着马克思主义人类解放学说的真实意义。从现实来源上看，它植根于中国近代以来的历史性探索，植根于中国发展的现代性实践，也植根于中华民族伟大复兴的未来指向。但如果其没有深入体认中国社会制度特有的历史变迁，没有深切把握承载中国血脉的优秀传统文化，它就不可能在通往自己理想信念的道路上，联结其实体性内容本身。事实上，这一目标的提出，不仅源于马克思主义的科学论证，更植根于中华优秀的传统文化本身，唯有此，才能深刻领会马克思主义中国化的深层意蕴。马克思主义的解放学说，既表达了人类解放的旨趣，又揭示了人类解放的历程，还观照了人类解放的尺度。换言之，马克思主义就是关于人类走向幸福的学说，其既包含着理想之维的承诺，又体现着现实道路的探索，还提供着反观历史的标准。究其一点，是实现“以每个人的自由发展”为条件的“一切人的自由发展”①，是实现共产党安身立命之根本的共产主义理想。在此目标追求上，优秀传统文化与其有着类似的理想比照。习近平将中华优秀传统文化概括为“讲仁爱、重民本、守诚信、崇正义、尚和合、求大同”②。其中“尚和合”“求大同”，就是其对原始共产主义目标追求的集中体

---

① 马克思恩格斯文集(第二卷)[M].北京：人民出版社，2009：53.

② 中共中央宣传部.习近平总书记系列重要讲话读本(2016年版)[M].北京：学习出版社，人民出版社，2016：203.

现。老子在《道德经》中所描绘的和平安定的“小邦寡民”，庄子在《庄子·马蹄》中所描述的“至德之世”，《礼记·礼运》中记载的孔子所畅想的“大同”社会，以及陶渊明所向往的“世外桃源”，其实都与共产主义的理想有着一定程度的契合。在马克思主义中国化的历程中，毛泽东将对此理想的追求凝练为“实事求是”的探索，邓小平将其概括为实现“共同富裕”的信念，江泽民将其表述为“三个代表”的思想，胡锦涛将其阐释为“和谐社会”的目标，习近平将其升华为“中国梦”的情怀，这都体现了共产主义理想信念在中国的特殊意义。因此，弘扬中华优秀传统文化，有利于坚定中国共产党为共产主义目标奋斗的理想信念，并在最根本的意义上，引领着制度自信的深层指向。

第二，弘扬中华优秀传统文化，有利于坚定中华民族伟大复兴的理想信念，为制度自信提供历史航向。

中国共产党的制度自信，生成于中华民族的历史发展。无可否认，中华民族在其历史演进的轨迹中，曾造就了封建制度辉煌的文明，曾历经了近代以来文化的困境，也曾在艰辛求索中留下了新民主主义革命、社会主义革命光彩的一页。肩负新的时代使命的习近平总书记，在改革开放取得成就的基础上，向我们提出了中华民族伟大复兴的历史任务。这一历史任务绝不是一句空洞的口号，而是有着其特定的含义。简而言之，它既来自于现代文明所开创的世界历史道路，又来自于中国特有的历史性积淀，这决定了其与中华优秀传统文化之自我传承的实际意义。“中华优秀传统文化是中华民族的‘根’和‘魂’，是最深厚的文化软实力，是中国特色社会主义植根的沃土，是我们在世界文化激荡中站稳脚跟的根基。……中华民族伟大复兴需要以中华文化发展繁荣为条件。”① 正是中华优秀传统文化与世界历史时代文明的交融，才使得中华民族的伟大复兴既拥有着超越中国古代文明的历史逻辑，又拥有着超越资本主义文明的时代逻辑。

打破旧世界与建立新世界的双重任务，赋予了中国共产党不忘初心与独创未来的双重使命。双重任务与双重使命交织共生的过程，充分考验了中华民族的主体性，也充分证明了中华民族的创造性。正是这一主体创造的过程，真正

① 中共中央宣传部.习近平新时代中国特色社会主义思想三十讲[M].北京：学习出版社，2018：206.

赋予了中华民族超越历史与时代双重逻辑的本源支撑。由此，中华民族之伟大复兴，首要的任务就是实现民族的富强。没有民族的富强，我们也就无法找到民族复兴的坚实力量，更无从言及民族复兴的理想。优秀传统文化中“民为邦本，本固邦宁”（《尚书·五子之歌》）的思想，以及孔子所提出的“以仁率利，以道统富”的“富民”思想之总原则，又在思想深处决定了中华民族的富强不可能以资本主义的强势逻辑为导向。无疑，马克思主义与中华优秀传统文化的融合，从根本上昭示了中华民族富强道路的超越意义，它不仅打破了由中国传统文化中惰性因素的增长所招致的固锁状态，开启了优秀传统文化中的内生活性因素，从而实现了对中国古老文明的扬弃；同时也赋予了中华民族超越资本主义血腥扩张，进而实现和平发展之民族富强道路的新的时代意义。

由此，超越历史和时代双重逻辑的中华民族伟大复兴，也就有了比民族富强更为深远的世界意义。党的十八大以来，以习近平同志为核心的党中央，立足于这一伟大复兴的历史主题，在时代和实践发展的基础上，提出了一系列治国理政的新理念、新思想、新战略，这不仅为此一目标的实现提供了现实基础上的重要保障，更为其提供了历史发展的新航向。“一带一路”的积极实施，人类命运共同体的建设打造，都重新定义着中华民族伟大复兴的实质要义，即以超越双重逻辑的新的文明，引领世界发展的新潮流，构建国际社会的新秩序。当然，这一新的文明形态，是以中华优秀传统文化为根基的。在此基础上的中华民族伟大复兴的理想信念，就不仅体现着中国共产党对马克思主义学说历史内涵的深切把握，也赋予其共产主义理想信念历史展开性的具体内容，并将这一信念植入中华优秀传统文化自我传承的历史使命中，进而使其在对历史和时代双重逻辑的超越中，实现其新的世界意义。因此，弘扬中华优秀传统文化，有利于中国共产党坚定中华民族伟大复兴的理想信念，为其制度自信提供历史的航向。

第三，弘扬中华优秀传统文化，有利于坚定中国特色社会主义的理想信念，为制度自信提供时代定向。

中国共产党的制度自信，植根于中国特色社会主义的实践。“中国特色社会主义，是科学社会主义理论逻辑和中国社会发展历史逻辑的辩证统一”[①]，

① 习近平．习近平谈治国理政[M]．北京：外文出版社，2014：21．

是中国共产党和中国人民团结的旗帜、奋进的旗帜、胜利的旗帜，是当代中国发展进步的根本方向，是共产主义最高理想和中国社会主义初级阶段现实的有机统一。虽说中国社会主义的独特发展，并不能直接从中华优秀传统文化中完整地引申出来，但我们不能就此将其认为是自身历史的简单中断，而任意抹杀几千年中华文明的累积和传承。实际上，是中国特色社会主义的历史性实践，重新开启了中华优秀传统文化的积极意义。

对于中国特色社会主义的发展来说，“现代化”的使命已先在地决定着其必须在资本主义和社会主义之间作出选择。由此而言，马克思主义对于中国来说，就具有了决定性的意义，因为它本身就是对“现代化”的批判与扬弃。除却这种形式上的区分，我们深入到社会发展的历史实践本质中，才更能深切体会到传统文化在中国现代化发展中的真正价值。在这个意义上讲，中国特色社会主义发展的现实可能性，首先来自于它的不可能性，即它不仅不可能成为简单延续自身传统的母版，也不可能成为西方现代化发展的翻版，同样也不可能成为马克思主义经典理论中产生的模板，同时也更不可能完全依循苏联的教条主义形式，成为外来社会主义的再版。之所以如此，是因为中华优秀传统文化自我传承的诉求。正如中国的现代化发展诉求都是强而有力的一样，两者之间相互联系相互矛盾的持续张力，融入其历史性的实践过程，进而造就了中国特色的社会主义，并使其在当今时代迅速崛起。

立足于这样的基点，我们就会理解中华优秀传统文化在中国特色社会主义实践中的规定性与其积极意义。无论是经济上对“市场”亲和力的提升，还是政治上与“法治”观念的相融；无论是文化上产业与事业的共荣，还是社会上公平正义的保证；无论是生态上人与自然的共建，还是总体上持续稳定的发展；无论是民族和睦的相处，还是“一国两制”实践的丰富；无论是行政体制的改革，还是政治制度的完善，乃至以制度自信为客体表征的“四个自信”的统一，都离不开对中华优秀传统文化的传承和积淀。因此，弘扬中华优秀传统文化，有利于坚定中国特色社会主义的信念，为制度自信提供时代定向。

（二）弘扬中华优秀传统文化，有利于中国共产党加强社会道德建设，能够为制度自信提供精神动力

制度自信需要精神动力。道德是栖居于人类心灵、并为人类所孜孜追求的

本真境域，对人类的行为具有认知、评价、调节、教化和激励等特殊功能，为人类的发展提供精神上的动力。承载着道德伦理的中华优秀传统文化，因历来重视道德的进路而被视为伦理型文化，并在几千年的发展演进中，发挥着其无可替代的功能，从而使人们对其心存敬畏，并且身体力行。“文化即‘人化’，文化事业即养人心志、育人情操的事业。”① “自强不息、厚德载物的思想，支撑着中华民族生生不息、薪火相传。”② 在资本逻辑强势横行、功利主义色彩浓厚的今天，对中华优秀传统文化的弘扬，有利于中国共产党加强社会道德建设，并能够为其制度自信提供不竭的精神动力。

第一，弘扬中华优秀传统文化，有利于传承道德文明，为制度自信提供向心力。

中国共产党的制度自信，来源于中华民族凝心聚力的传承。中华优秀传统文化是经历史的筛选而积淀和凝聚的精华，因其与道德文明的高度融合，使得二者在凝聚中国力量的过程中，有着彼此融通的效果。五千多年的中华文明史，实际上就是一部以文化人、以文载德、崇德向善、以德兴国的历史。由此所凸显出的道德在中华民族中的特有作用，就使其在一定意义上成为维系中国精神、凝聚中国力量的无形纽带。党的十九大报告指出：“深入挖掘中华优秀传统文化蕴含的思想观念、人文精神、道德规范，结合时代要求继承创新，让中华文化展现出永久魅力和时代风采。”③ 因此，弘扬中华优秀传统文化，有利于道德文明的传承。习近平指出：“博大精深的中华优秀传统文化是我们在世界文化激荡中站稳脚跟的根基。”④ 正是有了这一根基，中华民族才在历史的长河中生生不息、锐意进取，进而在中国共产党的领导下开创了中国特色社会主义。

中华民族的凝聚力，来自于“文”“德”融汇于一体的中国文化。孔子曰：“故远人不服，则修文德以来之。”（《论语·季氏》）其“文德”之意，已将以文教化、以德感化之力融为一体。儒学对凝聚力的阐释，还基于以下两点：一

① 习近平. 之江新语[M]. 杭州：浙江人民出版社，2007：150.

② 习近平. 习近平谈治国理政[M]. 北京：外文出版社，2014：158.

③ 中国共产党第十九次全国代表大会文件汇编[M]. 北京：人民出版社，2017：34.

④ 习近平. 习近平谈治国理政[M]. 北京：外文出版社，2014：164.

是夷夏关系的问题，二是大一统的问题。对前一问题阐释的核心是“用夏变夷”说，表现为一种文化的冲突与融合。孟子云：“吾闻用夏变夷者，未闻变于夷者”(《孟子·滕文公上》)，是对此学说的正式提出，此间的诸夏与夷狄，实为文化之分野，而非政治之壁垒。对后一问题的阐释导源于孔子，盛行于春秋公羊学。时论多将大一统理解为高度统一的中央集权专制，而其“大”实为尊崇、崇尚之意，大一统则为自下而上都尊奉政教之基本原则，强调的是文化之中国与政治秩序之合法，而非集权专制之中国与政治之强权。由此，儒家将“文”与“德”交融互印，将“文化的融合”与“德化的统一”连为一体，进而培育了中华民族以天下为一家的文化精神，孕育着民族凝聚力的深厚历史文化基础。

事实上，作为“德化”的思想道德建设，并非一般的文化建设，它指向的是文化精神的建构。换言之，即它所要建设的目标直指文化的核心，以对其他的文化建设具有决定性的意义。时代转换和社会发展变革背景下的今天，中国共产党加强社会道德建设、传承道德文明的现实意义在于培育、践行社会主义核心价值观，以社会主义核心价值观来为当代中国的建设发展凝心聚力，为当代中国的制度自信提供向心力。习近平强调：“要利用好中华优秀传统文化蕴含的丰富思想道德资源，使其成为涵养社会主义核心价值观的重要源泉。”①文化以价值观为其核心，价值观以文化为其载体，牢固的核心价值观，必有其牢固的根本。绵延数千年的中华文化，有着其自身独特的价值体系。优秀传统文化的基因已经植入中华民族体内，并且深入中华儿女的内心，对其思想和行为方式有着潜移默化的影响。因此，对社会主义核心价值观的培育，必须要以中华优秀传统文化为滋养，以保证其生命力，彰显其影响力，并进而为制度自信凝聚民族的向心力。

第二，弘扬中华优秀传统文化，有利于树立道德典范，为制度自信提供感召力。

中国共产党的制度自信，来源于中华民族向善、守正的笃行。道德具有其

---

① 中共中央宣传部.习近平总书记系列重要讲话读本(2016年版)[M].北京：学习出版社，人民出版社，2016：191.

特定的感召力量，这种力量不仅来自于人们对道德的认知和评价，更来自于道德践行的示范和激励。中华民族在其五千多年的绵延流长中，孕育了诸多光辉耀眼的道德典范。他们身体力行的道德实践，在中国历史中留下了生动有力的画面，为当今时代加强道德建设提供着无穷的榜样力量。多元文化价值的困境与功利浮躁物欲的盛行，造就了中国共产党制度自信特有的时代意义。在这样的时代氛围中，坚守制度自信的方向，涵养制度自信的底气，保持制度自信的恒久力，需要加强道德建设，需要道德典范的感召笃行，需要褒扬正气、扬善抑恶，在自律与他律的互动促进中，约束堕落腐化及不良思想和行为对制度自信的侵蚀。换言之，中国共产党必须发挥道德践行的模范先锋作用，以带动全社会形成良好的环境氛围，而只有每个人都能在当前的时代背景下克服阻力，端正立场，坚守制度自信的方向，涵养制度自信的底气，对制度自信保持恒久的坚持，才能使中国共产党的制度自信具有真正的现实意义。习近平指出：“道德模范是有形的正能量，是鲜活的价值观，是道德实践的榜样。”① “道德模范是社会道德建设的重要旗帜，要深入开展学习宣传道德模范活动，弘扬真善美，传播正能量，激励人民群众崇德向善、见贤思齐，鼓励全社会积善成德、明德惟馨。”② 只有这样，才能凸显道德价值的重要作用，发挥道德典范的笃行作用，进而在形式创新和注重实效的宣传学习过程中，把道德典范所具有的无穷榜样力量转化为中华民族的生动实践，为制度自信提供向善、守正的感召力。因此，在当今的时代背景下，弘扬中华优秀传统文化，有利于树立道德典范，进而为制度自信提供感召力。

第三，弘扬中华优秀传统文化，有利于提升道德境界，为制度自信提供创生力。

中国共产党的制度自信，来源于中国社会秩序良性的互动。道德境界的提升，是道德建设的目标追求，优秀传统文化中对“和谐”这一精神本质的追求，内含着“合知行”“同真善”“一天人”的伦理价值，与道德建设所要追寻

---

① 中共中央宣传部. 习近平总书记系列重要讲话读本(2016年版)[M]. 北京：学习出版社，人民出版社，2016：192.

② 习近平. 习近平谈治国理政[M]. 北京：外文出版社，2014：158.

的“至善至美”之境域，有着相得益彰的旨趣。因为在保证与维系社会秩序中实现人的价值，正是道德建设在现实中所要实现的最终目的。习近平指出：“文化育和谐，文化建设是构建和谐社会的重要保证和必然要求。”① 因此，弘扬中华优秀传统文化，有利于提升道德境界，有利于在追求和谐精神、构建和谐社会的过程中，实现社会秩序的良性互动，进而调动人民主体的积极性，为制度自信提供创生力。“只要中华民族一代接着一代追求真善美的道德境界，我们的民族就永远健康向上、永远充满希望。”② 道德境界的提升，不仅体现在精神所具有的观念形态的实践目的对客观世界的创造性反映中，同时也体现在把观念形态的实践目的转化为实践主体内在的精神动力，进而推动实践主体将精神力量转化为物质力量，从而实现精神创造力对实践超越的真实意义中。换言之，道德境界的提升，也就意味着将追求“至善至美”的精神境域转化为自律的实践现实，从而在实践活动中实现理论之于实践、理想之于现实、主体之于客体的创造性超越意义。

就共产党自身而言，其道德境界的提升意味着“要努力做到‘慎独’”，“要如履薄冰、如临深渊，始终不放纵、不越轨、不逾矩”③；就民族整体而言，其道德境界的提升，意味着在中国共产党领导下实现和谐社会的良性互动。中华优秀传统文化中最深邃、最精致的思想，莫过于在人类意识的水平上，将包含人本身在内的宇宙，作为一个超感性的生命整体来把握。儒家思想中的“和”，老庄哲学中所追求的“道”，禅宗所体悟的“真如”，以及宋明理学中之“太极”，无不在“天人合一”“物我合一”的基础上凸显着这样一种思想，即只有生生不息的变通与不断更新和超越的生命性，才是作为绝对的整体所蕴含的唯一本性。由此所体现出来的现实意义在于，人类需要一种和谐的伦理道德结构，来维持自身发展进步的精神力量，这一结构不仅体现在人自身的心灵和谐中，也体现在人与自然、人与社会之间。于是，道德境界的提升对实现社会秩序良性互动的积极意义也就得以彰显。而只有实现社会秩序的良性互

① 习近平. 之江新语[M]. 杭州：浙江人民出版社，2007：150.

② 中共中央文献研究室. 十八大以来重要文献选编(中)[M]. 北京：中央文献出版社，2014：135.

③ 习近平. 之江新语[M]. 杭州：浙江人民出版社，2007：272.

动，才能激发社会实践主体的创造活力，进而为制度自信提供着源源不断的创生力。因此，从这个意义上看，对中华优秀传统文化的弘扬，有利于道德境界的提升，从而实现整体社会秩序的良性互动，为制度自信提供创生力。

3. 弘扬中华优秀传统文化，有利于中国共产党提升国家文化软实力，能够为制度自信提供条件支撑

制度自信需要条件支撑。文化软实力表征着一个国家或民族基于文化而拥有的吸引力、影响力及生命力。对文化软实力的提升，有助于整合经济、政治、军事等战略资源，以保障其发挥最佳效能和优势，进而提升其国际影响力。遍览古今中外，任何一种先进社会制度的发展过程，既是经济、军事等硬实力发展提高的过程，同时也是其思想文化、价值观等软实力发展提升的过程。“中华优秀传统文化是我们最深厚的文化软实力。”① 因此，弘扬中华优秀传统文化，有利于“展示中华文化独特魅力”②，有利于中国共产党提升国家文化软实力，进而为制度自信提供条件支撑。

第一，弘扬中华优秀传统文化，有利于提升文化的融合力，为制度自信提供实践条件。

中国共产党的制度自信，立足于中国制度的自我完善。中国制度在其自我发展的过程中，既立足于中国自身的历史文化传统，又借鉴和吸收了现代化的先进文明成果，从而实现了其经济制度上由“遏制市场”向“培育市场”的转变，实现了其政治制度上由“民本”向“民主”的转变，实现了其文化制度上由“文化斥异”向“文化和解”的转变，实现了其社会制度上由“垂直一统式”向“多元分层式”秩序的转变，实现了其生态制度上由“对立两分”向“和谐发展”的转变。③ 如果没有文化融合力的提升，就不会有各方面制度转变的成功，就不会有中国制度在实践发展过程中的自我完善，同样也不会有中国的各种制度及其自身优势的发挥所促就的稳定、平衡、快速的发展局面。因

---

① 中共中央宣传部. 习近平总书记系列重要讲话读本(2016 年版)[M]. 北京：学习出版社，人民出版社，2016：208.

② 中共中央宣传部. 习近平总书记系列重要讲话读本(2016 年版)[M]. 北京：学习出版社，人民出版社，2016：208.

③ 张铭. 政治价值体系建构：理论、历史与方法[M]. 北京：社会科学文献出版社，2012：144.

此，从这个意义上看，文化融合力的提升，就为中国共产党制度自信生成和发展的直接依据提供着特有的实践条件。党的十八大报告指出："要深化文化体制改革，解放和发展文化生产力……让一切文化创造源泉充分涌流。"① 而实际上，文化融合力的提升，是增强文化生产力的首要前提，没有文化的交流与融合，就没有文化真正意义上的发展和进步。中华优秀传统文化的自我传承过程，本身就是中华传统文化与外来文化的融合发展过程，尤其是与马克思主义这一革命解放学说的融合，才带来了中华优秀传统文化现代性困境的突破。在这一过程中，我们无法否认的前提条件是，中华优秀传统文化自身所拥有的融合性特质。正是这样一种特质，使其在自我传承的过程中，既维系着自身的精髓，又体认和融合着其他文化的精华，进而永葆其生机活力，保持着先进性的时代意义。因此，弘扬中华优秀传统文化，有利于提升文化的融合力，进而为中国共产党的制度自信提供实践条件的支撑。

第二，弘扬优秀传统文化，有利于提升文化的思辨力，为制度自信提供思想条件。

中国共产党的制度自信，立足于中国思想的自我觉醒。对于承载着文化之深层意义的思想来说，其自我觉醒的意义首先在于这种文化在其思想上达到它的"自我意识"，也就是说，意味着这种文化在思想上由"自在"到"自为"阶段的转变。而要完成这一转变，其前提是这种文化必须是具有批判反思能力的。于是，文化的思辨力，也就成了中国思想自我觉醒的前提，而唯有中国思想的自我觉醒，才能为中国共产党的制度自信提供深层思想条件的支撑，并使中国制度在自我完善的发展过程中形成自己独立、完整、开放的制度体系。中国思想在自我觉醒的过程中，历经了中外、古今文化之冲突与其所带来的思想的激荡交锋。毫无疑问，在这一艰辛探索的过程中，马克思主义所带来的世界观变革起到了决定性的作用。然而，如果没有毛泽东等早期共产党人将马克思主义融入中国近代以来的历史性实践，就不会有中国化马克思主义这一中国思想的出现。中国思想正是在深入把握这一历史性实践本质的过程中，才实现了对西方文化、古代文化的

① 中共中央文献研究室.十八大以来重要文献选编(上)[M].北京:中央文献出版社，2014:24.

扬弃与超越，实现了对马克思主义的创造性运用和发展。当然，这一过程内含着中国追求现代化发展和中华优秀传统文化自我传承的双重强烈诉求，正是在这样的矛盾与张力中，才孕育了中国思想的自我觉醒。时至今日，中华传统文化、西方资本主义文化以及马克思主义之资本主义批判文化的交融激荡，依旧伴随着中国当代制度的发展演进过程。如何在这样的历史、思想、文化与现实交织冲突的时代背景下，保持中国共产党的制度自信，需要中国思想自我觉醒之思想条件的支撑，同样也需要中国文化之思辨力的提升。而弘扬优秀传统文化，有利于中国共产党在这样的时代背景下实现对中华传统文化的反思，实现对西方资本主义文化的扬弃，实现对马克思主义文化方向的坚持，从而在三种文化之冲突与激荡中提升中国文化的思辨力，进而为中国共产党的制度自信提供自我觉醒这一思想条件的支撑。

第三，弘扬优秀传统文化，有利于提升文化的内生力，为制度自信提供精神条件。

中国共产党的制度自信，立足于中国精神的自我重建。“历史和现实都证明，中华民族有着强大的文化创造力。每到重大历史关头，文化都能感国运之变化、立时代之潮头、发时代之先声。”① 文化的本质和核心在于精神，因为精神状态总是先在地规定着文化的基本样态。由此而言，只有立足于中国精神的自我重建，实现中华民族精神状态的根本性改变，才能使中华优秀传统文化的价值具备独特的内生创造力。我们之所以称中国精神为自我重建，是其所面临的时代任务决定的。这一任务，一方面源自于改革开放所带来的物质财富的巨大增长，另一方面则源自于伴随物质财富增长而带来的精神上的缺失困境。这就意味着，我们确实缺乏一种成熟的精神形态来协调物质财富的巨大力量。“当高楼大厦在我国大地上遍地林立时，中华民族精神的大厦也应该巍然耸立。”② 中华优秀传统文化中，自古就有“收拾精神，自作主宰”的精神独立之追求，在中国文化自我传承的过程中，中国共产党又将此追求赋予为，以爱国主

① 中共中央文献研究室. 十八大以来重要文献选编（中）[M]. 北京：中央文献出版社，2016：121.

② 中共中央文献研究室. 十八大以来重要文献选编（中）[M]. 北京：中央文献出版社，2016：122.

义为核心的民族精神以及以改革创新为核心的时代精神，贯彻着中国近代以来历史性实践的全过程。因此，弘扬优秀传统文化，不仅有利于中国精神的自我重建，而且其弘扬的过程，本身就是中国精神自我重建的过程。唯有在此过程之中，才能提升文化的内生力。当然，这一过程已经内在地包含着两个前提，即文化融合力基础上的制度之自我完善，与文化思辨力基础上的思想之自我觉醒。事实上，这一过程作为文化建设之整体上、根本上的改变，也已经内在地包含了文化的传承与创新、文化的主导与繁荣、文化的吸引与传播、文化的事业与产业之良性互动的融生过程。或者说，文化内生力的提升，在文化建设的现实层面，也就意味着其文化实效力的提升。因为，一种有强大影响力的文化，必然是一种文化融合之基础上的思想之自我觉醒、精神之自我独立的文化。而唯有这样一种文化，才能为中国共产党的制度自信提供着根本的、强大的精神支撑。由此，在这样的意义上，我们可以说，弘扬优秀传统文化，有利于提升文化的内生力，进而为中国共产党的制度自信提供其所必需的精神条件。

三、未来境地：弘扬优秀传统文化，助推着中国共产党制度自信的层次跃迁

中国共产党的制度自信，不是一个抽象的静态概念，而是一个贯穿于制度自觉向制度自强转变的动态过程。弘扬优秀传统文化，对这一过程的影响，无疑是深远的，因为从制度形态所承载的人类特有文明的意义上讲，中国文化的自我传承之过程，实际上也就意味着中国制度自我完善之过程，同时也意味着中国共产党的制度自信，由话语切中现实、由表层转至核心、由自觉走向自强的过程。

（一）弘扬优秀传统文化，推动中国共产党的制度自信由话语切中现实

中国共产党的制度自信，首先是作为一种话语而存在的。毫无疑问，这一话语联结着其特定的实体性内容。而这一内容，既源自于其对中国制度发展规律的把握，又有其特定的思想和精神要旨，而更为重要的是，它与中国当代社会发展现实的真切关系。换言之，它不仅以现实实践为直接依据，同时也必然以现实实践为最终归宿，中国共产党的制度自信，只有不断切中现实、改变现实，才能具

有不竭的生命力。优秀传统文化，作为中国现实中最为本质的一部分，不断以其自身所特有的方式作用于中国当代现实的发展。而中国当代现实发展的制度形态，不仅意味着其对资本主义发展范式的批判性脱离，同时也意味着其在现实发展的历史性实践中，业已领会到了资本主义制度的历史限度，更为重要的是，这还意味着其在现实的历史发展中，能够对其优秀传统文化的积极意义作出建设性的开启。① 于是，优秀传统文化与中国当代现实发展的不断对话互动，不但孕育了中国共产党的制度自信，而且也必然促使这一制度自信之话语形态不断地以其现实实践和历史发展为内容定向。简而言之，这一话语不单纯是一种主观上思想的表达，而是联结着其产生于思想与现实不断互动构建之过程的实体性内容。由此，除非中国共产党的制度自信有其决定性意义的现实基础，否则，这种制度自信的话语就决然不能真正持立。而优秀传统文化弘扬的积极意义，首先就在于，它不断地推动中国共产党的制度自信这一话语从其主观思想的领域进而深入其实体性内容的领域，唯其如此，才能使其从整体上和根本上真正地揭示，并且切中当今中国制度发展的现实。

（二）弘扬优秀传统文化，促进中国共产党的制度自信由表层转至核心

中国共产党的制度自信，直接体现为对制度存在形式的自信。对具有深厚文化传统的中国来说，其在百年沧桑的社会转型过程中，经常苦于徒有外在之表而没有实质内容的“换汤不换药”式的制度变革。对于这种“形式效仿”之青睐，究其原因，来自于对普遍主义认知范式的过度依赖与迷信盲从。由此，普遍主义的认知范式，在中国早已失去了其本身的说服力，而建立在对资本主义批判性脱离基础上的马克思主义，在其与优秀传统文化结合的过程中，不仅给中国指明了社会主义制度的发展方向，也让中国认识到无论是通达现代化道路之开辟，还是社会转型过程中制度模式之确立，都应该立足于自身传统中的“比较优势”。换言之，无论是制度之核心理念，还是制度之外在形式的确立，都必须从自身业已具备的传统优势转化而成。而中国传统优势的最突出体现，就是优秀传统文化。于是，优秀传统文化的弘扬对中国共产党的制度自信具有

① 吴晓明.论中国的和平主义发展道路及其世界历史意义[J].中国社会科学，2009(5).

了特殊的意义。所谓对制度存在形式的自信，既指对制度根本保障优势的自信，又指对制度宏观整体优势的自信，还指对制度微观具体优势的自信，同时也指各制度之间彼此耦合优势的自信。具体言之，中国制度在其独特的自我完善过程中，既形成了其从根本上保障人民主体地位的优势，又形成了宏观整体上集中力量办大事的优势，还形成了微观具体上激发社会活力的优势，同时也形成了彼此之间的良性互动，以保证功能发挥之最佳效能的优势。所谓对制度核心的自信，即对制度之保障人类最终自由发展解放的自信，也就是说对制度向善之核心的自信。所有这些，不仅由中华优秀传统文化为基础的“比较优势”转化而来，更来自于其与优秀传统文化的持续性对话互动。在这一互动过程中，中国共产党的制度自信，也就由表层之存在形式的自信，逐渐转至核心理念的自信。因为倘若没有表层形式之良性功能的保证，所谓制度核心的理念，也只能停留于抽象的空洞之中。由此，弘扬优秀传统文化，不断地促进着中国共产党的制度自信由表层转至核心。

（三）弘扬优秀传统文化，助力中国共产党的制度自信由自觉走向自强

中国共产党的制度自信，贯穿于从制度自觉走向制度自强的过程始终。中国共产党的制度自信，肇始于制度自觉，指向着制度自强。制度自觉，意味着制度的觉醒、使命与担当；制度自信，意味着制度的传承、超越与开放；制度自强，意味着制度的目标、路径与方向。纵观人类悠久的历史，原始、奴隶、封建、资本主义、社会主义，乃至共产主义制度之变迁，无不彰显着马克思主义历史原则之内涵，无不体现着马克思主义历史逻辑统一之规律。简而言之，是马克思主义的历史辩证法，揭开了人类历史发展的谜底。于是，“任务本身，只有在解决它的物质条件已经存在或者至少是在生成过程中的时候，才会产生”①。由此，立足于社会主义初级阶段的基础上，中国共产党的制度自信，才更有了其贯穿制度自觉与制度自强的历史意义与时代定向。中国共产党的制度自觉，实际上开始于新民主主义制度的探索，新民主主义制度的形成，又意味着其为中国共产党、为落后的中国创制了这样一种制度模式，即在生产力极

① 马克思恩格斯文集(第二卷)[M].北京：人民出版社，2009：592.

端落后的情况下，允许与生产力水平相适合的各生产关系以及与之相适应的上层建筑，在各自领域内发挥其特定功能，进而推动社会的整体进步。其在经济方面对待资本主义的政策，政治方面采取的共产党领导与工农联盟相结合的政策，文化方面施行的坚持马克思主义为指导，倡导科学、民族、大众文化的政策无不表明，中国共产党已经立足于中国的文化传统与历史现实，开始走向制度自觉之历程。中国当代制度的构建，以及其发展过程中的自我完善，无论在其外部形态还是在其核心理念上，都内含着对新民主主义制度的扬弃与超越，从而在中国特色社会主义发展之初级阶段的物质基础上，开启了由制度自觉走向制度自信、进而走向制度自强的征程。在这一由制度自觉向制度自信、再向制度自强的历史转化过程中，始终无法摆脱的一个主题，就是任何科学真理的成功，都必然具有其独特的历史文化背景。而优秀传统文化，正是我们不断应对新时代挑战的有力支撑，因为其本来就是无法舍弃而必会有所传承的。因此，弘扬优秀传统文化，必定助力中国共产党的制度自信，由制度自觉走向制度自强。

四、结语

“文化是一个国家、一个民族的灵魂。”① 作为文化自信重要的组成部分，弘扬中华优秀传统文化，对于中国共产党的制度自信具有重要的价值和意义。其价值和意义体现在中华优秀传统文化与现当代实践持续互动而又不断生成更新的过程中。由此，在全面深化改革的背景下，只有实现对优秀传统文化的创造性转换与创新性发展，才能真正发挥其在制度自信中的重要作用，才能“不断增强中华文化的影响力和吸引力，创造中华文化新的辉煌”②。所谓创造性转换，就是要对其有现实价值的内涵进行形式上的改造，以激活其适应时代特点的生命力；所谓创新性发展，就是要对其内涵加以补充完善，以增强其时代

① 中国共产党第十九次全国代表大会文件汇编[M]. 北京：人民出版社，2017：33.

② 中共中央宣传部. 习近平新时代中国特色社会主义思想三十讲[M]. 北京：学习出版社，2018：206.

发展新要求下的影响力和感召力。实际上，要在弘扬优秀传统文化的过程中实现其创造性转换与创新性发展，除了有其时代必要性的一面外，还有其现实可能性的一面。这一现实的可能性，不仅体现为优秀传统文化中所蕴含的自强不息、刚健有为的生命底色，还体现为其兼收并蓄、自力更生的韧性品格；不仅体现为优秀传统文化中所彰显的注重整体、讲求和谐的独特精髓，更体现为其经世致用、躬行实践的现世理念。时代必要性与现实可能性的融合，使得弘扬优秀传统文化的主题，既拥有着实践创新的深厚沃土，又拥有着自我传承的精神根基，同时还使优秀传统文化在其创造性转换和创新性发展的过程中凸显着其自身无可替代的优势。鉴于此，在弘扬优秀传统文化的过程中，要做到以下几点：第一，要坚持科学的态度，使理论与实践相结合；第二，要改造中国传统的思维模式，使整体把握、直观体悟的思维方式与科学实证、逻辑推理的思维方式相统一；第三，要转换优秀传统文化中的行为范式，使农业文明中的道德范式与市场经济发展中的道德范式相协调；第四，要把握优秀传统文化的主体性，使外来先进文化的吸收与本土民族文化的构建相贯通。只有这样，才能在现实实践的展开中赋予优秀传统文化以新鲜的时代血液，才能使优秀传统文化与现当代的实践发展在双向互动中不断融合，才能使优秀传统文化的创造性转换与创新性发展永葆生机与活力，才能使优秀传统文化作为中国共产党制度自信深厚根基的现实意义得以显现，才能使优秀传统文化的弘扬为中国共产党制度自信的层次跃迁贡献力量。

第四讲　中华优秀传统文化是文化自信的丰富源泉

在党的十九大报告中，习近平总书记明确指出：“文化是一个国家、一个民族的灵魂。文化兴国运兴，文化强民族强。没有高度的文化自信，没有文化的繁荣兴盛，就没有中华民族伟大复兴。”习近平总书记又说：“文化自信是一个国家、一个民族发展中更基本、更深沉、更持久的力量。”新中国成立以来，中国逐渐由站起来到富起来再到强起来，中国开始一步步自信地走向世界。在这个过程中，中国文化本身所具有的自信、耐力和定力，散发出无尽的魅力。中华民族的豪迈，中国走向民族复兴伟大目标的自信，具有无比广阔的时代舞台，具有无比深厚的历史底蕴，具有无比强大的前进定力，而这一切，又都源自五千多年绵延不断的文化创造，源自中华民族自己的文化自信。

一、文化自信是更基本、更深沉、更持久的力量

党的十八大以来，习近平总书记曾在多个场合提到文化自信，传递出他的文化理念和文化观。他认为，增强文化自觉和文化自信，是坚定“三个自信”的题中应有之义。他特别强调文化自信的基础地位，指出要坚定中国特色社会主义道路自信、理论自信、制度自信，说到底是要坚持文化自信。在中国共产党成立 95 周年庆祝大会上的讲话中，习近平总书记再次强调要坚持文化自信，在这个特殊重要的语境中，这不仅是在以往所说道路自信、理论自信和制度自信之后的“第四个自信”，而且是更为根本、更具有魂魄意义的自信。

（一）文化自信关涉民族的根脉与灵魂

文化自信具有极深的意涵。文化应该面对生命的世界，而不是物象的世界。文化自信源于文化自知，如果把文化比作一棵树，真正的自知必须知道它的根有多深；如果把中国文化比作生命体，真正的自知应该了解它的魂在哪里。曾经有学者谈到文化“魂不附体”，恐怕说的正是文化的自知与自信问题。

文化自信的提出，是道路自信、理论自信和制度自信“三个自信”问题认识的深化与系统化，也是当代中国新文化建设理论进一步体系化的重要标志。“四个自信”相互联系、不可分割，但文化自信是更为基础、更为坚实、更加持久、更加深沉的自信。文化关涉人的心灵，在根本上，它是生命面向生活的东西。在治国理政的过程中，中华传统文化散发出时代光彩；在对外交往的过程中，中国梦的盛放让人类多样文明汇聚的大舞台更加绚丽斑斓。

在经济全球化、信息化迅猛发展的时代，中国顺应时代潮流，睁开眼睛看世界，广泛参与世界文明对话，促进文化交流互鉴。在国际关系舞台上，习近平总书记讲述中华文化智慧，分享国家相处理念，细数中国文化基因，无论是“和而不同”“道并行而不悖”的主张，还是人类命运共同体意识，如此等等，习近平总书记的言谈举止，都彰显了中华民族的文化风采和文化自信。

习近平总书记的一系列重要讲话显示出文化自信的内涵十分丰富。深入到习近平总书记讲话的具体语境中，不难看出其中最为核心的就是对中华民族优秀文化传统的自信。经过几千年的创造与积淀，中华文化已成为中华民族的精神基因，构成中华民族独特的精神标识，这是我们最突出的文化优势、最深厚的文化软实力。早在 2012 年 12 月在广东考察时，习近平就明确指出，我们决不可抛弃中华民族的优秀文化传统，恰恰相反，我们要很好地传承和弘扬，因为这是我们民族的“根”和“魂”，丢了这个“根”和“魂”，就没有根基了。

文化自信与价值观自信直接关联。几千年来，以孔子为代表的中华圣哲确立和阐述了一系列价值观念，这是中华民族文化的立足点，铺就了中华民族的文化底色，我们今天的社会主义核心价值观与之血脉相连。习近平强调要把培育和弘扬社会主义核心价值观作为凝魂聚气、强基固本的基础工程，要讲清楚中华优秀传统文化的历史渊源、发展脉络、基本走向，讲清楚中华文化的独特创造、价值理念、鲜明特色，增强文化自信和价值观自信。为此，在大力弘扬时代精神的同时，必须认真汲取中华优秀传统文化的思想精华和道德精髓，深入挖掘和阐发中华优秀传统文化的时代价值，使中华优秀传统文化成为涵养社会主义核心价值观的重要源泉。

坚定文化自信，是继承和发扬中华传统美德的需要。道德问题属于文化的核心内容和深层次问题，价值与信仰关系到中华民族伟大复兴中国梦实现的大计，因此习近平指出：人民有信仰，国家有力量，民族有希望。在党的十九大报告中，习近平总书记再次重申这一点。他希望通过坚持不懈的宣传教育和实践养成，引导人们增强文化自信、价值观自信，确立正确价值坐标，自觉讲道德、尊道德、守道德，形成奋发向上、崇德向善的正能量。文化软实力是国家综合实力中最核心的、最高层的部分，习近平特别强调指出，要坚持道路自信、理论自信、制度自信，最根本的还有一个文化自信。要从弘扬优秀传统文化中寻找和凝聚中华民族的精气神。

在纪念孔子诞辰 2565 周年国际学术研讨会暨国际儒学联合会第五届会员大会开幕会上的讲话中，习近平指出要科学地对待文化传统。他说：“不忘历史才能开辟未来，善于继承才能善于创新。优秀传统文化是一个国家、一个民族传承和发展的根本，如果丢掉了，就割断了精神命脉。”他希望把弘扬优秀传统文化和发展现实文化有机统一起来，紧密结合起来，在继承中发展，在发展中继承。因此，他一直重视中华民族的文化遗产，希望这些遗产能够焕发时代生机。在习近平看来，文化遗产是一个国家和民族的根与魂，保护、传承文化遗产，就是守护民族和国家过去的辉煌、今天的资源、未来的希望。

近代以来，由于政治上衰败和军事上挨打，中国逐渐丧失了文化自信，在反思落后原因的时候，不少人转嫁或迁怒于自己的传统文化，强化或放大了对传统文化负面影响的认识，于是，在 20 世纪的中国，竟然形成了“反传统的传统”。当年，王国维曾说“可爱者不可信，可信者不可爱”，作为一种强势文化，西方竟然一时压倒了东方，似乎西方文化成为“可信”的文化，而东方文化转而成为“不可信”的文化。这种观点长期盛行，可以说也代表了那个时期许多知识分子的困惑与迷茫。经过这“几千年未有之变局”的冲击，中国的文化自信遭受到空前打击，几乎出现了孙中山先生所说的“民族精神丧失”的严重后果。现在，已经到了该找回中华民族文化自信的时候了！

要弘扬传统文化，找回民族文化自信，必须充分重视作为传统文化主干的儒家文化。要了解中华传统文化自古及今的整体性，否则就会出现理论漂浮、逻辑缺钙之类的流弊。事实上，以孔子儒学为主体的中华智慧，思维恢宏而包蕴精微，只有弄清楚制约准确认识的各种因素，只有搞明白孔子儒学产生的广阔文化背景，了解儒家思想深深植根于上古三代的文化土壤，帝制中国时代儒学在与社会的结合时发生了变异，知道疑古思潮长期盛行产生了严重负面影响，才有可能全面、综合地理解孔子儒学，了解儒学与诸子、儒学与佛学和道教的关系，把握儒家思想之“大体”，在“道术”意义上理解“中国精神”与“中国气质”。

在孔子学说的影响下，伟大的中华民族比世界上其他民族更和睦、更和平地生活了几千年，孔子思想和儒家学说是中华民族最值得珍视的宝贵遗产。我们看清了中华文明的绵延之路，就不会再妄自菲薄，就能理解以儒学为代表的传统思想的高度与深度。中华文化像一棵生生不息的文明之树，在不同的历史时期结出了不同的文明果实。也只有在这样的意义上去认识孔子儒学，才会看到中华文化这棵生命之树的根，才能培根固元，才会找到古老中华民族这位东方巨人的魂魄，才不至于再魂不附体。

（二）中华传统美德是中华文化的精髓

所谓精髓，对于中华文化而言，指的是能使中华文化得以形成和发展并贯穿其始终、同时又体现在中华文化各个基本形态中的最本质的东西。中华文化的各个基本形态在基本精神上都是一致的，它们都蕴含着中华传统美德的精神诉求。习近平在中共中央政治局第十三次集体学习时强调：“中华传统美德是中华文化精髓，蕴含着丰富的思想道德资源。不忘本来才能开辟未来，善于继承才能更好创新。”这表明中华传统美德既是中华文化各个基本形态的精髓，又是今天社会道德发展与进步的逻辑基础，更是今天社会道德教育和道德建设的基本内容。因此，现实社会要推动道德发展与进步，就不可不重视科学认识和把握传统美德及其承接的问题。

1. 中华传统美德贯穿中华文化形成发展的全过程

在世界历史上最悠久的四大文明古国中，唯有中华文明五千多年来从未中断，延续至今。“究其内在原因，就在于中华民族产生和形成了为整个民族共同认可、普遍接受而富有强大生命力的优良传统。”① 这种优良传统就是中华传统美德，如讲仁爱、重民本、守诚信、崇正义、尚和合、求大同等，这些中华民族的传统美德，“是传承和积淀于中华文明发展的历史长河之中，体现在中华民族和中华儿女身上，随着时代变迁逐渐积淀下来的、相对稳定的，并能有效地调整人与人、人与社会之间关系的传统道德中优秀的道德品质，它是中华民族的优秀民族品质、优良民族精神、崇高民族气节、高尚民族情感、良好民族礼仪的总和”②。中华传统美德是中华民族生存和发展的强大精神动力和软实力，贯穿于中华文化形成和发展的全过程。

第一，中华传统美德是中华文化的本质规定。

中华文化的本质是中华民族认识和改造自然、认识和改造社会、认识和改造人自身的能力、方式、活动和结果。习近平指出：“2000 多年前，中国就出现了诸子百家的盛况，老子、孔子、墨子等思想家上究天文、下穷地理，广泛探讨人与人、人与社会、人与自然关系的真谛，提出了博大精深的思想体系。他们提出的很多理念，如孝悌忠信、礼义廉耻、仁者爱人、与人为善、天人合一、道法自然、自强不息等，至今仍然深深影响着中国人的生活。”③ 这一论断表明，中华传统美德是我们先民在追求人类和谐相处的社会实践中形成的人与人、人与社会、人与自然关系的具有超越时代的普遍性和稳定性因素，是中华文化的本质性规定。

第二，中华传统美德是中华文化的显著标志。

文化是一个民族的身份标识。任何民族，不管其有多么漫长而复杂的发展历程、多么纷繁多彩的文化形态，我们都可以找到该民族多样性文化中那些确定性的主旋律和主色调。中华民族多样性文化中那些确定性的主旋律和主色调

① 习近平.领导干部要读点历史——在中央党校 2011 年秋季学期开学典礼上的讲话[J].党建研究，2011(10).

② 王易，白洁.试论中华传统美德的继承与创新性发展[J].思想理论教育，2014(5).

③ 习近平.在布鲁日欧洲学院的演讲[N].人民日报，2014-04-02.

就是传统美德。习近平指出："中华文明经历了5000多年的历史变迁，但始终一脉相承，积淀着中华民族最深层的精神追求，代表着中华民族独特的精神标识，为中华民族生生不息、发展壮大提供了丰厚滋养。"[①] 正是因为中华文化的形成和发展根植于中华传统美德的沃土之中，使中华文化绵延不绝，才能彰显中华民族的民族性和民族精神。这正是中华民族屹立于世界民族之林的显著标志。

纵观人类社会发展的历史和现代化进程的实践，我们可以看到各不相同的文化传统和民族精神成为不同国家人民各自具有的精神气质和文化特征的显著标志。其中优秀的文化传统具有"指南针""黏合剂""凝聚剂""推进器"等功能。对我们13亿多中国人来说，只有传承传统美德，才能培育共同的民族精神，凝结共同的时代精神，坚守共同的理想信念，整合中国人的正能量。尤其在当代实现中华民族伟大复兴的中国梦的过程中，需要多方面的动力，尤其离不开中华传统美德的感召力、助推力。只有这样，中华文化才有可能引领世界。正如习近平2013年11月考察山东时所强调的："只要中华民族一代接着一代追求美好崇高的道德境界，我们的民族就永远充满希望。"

第三，中华传统美德是中华文化的根本价值追求。

习近平总书记2013年9月在会见第四届全国道德模范及提名奖获得者时指出："中华文明源远流长，蕴育了中华民族的宝贵精神品格，培育了中国人民的崇高价值追求。"这说明中华传统美德在中华文化的形成和发展中发挥了十分重要的作用，它形成了一种宝贵的民族精神品格，建立起一种具有丰富内涵的根本价值追求。就中华民族来说，对传统美德的遵循，不仅能够提升民族素质，而且当对传统美德的追求成为一种根本的价值追求时，传统美德就能转化成强大的精神力量。

中华传统美德集中体现了中华民族的共性，具有普遍的和永恒的价值，超越了阶级性。马克思和恩格斯在《德意志意识形态》中指出，即使在阶级对立的社会中，各阶级之间，既有对立的利益，也有共同的利益，"这种共同的利益不是仅仅作为一种'普遍的东西'存在于观念之中，而且首先是作为彼此分

---

① 习近平.在联合国教科文组织总部的演讲[N].人民日报，2014-03-28.

工的个人之间的相互依存关系存在于现实之中”[①]。中华传统美德正是这种“相互依存关系”的总和，生活在中华大地上的所有人都需要认真遵守这些美德，才能实现自身利益的最优化。正是在这种各个阶级、阶层利益最优化的实践中，这些美德成为各个阶级、阶层约定俗成的生活准则，随着中华文明的进步和发展，这些美德也就成了中华文化最根本的价值追求。这些传统美德以巨大的向心力吸引着中华民族的各类成员，孕育了中华民族的宝贵精神品格，培育了中国人民的崇高价值追求。中华文化中的各个系统都以传统美德作为自己的根本价值追求，如：中国的文学艺术以“善”为根本的价值追求，美善合一是中华文化审美的标准；中国的传统科技也以中华传统美德为首要的价值取向，只有在有利于弘扬传统美德的前提下才考虑科技的“利用、厚生”的问题；中国历朝历代政治制度的设计和社会的治理都强调德治的重要性，也以“真、善、美”作为根本的价值追求。总之，中华传统美德是传统道德文明的核心和精髓，对中华民族的繁荣发展具有凝聚剂和内聚力的作用。

2. 中华传统美德体现于中华文化的各个层面

习近平指出：“中华民族具有5000多年连绵不断的文明历史，创造了博大精深的中华文化，为人类文明进步作出了不可磨灭的贡献。”[②] 博大精深的中华文化不仅有高尚的精神追求，还有丰富多彩的物质形态和缜密设计的制度形态，而贯穿在这些不同的文化形态中的共同的东西就是中华传统美德。

第一，中华传统美德的物质呈现。

作为文化遗产大国的中国，虽是人类多元文化、多种文明重要的主体之一，但在全球化的浪潮中，历经数千年而不断的中华文化中的许多合理基因、元素与价值观念深受文化交流、冲撞的激荡和洗礼。习近平从文化的角度认识文化遗产的价值，不仅认识到文化遗产资源在中国当代文化建构中的地位和作用，保持民族文化根脉的意义，在民族复兴、文化复兴中的作用，还看到在全球化浪潮下保持文化多样性为人类的新文化建设提供的借鉴意义。因此，习近平在中央政治局

---

① 马克思恩格斯选集(第一卷)[M].北京：人民出版社，1972：37.

② 习近平在十二届全国人大一次会议闭幕会上发表重要讲话[EB/OL].(2013-03-17).新华网，http://www.xinhuanet.com/2013lh/2013－03/17/c_115052635.htm.

集体学习时曾强调："要系统梳理传统文化资源，让收藏在禁宫里的文物、陈列在广阔大地上的遗产、书写在古籍里的文字都活起来。"① 文物、遗产、古籍作为我们的文化遗产，是中华传统文化的重要载体，是中华文明的历史见证，是我们民族悠久历史的稀世证物，是我们与遥远的祖先联系、沟通的唯一渠道。一个民族区别于另一个民族的根本标志就是民族精神和文化传统，而文化遗产突出地反映了这种民族精神和文化传统。它是一个民族一个国家深入骨髓的文化积淀，也是它独特的文化身份、文化个性的证明。文化遗产所承载的艺术内涵和丰富的信息，不仅展现出不同时代的艺术特色及成就，更能折射出文化观念、审美趋向中真善美的传统美德。

习近平强调，对于历史文化遗存，"我们一定要保护好，利用好，传承下去，发扬光大"②。保护文化遗产就是保护中华民族的悠久历史和赖以生存、发展、走向未来的文化根基。保护好我们的文化遗产，才能为其"活"起来提供保障。保护好文化遗产，关系文化血脉的传承，关系精神家园的维护，我们要坚持保护与利用的良性互动，树立文化遗产资源有效保护与合理利用的发展理念，坚决反对和防止不顾文化遗产及其环境的客观承受力、不顾长远发展需要的盲目利用和恶性开发。只有让这些文化遗产"活起来"，才能为促进当代的文化创新与未来的文化建设提供有机的宝贵资源。文物、古籍承载着不可限量的文化与历史价值。通过讲文物、看遗迹、读古籍，可以以小见大，如从具体文物入手可以讲出一段精彩的历史，从气势恢宏的古迹中可以感受我们先民的气魄和勤劳，从古籍中我们可以感知古人的生存智慧。

第二，中华传统美德的制度规定。

中国古代治国的主要特征是"德治"，要求统治者"以道德作为政治的根本纲领，'为政以德'，即执政者要以德施政，善待民众，以赢得百姓的拥护"③。这一制度设计凸显了道德的榜样作用和教育力量，为中华美德的传承提供了强有力的制度保证。传统德治思想萌生于西周时期，是古代中国国家治理的基本方

---

① 习近平.建设社会主义文化强国　着力提高国家文化软实力[N].人民日报，2014-01-01.

② 习近平.之江新语[M].杭州：浙江人民出版社，2007：19.

③ 习近平.用权讲官德　交往有原则[J].求是，2004(19).

略，具有以德施政、以德修身、以德教民、以德选贤等具体的制度设计。这些制度设计，试图通过提升统治者的道德品质，加强对百姓的道德教化，“以自身的道德行为去教育和感化百姓”①。

以德施政，是为了巩固封建统治者的利益而对全体社会成员展开道德观念教育的民本思想。以德修身，要求统治者在具备治理社会的智慧和能力的基础上，要有高尚的道德品质。古代中国认为，只有把统治者完美的道德发扬光大，才是治国安邦的根本途径，领导者的道德品质和人格力量是开展有效社会治理的前提和基础。正像习近平所说，古代官员“要想达到‘正’，就要自省、自律、自责、克己，通过道德修养提高自身素质”②。以德教民，就是以道德规范来制约百姓的言行，进而实现社会有效治理的政治诉求，同时以对美德的追求来教化、感染每个社会成员，使之建立起认知、践行美德的道德情操。以德选贤，就是选取道德高尚的人来担任官员，强调的是道德素质在官员选拔中的重要性。中国古代社会，不管哪种官吏选拔任用的方式及制度，都把是否具有传统美德作为首选标准，认为官员的道德情操，是其为官从政的前提和基本保证。习近平在中央党校 2011 年秋季学期开学典礼上的讲话中指出：“我国历史上经过科举制等途径，探索出了把人才的培养与任用分为两类：通才与专才。在治国理政中，通才任用于政务工作方面，专才则任用于事务工作方面。人才的培养任用应该分为政务、事务两大类，并且应有不同的标准、要求和职责，培养、选拔的途径和任用、考核的办法也应不同。这个选人用人的历史经验，今天仍值得我们深入研究。”③

中国传统德治思想最终形成了提倡尊德行、崇礼义、重教化、尚君子、任人唯贤、德才兼备、民为邦本等传统美德。这些传统美德思想包含着古人治世、为人的思想精髓，对当今中国的官德建设有着重要意义。对此习近平曾评价道：“虽然古代官德修养是为剥削阶级服务的，但政治文明具有继承性，如果扬弃其中的封建内容，有些东西至今仍然值得借鉴。我们党提出依法治国和以德治国相

① 习近平．用权讲官德　交往有原则[J]．求是，2004(19)．

② 习近平．用权讲官德　交往有原则[J]．求是，2004(19)．

③ 习近平．领导干部要读点历史——在中央党校 2011 年秋季学期开学典礼上的讲话[J]．党建研究，2011(10)．

辅相成，可以说就是站在时代高度，以辩证的思维和发展的眼光，对历史经验进行的科学总结，从而决定了今天官德的时代内涵。”①

第三，中华传统美德的精神追求。

习近平在2013年全国宣传思想工作会议上提出“四个讲清楚”，其中有“讲清楚中华文化积淀着中华民族最深沉的精神追求”。中华文化精髓中的中华传统美德的精神追求，就代表了中华民族最深沉的精神追求，概括习近平对中华文化的论述，主要体现在“天人合一”“以人为本”“刚健有为”“贵和尚中”等四个方面。“天人合一”，就是追求人的精神与自然界的统一，强调人的行为与自然界的协调、可持续的问题，人的实践活动既要尊重自然规律，又要发挥人的主观能动性。这是中华民族永续生存发展的基本法则。“以人为本”，就是指“以人为考虑一切问题的根本，用中国传统方式来说，就是肯定在天地人之间，以人为中心；在人与神之间，以人为中心”，这种精神追求“不仅有助于人们合理地对待人与神的关系，增强人的主体意识，而且有助于抵制宗教神学”②。“刚健有为”就是在处理人与人、人与自然、人与社会的关系时的积极的人生态度。这种积极进取的精神追求，“不仅在我们民族兴旺发达时期起过巨大的积极作用，而且在我们民族危难之际，如外族入侵、政权易手之时，也总是成为激励人们起来进行反侵略反压迫斗争的强大精神力量”③。“贵和尚中”就是在处理一切问题时不偏不倚，力求和谐统一。这种精神追求有利于维护多民族国家的统一和文化的共同繁荣和发展，凝聚和扩展了中华民族的凝聚力。“中华文化崇尚和谐，中国‘和’文化源远流长，蕴涵着天人合一的宇宙观、协和万邦的国际观、和而不同的社会观、人心和善的道德观。”④

3. 中华传统美德是丰富发展中华文化的源泉

习近平不但认识到中华传统美德在中华文化中的地位，更看到了中华传统美德对丰富和发展当代文化的价值和作用，认为时代的进步、社会的发展需要传

---

① 习近平. 用权讲官德　交往有原则[J]. 求是，2004(19).

② 张岱年，方克立. 中国文化概论[M]. 修订版. 北京：北京师范大学出版社，2004：291.

③ 张岱年，方克立. 中国文化概论[M]. 修订版. 北京：北京师范大学出版社，2004：297.

④ 习近平. 在中国国际友好大会暨中国人民对外友好协会成立60周年纪念活动上的讲话[N]. 人民日报，2014-05-16.

承传统美德，传统美德是我们立足世界的坚实根基，是丰富和发展中华文化的源泉。

第一，弘扬中华传统美德是时代文化发展的需要。

当前我们正致力于构建中国特色社会主义的新文化，这种新文化既能适应中国特色社会主义市场经济的需要，又能保持中华民族鲜明的民族特性。正因如此，习近平在2013年全国宣传思想工作会议上强调：“中国特色社会主义植根于中华文化沃土、反映中国人民意愿、适应中国和时代发展进步要求，有着深厚历史渊源和广泛现实基础。”

当代丰富多彩的文化，都是从长久的历史生活中累积起来的，并将规约着我们民族文化进一步发展的方向和格局。这是因为，“人们自己创造自己的历史，但是他们并不是随心所欲地创造，并不是在他们自己选定的条件下创造，而是在直接碰到的、既定的、从过去承继下来的条件下创造”①。同样的道理，在当代的文化发展中也离不开传统美德。习近平指出：“要继承和弘扬我国人民在长期实践中培育和形成的传统美德，坚持马克思主义道德观、坚持社会主义道德观，在去粗取精、去伪存真的基础上，坚持古为今用、推陈出新，努力实现中华传统美德的创造性转化、创新性发展，引导人们向往和追求讲道德、尊道德、守道德的生活，让13亿人的每一分子都成为传播中华美德、中华文化的主体。”② 这指明了当代文化发展中传承传统美德的思想、方法和途径。

第二，中华传统美德是中国立足世界的坚实根基。

习近平从中国立足世界的战略高度，看到了中华传统美德的资源优势，他认为：“博大精深的中华优秀传统文化是我们在世界文化激荡中站稳脚跟的根基。”③ 中国要立足世界，必须要做到民族复兴、文化软实力的提升、特色社会主义道路的成功。而这三个方面都需要借力于中华传统美德。习近平强调：“一个国家、一个民族的强盛，总是以文化兴盛为支撑的，中华民族伟大复兴需要以中华文化发展繁荣为条件。对历史文化特别是先人传承下来的道德规范，要坚持

---

① 马克思恩格斯全集(第八卷)[M].北京：人民出版社，1961:121.

② 习近平.建设社会主义文化强国　着力提高国家文化软实力[N].人民日报，2014-01-01.

③ 习近平.把培育和弘扬社会主义核心价值观作为凝魂聚气强基固本的基础工程[N].人民日报，2014-02-26.

古为今用、推陈出新，有鉴别地加以对待，有扬弃地予以继承。”① 这就为中华民族的复兴指明了方向，要实现民族复兴必须要传承中华传统美德。

中华传统美德是提升文化软实力的支撑。在日益全球化的今天，文化的地位凸显，文化软实力成为综合国力的重要组成部分。习近平认为：“中华优秀传统文化是中华民族的突出优势，是我们最深厚的文化软实力。”② 提高国家文化软实力，要努力展示中华文化的独特魅力。这说明中华传统美德是软实力的底蕴，是中华文化在世界文明互鉴中的重要支撑。习近平还强调，核心价值观是软实力最深沉的精神追求，培育和弘扬社会主义核心价值观，必须立足中华优秀传统文化。牢固的核心价值观，都有其固有的根本。抛弃传统、丢掉根本，就等于割断了自己的精神命脉。我们提倡和弘扬社会主义核心价值观，必须从中华传统美德中汲取丰富营养，否则就不会有生命力和影响力。

第三，中华传统美德是发展中华文化的思想源泉。

习近平强调：“中华传统美德是中华文化精髓，蕴含着丰富的思想道德资源。不忘本来才能开辟未来，善于继承才能更好创新。”③ 这就明确指出了我们发展中华文化必须立足中华传统美德，只有这样，中华文化才能大繁荣大发展。传统美德是发展中华文化的思想源泉。

传统美德是社会主义核心价值观的思想源泉。社会主义核心价值观是指导中华文化的发展指南，决定着中华文化发展的方向和内涵。对于怎样丰富和发展社会主义核心价值观的内涵，习近平这样强调：“培育和弘扬社会主义核心价值观必须立足中华优秀传统文化。牢固的核心价值观，都有其固有的根本。抛弃传统、丢掉根本，就等于割断了自己的精神命脉。”④ 从这一论断中我们可以认识到，中华传统美德是滋养社会主义核心价值观的源泉；只有从传统美德中得到滋

---

① 习近平在山东考察时强调　认真贯彻党的十八届三中全会精神　汇聚起全面深化改革的强大正能量[N]. 人民日报，2013-11-29.

② 习近平在全国宣传思想工作会议上强调　胸怀大局把握大势着眼大事　努力把宣传思想工作做得更好[N]. 人民日报，2013-08-21.

③ 习近平. 把培育和弘扬社会主义核心价值观作为凝魂聚气强基固本的基础工程[N]. 人民日报，2014-02-26.

④ 习近平. 把培育和弘扬社会主义核心价值观作为凝魂聚气强基固本的基础工程[N]. 人民日报，2014-02-26.

养的社会主义核心价值观，才能得到社会和民众的认可、接受和践行。这是因为传统美德植根于中国人的内心，潜移默化地影响着中国人的思想和行为。今天，我们提倡和弘扬社会主义核心价值观，必须从中汲取丰富营养，否则就不会有生命力和影响力。“我们生而为中国人，最根本的是我们有中国人的独特精神世界，有百姓日用而不觉的价值观。我们提倡的社会主义核心价值观，就充分体现了对中华优秀传统文化的传承和升华。”①

传统美德是弘扬中华文化的精神源泉。中华文化无论怎样大发展大繁荣，都不能背离我们的文化特色和民族精神，而其承载者就是中华传统美德。历经磨难而不衰的中华文明，蕴涵着丰富而宝贵的思想文化遗产，诸如筚路蓝缕、以启山林的开拓精神，艰难困苦、玉汝于成的顽强意志，舍生取义、视死如归的英雄气概，海纳百川、虚怀若谷的博大胸怀，修齐治平、治国安民的政治理想，“载舟”“覆舟”、居安思危的忧患意识，革故鼎新、自强不息的执着追求，等等。在我国历史长河中，许许多多先贤和仁人志士都对高尚的精神追求作出了阐释。“从一代一代众多仁人志士的人生实践中，从中华民族传诵千古的诗文里，我们可以清楚地看到伟大的民族精神、高尚的社会风尚以及那些治国理政的思想精华。”② 只要我们铭记这些传统美德的精神追求，发展中华文化，就能坚持我们的民族精神，体现我们的文化特色。

（三）制约传统文化自信的一些基本因素

在多种场合，习近平总书记都指出，要引导人们全面客观地认识历史的中国、当代的中国。结合对孔子儒学的传播，要搞好四个讲清楚：一是讲清楚每个国家和民族的历史传统、文化积淀、基本国情不同，其发展道路必然有着自己的特色；二是讲清楚中华文化积淀着中华民族最深沉的精神追求，是中华民族生生不息、发展壮大的丰厚滋养；三是讲清楚中华优秀传统文化是中华民族的突出优势，是我们最深厚的文化软实力；四是讲清楚中国特色社会主义植根于中华文化

---

① 习近平. 青年要自觉践行社会主义核心价值观——在北京大学师生座谈会上的讲话[N]. 人民日报，2015-05-05.

② 习近平. 领导干部要读点历史——在中央党校 2011 年秋季学期开学典礼上的讲话[J]. 党建研究，2011(10).

沃土、反映中国人民意愿、适应中国和时代发展进步要求，有着深厚历史渊源和广泛现实基础。自信源于自知，“讲清楚”需要“弄明白”，习近平总书记特别强调坚定文化自信的重要性，指出要十分珍视中华民族绵延几千年的文化创造，绝不可以忽视这一无比深厚的历史底蕴。人们自信心不足，原因十分复杂，只有全面了解各种情况，认真分析和研究，才能真正树立文化自信，才能讲清楚“学术的中国”“理论的中国”，把真实而深刻的中国展现给世界。

第一，对古代文明的发展程度估价偏低。

春秋战国是中国社会发展的特殊时期，也是先秦诸子“百家争鸣”的历史时期，但它绝不是中国文化的形成期，而是中国思想与中国智慧的繁盛期、高潮期。人们常用德国哲学家雅斯贝斯（Karl Jaspers，1883—1969）的“轴心时代”理论来讲述中华文明，但这一理论没有关注中华文化在诸子时代以前的漫长发展，没有注意中国许多思想家何以那样尊崇古代“先王”。事实上，学术研究的重要进展与考古材料的惊人发现都一再证实，尧舜以来尤其夏、商、周三代时期的中华文明已经有漫长的发展历程，有较高的发展水准，“百家争鸣”是对历史文化的继承、总结与反思，诸子思想的形成有一个广阔的文化背景。看不清中国文明的绵延之路，就容易妄自菲薄，很难理解传统思想的高度与深度。

第二，对经学典籍价值的认识有待提高。

中华国学包罗宏富，正如文化可以分成不同的层级那样，国学也有三教九流、经史子集等很多内容。李学勤先生说，国学的主流是儒学，儒学的核心是经学。经学是训解或阐释儒家经典的，这是中国独有的学问。儒家经典以六经（或五经）为核心，及于孔子及其后学遗说，包含着深沉的价值观念与民族精神。孔子“祖述尧舜，宪章文武”，他整理的六经被视为先王“政典”，儒家经典彰表“道德”与“价值”。国学研究应以经学为中心，国学就像一棵生命之树，只有区分主次，知其本末，才能培育浇灌，生生不息。我国典籍经史子集四部之分类以“经”为先，经部之后史部以“正史”居首，不都是出于“明教化”“佐治道”的社会价值考量吗？弘扬儒学而弃经不读，无异于舍本逐末。

目前，在对儒家经典等文献的认识上还存在许多问题。如怀疑古书相关记载，人为后置了不少典籍的成书年代；不明古书流传的一般规律，不能动态观察古书的形成过程，造成对古书的很多误解；不能整体把握学术源流，颠倒了一些同类文献的先后顺序，甚至误判了学派属性；不能理解各学术派别之间的纵横关系，简单化地进行学派判断……这严重影响了对这些文献的利用与阐发。

第三，对博大精深的儒学的认识不够全面深入。

孔子儒学是在继承基础上的文化创造，他们思考人性与人的价值，胸怀天下而关注苍生，思维恢宏却包蕴精微。孔子超越了他的国度与时代，只有对他的儒学思想体系有全面、综合的理解，才能把握“大体”，在“道术”的意义上理解“中国精神”与“中国气质”。如“大学之道”强调人的全面成长，倡言“修身、齐家、治国、平天下”，培养“大人”“君子”。孙中山先生说，这是“最有系统的政治哲学”，“像这样精微开展的理论，无论外国什么政治哲学家都没有见到，都没有说出，这就是我们政治哲学的知识中独有的宝贝”。本来这“属于道德的范围”，“但是自失了民族精神之后，这些知识的精神当然也失去了。所以普通人读书，虽然常用那一段话做口头禅，但是多是习而不察，不求甚解，莫名其妙的”。[①] 只有弄清楚孔子儒学的宏大气象，才能懂得它对于中华民族数千年和睦与和平的巨大意义。

第四，消除疑古思潮的不利影响。

唐朝中后期以来，随着佛学影响的扩大，人们以儒家道统对抗佛学法统，由此产生了对儒学经传的怀疑。自宋代开始的疑古思潮，到近代“古史辨派”时期登峰造极，所谓“辨伪学”出现了极大偏失。学术上的“疑古过勇”，以釜底抽薪的方式，造成了上古文化的一片空白。这除了让人感到古籍几乎“无书不伪”“无书可读”，更使得虚无主义盛行。

学术研究的进展，尤其是地下早期文献的不断问世，一次次“轰然打破”了既有的“成见”，也揭示了疑古思潮的极大偏颇，学者们一次次地呼吁必须“重写学术史”“重写思想史”。不过，消除这种影响还需要不断努力。

第五，要科学准确地把握传统文化。

文化影响力的升降浮沉密切联结着国力的变化。近代中国落后挨打，在反思落后原因的时候，不少人迁怒于自己的传统文化，强化或放大了对传统文化负面影响的认识。而今，时代不同了，中国屈辱的历史已经过去，这为弘扬光大传

① 孟庆鹏，编. 孙中山文集(上)[M]. 北京：团结出版社，2016：73-74.

统文化提出了新要求，也为大力弘扬传统文化创造了条件。在中华民族伟大复兴的新时期，我们必须也应该了解儒学的历史，科学理性地把握传统文化。

实际上，在两千多年的发展中，儒学一直在变化发展。先秦时期的原始儒学阶段，孔子儒家主张“修己安人”和“仁政”“德治”，强调“正名”，带有明显的“德性色彩”。在秦汉以至清朝的“帝制时代”，虽然很多儒家学者也致力于发扬儒学精神，但儒学在走向大众与社会实际结合的过程中，适应专制政治与皇权至上的需要，逐渐强化了君权、父权和夫权，染上了显著的“威权色彩”，呈现为后世所诟病的一些特征。近代以来，人们反思儒学，新文化运动时期“全盘性反传统主义”，在思维方式上存在着偏颇，但客观上主要指向具有“威权色彩”的儒学，把被扭曲了的儒学主张看得更加清楚。

今天，在经历广泛而深刻社会变革的今天，必须看清坚定文化自信的制约因素和重点环节，找准着力处，看清发力点，只有通古今之变，才能激活中华文明的生命力，进行时代文化构建和理论创造，才能使文化自信成为最基本、最深沉、最持久的力量。

二、“大道之行，天下为公”的文化气象与自信

在党的十九大报告的最后，习近平总书记说：“大道之行，天下为公。站立在九百六十多万平方公里的广袤土地上，吸吮着五千多年中华民族漫长奋斗积累的文化养分，拥有十三亿多中国人民聚合的磅礴之力，我们走中国特色社会主义道路，具有无比广阔的时代舞台，具有无比深厚的历史底蕴，具有无比强大的前进定力。全党全国各族人民要紧密团结在党中央周围，高举中国特色社会主义伟大旗帜，锐意进取，埋头苦干，为实现推进现代化建设、完成祖国统一、维护世界和平与促进共同发展三大历史任务，为决胜全面建成小康社会、夺取新时代中国特色社会主义伟大胜利、实现中华民族伟大复兴的中国梦、实现人民对美好生活的向往继续奋斗！”中华民族的豪迈与自信，重要的力量来源之一就是“五千多年中华民族漫长奋斗积累的文化养分”，就是“无比深厚的历史底蕴”。

毛泽东同志曾说：“从孔夫子到孙中山，我们应当给予总结，继承这份珍贵的遗产。”实际上，“大道之行，天下为公”最早出自《孔子家语》的《礼运》，

它出自孔子之口。“公”是公德意识、公共意识，是人的社会性存在；每个人都属于不同的单位、家庭、国家，不同的国家又属于同一个地球。后来，汉代编辑的《礼记》也收入了《礼运》篇，使孔子儒家的这种社会理想追求影响更大，成为几千年来中华民族不懈奋斗的目标。孙中山先生也大力倡导“天下为公”的政治理念，激励了无数的仁人志士。习近平总书记强调这一理念，正是因为它代表或体现了我国的为人处世之道、和谐相处之道。这种“天下为公”的理念，也是现代中国人秉持的人与人之间相处的原则，构建人类命运共同体理念，就包含这种“大道之行，天下为公”的底蕴，它与协和万邦、和衷共济、四海一家等，集中体现了中华文化“尚和合”的理念，也是中华文化博大气象与高度自信的体现。

（一）中华文化形成的广阔背景

中华文化就像一棵生生不息的大树，它的根扎得很深很牢。人们认为春秋战国是中国文化发展的特殊时期，但它绝不是中国文化的形成期，而是中国思想与中国智慧的繁盛期、高涨期。此前，中华文明已有漫长的发展历程，有较高的发展水准。党的十九大报告指出：“中华民族有五千多年的文明历史，创造了灿烂的中华文明，为人类作出了卓越贡献，成为世界上伟大的民族。”习近平总书记一再强调“中华民族有五千多年的文明历史”，其深层的意义就在于此。

在人类文明历史研究中，世人多推尊德国哲学家雅斯贝斯所谓“轴心期”的理论。这一理论认为，公元前8世纪至公元前2世纪，尤其公元前600年至公元前300年间，是人类文明的“轴心时代”。这一时代，各个文明都出现了伟大的精神导师，他们提出的思想原则塑造了不同的文化传统，也一直影响着人类的生活。但是，雅斯贝斯的所谓“轴心时代”理论，并没有关注中华文明在诸子时代以前的漫长发展，没有注意中国许多思想家何以那样尊崇古代“先王”。

近40年来，学术研究的重要进展与考古材料的惊人发现都一再证实：尧舜以来尤其夏、商、周“三代”时期的中国文明已经有漫长的发展历程，有较高的发展水准。走在学术前沿的学者其实早已经看清楚这一点，20世纪80年代，李学勤先生就呼吁人们“走出疑古时代”“重新估价中国古代文明”。我们需要重新认识古代文明的发展水平，理解我国先民的深邃智慧和文化创造，再也不能对上古典籍中的那些丰富记载视而不见！

人们看到，“百家争鸣”其实是对历史文化的继承、总结与反思，诸子思想的形成有广阔的文化背景。夏、商、西周“三代”已经是“有道”时期，已经是中国文化形成与确立的时期。在雅斯贝斯所说的世界文明的“轴心”之前，中华文明已经有了漫长的发展历程，有了丰厚的文化积淀，有着自身深沉的精神凝结与创造。

中国的先民们认知世界，以天地为师，着眼古往今来，关注四方上下。在中华文化的早期典籍中，“天下”“万方”“四海”之词层出不穷，这源于中华文明的天下观、世界观、整体观、系统论，在与世界的互动中，他们深刻理解“天道成而必变”“道弥益而身弥损”的道理，讲究注焉不满，酌焉不竭，当位而行，允执厥中。

看清中华文明的绵延之路，探悉中华文明的深远辽阔，就会看到这样一个一定会越来越清晰的事实：早在孔子以前数千年的“三代之明王”时期，中华文明就已经为人类确认了坐标。中华“先哲”“先王”站在人类发展的中心点，思考“人心”与“道心”的关系，为人类谋福祉，系统而完备。如果更多走近中国早期文明，更多了解中华文明，看到它的高度，了解它的深度，那么，中华民族的伟大复兴之梦，就不仅是嘹亮的呼唤，更是不竭的动力。

（二）孔子思想的时空维度

中华思想的精华集中于孔子与老子，孔子则集中了尧舜禹汤、文武周公的思想精华。他向老子请教，他一定比今天的许多人更懂得老子，更多地吸收了老子的智慧。所以，他创立的儒学才影响更加久远，成为中华传统文化的主干，成为传统中国思想的杰出代表。

在“诸子百家”中，孔子最重视对传统的继承总结与凝练提升，故而更具有生命力。孔子以后的历代思想家思考世道人心，都在孔子思想的基础上进行继续发展与弘扬，所以，孔子才被尊为“万世师表”。西方学者常将中国称为“孔子的中国”，中国内在地决定于孔子思想的特性与特质，决定于孔子学说的巨大影响。

孔子自幼好学，他的“好学”成就了他的“博学”。孔子“祖述尧舜，宪章文武”，自称“信而好古，述而不作”，显然，孔子的“思想高峰”立于三代时期的“文化高地”。所以柳诒徵先生说：“自孔子以前数千年之文化，赖孔子而传。”[①] 梁漱溟先生说：“孔子以前的中国文化差不多都收在孔子手里。”[②] 1989年，联合国教科文组织总干事代表泰勒博士说：“当今一个成功、昌盛的社会，在很大程度上仍立足于孔子所阐述的许多价值观念。”[③] 这些价值观念是超越国界和超越时代的，它属于中国也属于世界，属于过去并照耀着今天和未来。孔子思想不在“一时一地”，它包含了“天地之美”“万物之理”“古人之全”，所以《庄子》说“内圣外王之道”是“道术”而不是“方术”。

想到孔子，往往首先浮现的是孔子栖栖惶惶、到处奔走的身影，往往是那个驾着马车“周游列国”的形象。孔子为政似乎没有成功，其实他清楚“穷达以时”的道理。他信念坚定，也有充分的自信。孔子初仕，为中都宰，“行之一年，而西方之诸侯则焉”。他治理中都仅一年时间，便成为各地学习的样板。鲁国国君问孔子：用你的办法治理鲁国，怎么样？孔子说：“虽天下可乎，何但鲁国而已哉！”孔子相信自己的为政方略有广泛的适用性。

孔子的自信，源自他对礼乐本质的把握，源自他对人性和人的价值的思考。有弟子问“十世”以后的治世之道是否可知，孔子说别说“十世”，即使“百世”也可以知道。孔子认为，人组成社会，成为社会的人，就必须明于礼义。社会治理的根本，无非就是人心的端正，就是在人们心中筑起道德的堤防。夏、商、周三代，礼的形式随着时代的变化而“损益”，但礼的根本精神永远不会变。

由“中都”而“鲁国”而“天下”，这是空间的放大；由“三代”而“十世”而“百世”，则是时间的绵延。这显示了孔子思想的“时空维度”。他的高度与宏阔可见一斑。他倡言“内圣外王之道”，主张推己及人，修己安人，明德新民。比如，他在思考如何立身处世的问题时，往往从根本上着眼，从简单处着手。

孔子弟子请教有没有一个字可以终身奉行，孔子认为这个字应该就是“恕”。孔子解释，所谓“恕”，就是“己所不欲，勿施于人”。子张请教“行”，问如何

---

① 柳诒徵.中国文化史[M].北京：东方出版社，2008：226.

② 梁漱溟.东西文化及其哲学[M].上海：上海人民出版社，2014.

③ 泰勒.联合国教科文组织总干事代表泰勒博士的致词[J].孔子研究，1990(1).

才能使自己到哪里都能通达。孔子说应当“言忠信，行笃敬”，说话忠诚守信，行事庄重严肃。人如果时刻将“忠信”“笃敬”装在心中，指导自己的行动，即使走到与自己文化不同的“蛮貊之邦”，也一样顺畅通达。

（三）中华文明的精神气象

中华文化追求以王道行天下，就是孔子继承发扬的三代文化传统。所谓“大道之行”，就是追求和谐之道，就是人心和顺，讲信修睦，天下大同。王道政治是孔子心中的理想政治。孔子常谈“王天下之言”，谈以“道”治国才能“致霸王”；孟子则言及“王”“霸”之别。霸道，靠的是兵甲之力，使人被动屈服，埋下隐患，自食恶果。王道，以德行仁，人们主动臣服，心悦诚服。

《孔子家语》有《王言》篇，记述孔子的王道言论，孔子思考“王天下之道”，希望听“王天下之言”。王者气象使得中华文明有着多姿多元而又贯通如一的气质禀赋。中华文明崇尚礼让，源于礼让，使得许多矛盾不解自消。内心有王者情怀，才会能让则让，让于可让，同时还会在原则面前当仁不让。

中华文化气象使中国主流价值的追求清晰而坚定。中国者，执中而立于天下，安定四海，天下大同。王者的终极追求是什么？是仁、义、礼、智根于心、见于面、盎于背、施于四体，四体不言而喻。当内在的美德丰厚盈溢之时，光辉灿然的生命就巍然耸立。在王者气象的追求中，言念君子，温其如玉，“庶几夙夜，以永终誉”。美国前总统奥巴马曾表示他一直致力于学习，“确定自我身份的时候，不以降低别人来显示自己与他人的不同，而应该以抬高他人来找到彼此的相同”。其实，几千年前，“和而不同”“成人之美”“立己达人”这样的叮咛就在中华厚土掷地有声，而且在斗转星移的千年过往中从未间断，至今回响，使得近者悦，远者来。

中华文明的王道精神经得起时空的检验，它从人心与人性出发，致力于满足人们的需求，向上仰望，是深远历史经验的总结，是天地智慧的体悟；向下扎根，是对多方利益的兼顾与平衡，求得最大公约数，昭示未来的发展方向。在疑惑中超越，于不确定中憧憬。《诗经·大雅》云：“自西自东，自南自北，无思不服。”中华文明的精神气象、气质禀赋、价值追求，夯实了中华文明在世界价值体系中心点之坐标，它没有焦虑，而是如如不动，见证永恒。

（四）中国传统的思维模式

有西方思想家说“知识就是力量”，我们还要补充“力量需要方向”。此即所谓“君子不器”，即所谓“道前定则不穷”。

思维模式标识、代表着价值取向，决定着行动走向。比如，以何为本，以何为末；以何为先，以何为后；以何为始，以何为终。在中国传统的思维模式中，视荣誉与责任高于一切，兼顾多方利益；遵循并行并育，没有相悖相害；信奉“创造、分享、助给”，创造在自己，分享给他人，助给予弱者。

在“一以贯之”之中，孔子儒家关注根本，将个人的修养放于中心点，反求诸己，从而聚焦于发展，聚焦于成长。人们看重内在的功力，如火之始燃，泉之始涌，扩而充之可保四海，反此甚至不能事父兄。这样的思维并不东张西望，没有左顾右盼，而是有着深邃的动力和发展的持续性。由进至近，絜矩成人，至诚无息，执中而立。朱熹云：“气至而滋息为培，气反而游散为覆。”由“天地位”而“万物育”，致广大而尽精微，极高明而道中庸。

中华文明价值取向清晰，更可贵的是，它以“一以贯之”的思维模式落地，全然思索古与今、我与世界、价值观与方法论。这样的思维模式，成为通往中心坐标的最优路径、至佳选择。埃及前总理伊萨姆·谢拉夫说，这个“无序混乱的世界”要“找到一个理想的平衡点”，做这件事情的主角应该是有悠久文明历史的中国。他强调，中国人一定要珍视自己传统的价值观，他还说，“不光中国人民需要这些价值观，全世界也需要”。

中华文明也是源自中国早期思想的“一以贯之”，自尊，尊人，被人尊；自敬，敬人，被人敬；自爱，爱人，被人爱；自知，知人，被人知；自信，信人，被人信。开放大度，和谐包容，智慧持中，踏实稳重。与基督教的博爱精神与神圣观念相类似，儒家最重仁爱精神和敬畏观念。孔子十分看重的正是“爱”与“敬”，《论语》曰：“孝弟也者，其为仁之本与”，孔子说：“爱与敬，其政之本与”，又说“立爱自亲始”“立敬自长始”。美国的爱默生说：“我们确信，武力会招致另一种武力，只有爱和正义的法则才能实现彻底的革命。”其实，对于爱与正义，几千年前中华传统文明中的信奉全然而彻底。

子曰：“为政以德，譬如北辰，居其所众星共之。”面对纷纷扰扰的多元追求，有德之民族，有德之国度，有德之文明，像北辰灿然居中，这正是中国在世界中的文化坐标。我们要认清自己的文化方位，思索中华文化的竞争力，思考中华文明与人类共同价值之间的关系。这些决定于我们文化的特点、特性与特色，决定于我们的哲学智慧和文化气象。我们在忙于为“优秀的传统”制作“得体的时装”时，还要更多地在认真理解“优秀的传统”上下功夫。

事实上，许多人在世界文明面前感到迷茫，在西方文明面前感到卑微，缺少的是对自身文明符合历史真实的认知。理解了这一点，才能达致真正的文化自信；唯其如此，才可以与全人类共享中华文化的伟大智慧。

三、传承优秀传统文化，坚定中华文化自信

在2013年8月19日至20日全国宣传思想工作会议上，习近平总书记强调，必须胸怀大局，把握大势，着眼大事，在全面对外开放条件下，引导人们更加全面客观地认识当代中国、看待外部世界。必须宣传阐释中国特色，着眼历史传统与中国特色的关系，在民族精神中汲取滋养，理解我国传统文化之于“中国”的特殊意义。会议要求围绕坚持中国道路、弘扬中国精神、凝聚中国力量下功夫，着眼坚定理想信念，引导人们增强道路自信、理论自信、制度自信。

习近平总书记关于“文化自信”的论述意味深长。鸦片战争以来，西方用坚船利炮打开了中国国门，对中华文化产生了严重的负面影响，中国沦为殖民地半殖民地，国人的文化自信被严重损害。在建设有中国特色社会主义的今天，必须大力弘扬孔子思想与儒学精髓，坚信自身文化的价值意义，正确理解中华传统文化，建立真正意义上的文化自信。

（一）充分理解孔子儒学的价值，树立文化自信

中华民族传统文化博大精深，包蕴丰富。人们公认，中国传统文化的主干是儒学，而孔子作为儒家文化的创始人，其地位极其重要。在这一点上，许多学者的认识都是一致的。例如，近代著名历史学家、文化史家柳诒徵先生说：“孔子者，中国文化之中心也。无孔子则无中国文化。自孔子以前数千年之文

化，赖孔子而传；自孔子以后数千年之文化，赖孔子而开。”[①] 钱穆先生说：“孔子为中国历史上第一大圣人。在孔子以前，中国历史文化当已有两千五百年以上之积累，而孔子集其大成。在孔子以后，中国历史文化又复有两千五百年以上之演进，而孔子开其新统。在此五千多年，中国历史进程之指示，中国文化理想之建立，具有最深影响最大贡献者，殆无人堪与孔子相比伦。”[②] 现代新儒家“三圣”之一的梁漱溟先生在《东西文化及其哲学》中也曾说：孔子以前的中国文化，差不多都收在孔子手里；孔子以后的中国文化，又差不多都从孔子那里出来。这些说法，是很有典型意义的。

作为传统文化的重要组成部分，孔子思想在中国历史上发挥了极为重要的作用。不难理解，今天的中国是历史中国的延续与发展，以孔子思想为代表的优秀传统文化在当今的中国特色社会主义建设中，在当下我们发展文化强国的战略中，是不可或缺的“正能量”，意义非同凡响。

第一，孔子思想具有世界意义。孔子是和苏格拉底、柏拉图、释迦牟尼等齐名的世界级哲学家。亨廷顿把孔子所创立的儒家文明，作为与基督教文明、伊斯兰文明等相对应的基本人类文明。世界著名哲学家、神学家孔汉思在起草《走向全球伦理宣言》时说，全球伦理最基本的两个伦理框架，是中国传统文化中最基本的两点：一个是基本的人道，即孔子说的“仁”；第二个是孔子在人文规则历史中设立的第一个黄金法则——“己所不欲，勿施于人”[③]。中华文化走向世界，最重要的标志应该是孔子思想走向世界。

第二，孔子思想是联系全球华人的精神纽带。英国当代著名学者贡布里希（Ernst H. Gombrich，1909—2001）在研究世界历史后说，在孔子学说的影响下，“伟大的中华民族比世界上别的民族更和睦和平地共同生活了几千年”[④]。孔子提出家国同构、以天下为己任，都是全球华夏儿女共同的追求，哺育了一代一代的华夏子孙。作为中华民族共有的精神家园和“最深沉的精神

---

① 柳诒徵.中国文化史[M].北京：东方出版社，2008：226.

② 钱穆.孔子传[M].北京：三联书店，2014：序言.

③ 孔汉思.倡导“人道”的文化才有未来[N].新京报，2009-12-10.

④ 贡布里希.写给大家的简明世界史：从远古到现代[M].张荣昌，译.桂林：广西师范大学出版社，2003：84.

追求”，今天中华文化依然能够团结凝聚各族儿女以及全球华人，汇聚成改革发展的正能量。

第三，孔子思想是中国特色社会主义丰厚的文化土壤。马克思主义中国化根植于中华文化的沃土。孔子“大道之行，天下为公”的社会理想等，与马克思主义呈现高度的一致性。在思维方式与方法上，都主张与时俱进、实事求是、知行合一。中国共产党“理论成果的两次飞跃”，都是马克思主义中国化过程中和中华文化相结合的结果。孔子集中华文化之大成，深刻思索人性和人的价值，希望人们明理修身，循道而行，推延亲情，放大善性，社会主义核心价值体系与之一脉相承。

第四，孔子思想有利于国家治理和党风廉政建设。孔子的整个思想体系及众多论说，如“为政以德”“为国以礼”“先富后教”“修己安人”“修己以安百姓”和“孝悌”“慎独”“中和”思想，以及“义利观”等，今天看来仍有重要的现实意义。党的群众路线教育提到“正衣冠”，与《礼记·冠义》所说“人之所以为人”首先在于“正容体，齐颜色，顺辞令”异曲同工，都是强调人的基本素养。

第五，孔子思想对个人道德修养十分有益。从某种意义上讲，孔子学说就是修身学说，他的思想对每一个人都有十分重要的意义，而对青少年的是非观、价值观培育尤其具有十分重要的价值。孔子思想就是要把人培养成为有爱心、有情怀、有担当、爱学习、求上进的君子，特别强调修身、齐家、治国、平天下，注重自我修养和道德实践。

正如习近平总书记所说，以孔子思想为代表的中华文化已经沉淀为中华民族的精神基因，融入中华儿女的骨髓与血液，构成中华民族独特的精神标识，是我们“最突出的文化优势”“最深厚的文化软实力”。这就需要我们大力传播弘扬中华优秀传统文化，毋庸置疑地树立自己的文化自信。

（二）正确对待中国传统文化，构建文化自信

中华文化源远流长，博大精深，同时，中国历史在漫长的发展过程中也有跌宕起伏。特别是由于外来文化的冲击，近代以来中华民族经历了曲折的发展道路。只有正确理解和认识民族文化的发展历程，搞清楚历史文化的发展脉

络，认知其间的发展演变，才能正确对待传统文化，唯其如此，也才能构建起我们的文化自信。

第一，要正确估价中国古代文明的发展水平。在中国古代文明研究方面，自宋代开始，特别是近代以来，由于佛学的冲击，曾出现了波澜壮阔的“疑古思潮”，所造成的负面影响很大，最突出的表现就是严重低估了中国古代文明的发展水平。例如，近代以来的疑古学派辨别古史，最终落脚在了“古书辨”上，许许多多的中国典籍被判为“伪书”，严重影响了对古代文明的正确认识。认真反思“疑古思潮”盛行时期的那些“辨伪成果”，以及今天人们对于“疑古思潮”的理解和认识，实在不能不让人深刻反省。

30 年前，历史学家李学勤先生提出“要正确估价中国古代文明的发展水平”，后来更明确提出“走出疑古时代”，这是立足学术前沿对中国古代文明细致研究与深入思考的结果。历史发展是加速度的，最近这 30 年的科学技术迅猛发展，已经着实让人目不暇接，但中国古代文明的进路是绵长久远的。从很早的时候起，我国就已经形成了水平足以令国人骄傲的文化，有丰富的文献记载，所以《尚书·皋陶谟》说：“天叙有典，敕我五典五惇哉！天秩有礼，自我五礼有庸哉!”《尚书·多士》说：“惟殷先人，有册有典。”中国古代很早就形成了“有典有则，贻厥子孙”的传统。孔子论《尚书》之《皋陶谟》，一曰可以观治，一曰可以观政。他还说：于《帝典》见“尧舜之圣焉”，于《皋陶谟》“见禹、稷、皋陶之忠勤功勋焉”（《孔丛子·论书》）。这些说法都不会是空穴来风。

中华文化连绵不断，经过不断的损益发展，到西周时期，形成了“郁郁乎文哉”（《论语·八佾》）的礼乐文明。春秋末年以降，面对新的形势，孔子等思想家系统总结历史文化，其思想的形成有一个广阔的文化背景。只有对早期中国智慧进行整体观照、系统思考、全面把握，才能认清传统文化的特质，掌握孔子思想的精髓。

第二，要认清儒家思想在历代社会的变迁。经过 30 多年的学术研究，尤其是随着地下早期文献资料的面世，我们对相关学术问题看得比以往更清楚了。原来，秦汉以来儒学出现过一个显著变化，即原始儒学（先秦时代的儒学）具有明显的“德性色彩”，而汉代以后的儒学则具有明显的“威权色彩”。

原始儒学的代表人物如孔子等强调“正名”，主张“修己安人”和“仁政”“德治”；汉代以后的儒学适应封建专制制度的需要，逐渐片面强调君权、父权和夫权，儒学慢慢蜕变，呈现了为后人所诟病的“缺乏平等意识和自由理念”等特征，显得与现代社会格格不入。对于这一点，我们如将有关文献相互比较，就能够清晰地看出来。比如，所谓“君君，臣臣，父父，子子”（《论语·颜渊》），孔子讲的是“为人君，止于仁；为人臣，止于敬；为人子，止于孝；为人父，止于慈”（《礼记·大学》），强调君、臣、父、子各尽其本分，这正如《易经》所说：“父父，子子，兄兄，弟弟，夫夫，妇妇，而家道正。正家而天下定矣。”后来才逐渐演变为对君权、父权、夫权的片面强调。所谓“刑不上大夫”，根据《孔子家语》中的记载，孔子所说的意思是，一个“尊贵的人”也应该是一个“高尚的人”，当官的人犯了死罪贵在自裁，用不着通过用刑来进行惩罚，也是在汉代以后它才成为维护贵族特权的一个依据。

今天，人们都承认这样的事实：因为有了孔子，中华民族比世界上其他民族更和睦、更和平地共同生活了几千年。当今社会是一个昌盛、和谐的社会，在很大程度上仍然立足于孔子所确立和阐述的很多价值观念。新文化运动的矛头直指孔子，是因为他在封建专制时代受到尊崇，儒学一直是居统治地位的学说。这样看来，一些当年对孔子和儒学传统持“保守”立场的人，更多看到了原始儒学的真精神；而一些对孔子和儒学传统持“激进”立场的人，则更多地看到了作为“封建专制灵魂”的那个“偶像的权威”。今天，我们应该更好地把握孔子及儒家思想的内涵和价值。儒学与封建专制统治的结合，使之片面强调君权、父权与夫权，“缺乏平等意识和自由理念”，但原始儒学的“正名”“修己安人”和“仁政”“德治”等核心价值观念依然深入人心。我们不应将二者混为一谈，而应更加关注原始儒学，分清“真孔子”和“假孔子”，澄清误解、明辨是非，弘扬原始儒学的真精神。

第三，要有科学对待传统文化的辩证思维。对传统文化，包括孔子儒家思想，应充分认识其精华，摒弃历史虚无主义态度，也要看到其时代性特征，看到其唯心保守的成分。要剔除其封建性的糟粕和不合理的成分，去粗取精，去伪存真，古为今用，推陈出新，择善而从，有鉴别地对待，有扬弃地继承。要特别注意传统文化的时代融入性，抽象其精神，创造性地进行现代价值转换。

(三) 加强传统文化的宣传教育，提升文化自信

文化自信源自对于文化价值的深刻认知与充分肯定，如果不是对自身文化的生命力有一个坚定的信念，文化自信就无从谈起。因此，在认识自身文化价值之后，就应该让这种文化走向大众、走向民间、走向青少年。只有这样，文化自信才能真正建立起来。但是，就整体说来，人们对孔子儒学的认识还有很大的距离，还存在着许多模糊认识。因此，要加大力度研究和宣传孔子思想、儒学与传统文化，让更多的人获得坚持坚守的从容，鼓起奋发进取的勇气，焕发创新创造的活力。这样我们就能更理性、更科学地进行文化反思，正确对待世界其他国家和民族的优秀文化成果，进而认识中华文化的独特优势和发展前景，进一步坚定文化信念和追求。

第一，要加强学术引领，提升宣传教育水平。由于传统文化尤其是孔子儒学形成于两千多年以前，学术界对中国上古文明的发展程度认识不够，估价偏低。儒家认为“六经”乃“先王政典”，是儒学根本，但“六经”性质不同，而相关记载匮乏；孔子“述而不作”，孔子遗说由其弟子后学整理，数量虽多却显得凌乱；孔子儒学胸怀天下而关注民生，思维恢宏却包蕴精微；再加之宋代开始兴起的疑古思潮以及近代以来中国的变动等原因，使孔子儒学与传统文化的研究显得难度极大。因此，有必要大力进行人才培养与整合，尽快形成一支掌握传统文化精髓，有文化自觉、勇于担当、有使命感的队伍。加强孔子儒学研究，潜心发掘整理优秀思想文化资源，集中力量进行重大课题研讨，力争产出一批适应社会发展和符合时代要求的成果。把历史的中国、现实的中国讲清楚，讲好中国故事。

第二，要采取有效措施，增强宣传教育力度。为了宣传孔子儒学与优秀传统文化，各级各部门采取了许多积极有效措施，给了传统文化宣传教育以制度保证。当今社会，青少年的人文素质教育显得十分迫切。人的教育应当注重“适时而教”的原则，《礼记·学记》曰：“禁于未发之谓豫，当其可之谓时”“时过然后学，则勤苦而难成”。青少年处在身心发育的重要时期，这是道德人格养成的关键阶段，也是人生观确立的重要关头。古人将“成人”教育看作不可缺少的重要一环，对我们是一个极好的借鉴。

近些年来，针对当前青少年人文教育的现状，有识之士也进行了一些有益的探索，有助于我们的进一步思考。我们认为，尤其应当在国家教育制度上保障传统文化的普及，引导青少年了解和掌握传统文化，让中华传统文化精神融入青少年的生活，走进更多人的心灵，进而影响和渗透到社会的各个层面。

第三，要营造舆论氛围，扩大宣传教育广度。习近平总书记视察孔子研究院并作重要讲话，旁征博引，举出很多儒家思想的经典名句，揭示了儒家思想深刻的时代价值。他重视中华文化典籍的阅读，给我们作出了榜样。领导干部应该带头认真学习传统文化，切实承担起时代赋予的使命，让传统文化走进社会的各个层面，走进各个行业，形成社会风尚，建设新道德、新文化，提高民族自信心，为改革发展注入更大活力。

第二编

中华优秀传统文化传承发展与治国理政方略

第五讲　汲取传统文化资源，推进现代社会治理

我国社会发展进入新时期，面临许多新情况和新问题。习近平总书记曾指出，“全党面临的一个重要课题，就是如何正确认识和妥善处理我国发展起来后不断出现的新情况新问题”①。随着我国改革开放进入深水区，不同利益主体产生了多元的诉求，社会各阶层之间存在诸多的利益纷争和矛盾，原有的社会管理体制和思路难以应对新情况、新问题。我国需要改变政府主导型的社会管理方式，构建多层次、体系化的科学的社会治理格局。党的十八届三中全会提出：“全面深化改革的总目标，就是完善和发展中国特色社会主义制度、推进国家治理体系和治理能力现代化。”② 我国的社会建设理念开始从社会管理向社会治理转变。

社会治理是一个全球性的命题，从社会“管理”转向社会“治理”，是许多国家在社会发展改革中的普遍趋势。基于我国国情，习近平总书记指出：“治理和管理一字之差，体现的是系统治理、依法治理、源头治理、综合施策。”③ 社会治理理论的出现有当今世界的现实背景。人类社会进入后工业时代后，面临诸多共同挑战，党的十九大报告指出，“世界面临的不稳定性不确定性突出，世界经济增长动能不足，贫富分化日益严重，地区热点问题此起彼伏，恐怖主义、网络安全、重大传染性疾病、气候变化等非传统安全威胁持续

---

① 习近平. 习近平在中央党校建校80周年庆祝大会暨2013年春季学期开学典礼上的讲话[N]. 人民日报，2013-03-03.

② 习近平. 习近平谈治国理政[M]. 北京：外文出版社，2014：104.

③ 中共中央宣传部. 习近平总书记系列重要讲话读本（2016年版）[M]. 北京：学习出版社，人民出版社，2016：224.

蔓延”①。面对这些挑战，一批非政府组织逐步发展起来。这些非政府组织在服务社会方面发挥了重要作用，例如减少贫困人口、改善医疗条件、提供更优质的教育资源等。这些非政府组织参与社会治理，丰富和发展了世界社会治理实践。习近平总书记提出的关于社会治理现代化的重要论述，不仅借鉴了世界其他国家的相关理论，更有着深厚的中华优秀传统文化的渊源和底色，这不仅体现了社会治理的本土化和民族性，更让我国社会治理的理论和实践更加接地气、更符合我国国情。

一、优秀传统文化中的社会治理思想资源

在研究社会治理时，传统文化的研究视角十分重要。一方面，中华优秀传统文化中流淌着中华历史文化的血脉，凝结着中华民族的价值理念、行为方式和组织制度，了解中华优秀传统文化，有助于理解和认识社会治理中存在的问题；另一方面，中华优秀传统文化中蕴含的各种处理社会关系、平衡社会制度的方法具有普遍性意义，可以为处理当今的社会治理难题提供启示。习近平总书记谈及中华优秀传统文化的意义时强调：“抛弃传统、丢掉根本，就等于割断了自己的精神命脉。博大精深的中华优秀传统文化是我们在世界文化激荡中站稳脚跟的根基。”② 习近平总书记对中华优秀传统文化的论断表明，在发展新时代社会治理思想时，不能与传统割裂，应当从中华优秀传统文化的宝库中寻找治国理政的智慧。

（一）伦理政治与基层治理

伦理政治主要源于传统儒学。孔子提出君臣、父子、兄弟、朋友四类人际关系，并且将处理人际关系中的道德规范扩展至政治，在后世发展中形成了中国传统社会的伦理政治。这些道德以“仁、礼为纲”，还包括“义、忠、恕、

---

① 习近平.决胜全面建成小康社会　夺取新时代中国特色社会主义伟大胜利——在中国共产党第十九次全国代表大会上的报告[M].北京：人民出版社，2017：58.

② 习近平.把培育和弘扬社会主义核心价值观作为凝魂聚气强基固本的基础工程［N].人民日报，2014-02-26.

孝、信、智、勇、温、良、恭、俭、让、慎、直”[①] 等道德概念。孔子十分重视在政治中发挥道德教化的功能，他说：“政者，正也。子帅以正，孰敢不正?”[②] 孔子认为，政治的本质就是个人道德的不断完善，是妥善地处理伦理关系。曾有人问孔子为什么不参政，孔子告诉对方：“《书》云：‘孝乎惟孝，友于兄弟，施于有政。’是亦为政，奚其为为政?”[③] 孔子认为，如果能够做到孝敬父母，对兄弟友善，这实际上就是在参政。伦理政治的思想在后世延续下来，进一步强化了人际关系中的等级观念和道德意识，在维系社会和谐稳定发展方面发挥了重要作用。

伦理政治在基层治理中发挥了十分重要的作用。在中国古代大一统时期，由于疆域辽阔，各地民情不尽相同，皇权往往难以直接到达地方基层，而基层治理主要依靠自发的伦理政治的力量。在基层伦理政治中，乡绅在经济、文化方面有着较高的社会地位，往往能够发挥教化百姓、维系宗族发展的作用。伦理政治不断延续，在现代社会仍有所保留，这是因为中国特有的乡村结构的存在。费孝通提出“差序格局”的概念，认为中国古代的社会关系是从个体出发，像涟漪一样，一层层扩展出去，由血缘和地缘确定关系亲疏远近[④]，一个乡村往往构成一个相对完整的单位。在相对完整和封闭的乡村单元里，道德伦理中约定俗成的道德观念往往比国家的法律更具有实际约束力，更加深入人心，伦理政治的生命力在一定程度上也得以在民间延续。伦理政治中的道德准则是中华传统美德的体现，也是社会主义核心价值观的来源之一，“仁、义、礼、智、信”中就包含了爱人、友善、诚信的理念。在基层治理和家庭建设中，应该汲取古代伦理政治的营养和智慧。

（二）仁政与民本思想

孔子提出“仁”，孟子将“仁”进一步发展为“仁政”，这是中国比较早的民本思想。孟子提倡的“仁政”是以“性善”为前提的，“有不忍人之心，斯

① 刘泽华，葛荃，主编. 中国古代政治思想史[M]. 天津：南开大学出版社，2001：34.

② 杨伯峻. 论语译注[M]. 北京：中华书局，2006：145.

③ 杨伯峻. 论语译注[M]. 北京：中华书局，2006：21.

④ 费孝通. 乡土中国[M]. 上海：上海人民出版社，2006：22-23.

有不忍人之政矣。以不忍人之心，行不忍人之政，治天下可运之掌上”[①]。孟子希望统治者能够怀有恻隐之心，善待百姓。他认为，实行仁政应该采取具体的措施保障民生，使百姓富足，不然“若民，则无恒产，因无恒心。苟无恒心，放辟邪侈，无不为已”[②]。因此，他认为要使民有田、有衣、有粮，“五亩之宅，树之以桑，五十者可以衣帛矣。鸡豚狗彘之畜，无失其时，七十者可以食肉矣。百亩之田，勿夺其时，八口之家可以无饥矣”[③]。孟子还提倡减免徭役赋税，减轻刑罚，救济“鳏寡孤独”之类的弱者。

孟子的仁政思想深深根植于他的民本思想。他提出“民贵君轻”的思想，即“民为贵，社稷次之，君为轻”[④]。这一论述强调了“民”在国家中的重要作用，“民”是国家统治的物质和政治基础，“得其民，斯得天下矣”[⑤]，“天时不如地利，地利不如人和”[⑥]。统治者应该做到与民同乐，“乐民之乐者，民亦乐其乐；忧民之忧者，民亦忧其忧”[⑦]，统治者只有体察民之忧乐，才能得到百姓的拥护。荀子继承了民本思想，将君臣关系比作“君舟民水”，水能载舟，亦能覆舟。唐太宗在继承民本思想的基础上，将民本思想系统化，从立君为民、民养君、民择君、民归于君[⑧]等四个角度阐明君民关系，并且还指出了君主可以采取的养民之策，比如爱惜民力、体恤百姓疾苦等，将古代民本思想发展到了新的理论高度。

（三）君子品格与个人修养

君子和小人的品格是对立的，君子拥有受到推崇的理想品格，首先具有较高的道德品格，其次才是个人的才华和能力。儒学一直提倡君子品格，实际上与伦理政治紧密相关。因为君子是伦理道德的典范，具有示范效果，正所谓：

---

① 杨伯峻，杨逢彬，注译. 孟子[M]. 长沙：岳麓书社，2000：56.
② 杨伯峻，杨逢彬，注译. 孟子[M]. 长沙：岳麓书社，2000：17.
③ 杨伯峻，杨逢彬，注译. 孟子[M]. 长沙：岳麓书社，2000：17-18.
④ 杨伯峻，杨逢彬，注译. 孟子[M]. 长沙：岳麓书社，2000：250.
⑤ 杨伯峻，杨逢彬，注译. 孟子[M]. 长沙：岳麓书社，2000：123.
⑥ 杨伯峻，杨逢彬，注译. 孟子[M]. 长沙：岳麓书社，2000：61.
⑦ 杨伯峻，杨逢彬，注译. 孟子[M]. 长沙：岳麓书社，2000：24.
⑧ 刘泽华，葛荃，主编. 中国古代政治思想史[M]. 天津：南开大学出版社，2001：351-352.

“君子之德风，小人之德草。草上之风，必偃。”[①] 君子的德行像风一样，小人的德行像草，草会顺风而倒，比喻小人会顺从君子的德行。《论语》中有大量关于君子与小人的论述，儒学极其重视君子在政治上的作为，强调为政者的个人品行，“其身正，不令而行；其身不正，虽令不从”[②]。如果为政者刚正不阿，即使没有下达政令，百姓也会服从归顺；如果为政者个人品行不端，即使下达政令，百姓也不会听从。君子品行中最重要的是“孝悌”，家庭层面的伦理道德是核心，“其为人也孝弟，而好犯上者，鲜矣；不好犯上，而好作乱者，未之有也”[③]。汉代以孝治天下，西汉时期，以“孝悌”命名乡官，这是将孝道予以制度化的设计；东汉时期，还将“孝廉”视为人才考核选拔的标准，“故汉制使天下诵《孝经》，选吏举孝廉”[④]。汉代选官的标准引领了当时的社会风尚和价值取向，将个人道德修养提到了前所未有的高度。魏晋南北朝时期的九品中正制也是类似的选人制度。君子是道德典型，君子从政往往能够教化百姓，移风易俗。

君子除了在传统政治中发挥德行示范的作用外，还具有修身、齐家、治国、平天下的使命和政治抱负。他们具有强烈的社会责任感，正所谓“天下兴亡，匹夫有责”；他们具有“与民同乐、体察民情”的恻隐之心；他们也具有“先天下之忧而忧，后天下之乐而乐”的胸怀和境界。家事国事天下事，事事关心，这是古代君子关心国家大事的写照。儒学有着强烈的入世情怀，在此感召下，古代君子往往具有积极的入世心态，“学而优则仕”，这在一定程度上保证了政治人才队伍的数量和质量。

（四）天下大同的社会理想

古代天下大同的社会理想，是从古至今人民的愿望和追求。《礼记・礼运》中集中阐释了大同社会：“大道之行也，天下为公。选贤与能，讲信修睦，故人不独亲其亲，不独子其子。使老有所终，壮有所用，幼有所长，矜寡、孤

---

① 杨伯峻.论语译注[M].北京：中华书局，2006：145.

② 杨伯峻.论语译注[M].北京：中华书局，2006：152.

③ 杨伯峻.论语译注[M].北京：中华书局，2006：2.

④ 〔南朝宋〕范晔，撰.后汉书[M]. 郑州：中州古籍出版社，1999：282.

独、废疾者，皆有所养。男有分，女有归。货，恶其弃于地也，不必藏于己；力，恶其不出于身也，不必为己。是故谋闭而不兴，盗窃乱贼而不作。故外户而不闭，是谓大同。”① 古代大同思想描述的社会有以下三个特征：

1. 对“天下为公”的向往

“天下为公”表达了对原始社会公有制的向往。在原始社会，生产力低下，实行绝对的平均主义和公有制。在封建社会，农民饱受剥削和压迫，尤其是土地兼并严重的时候，经常出现“富者田连阡陌，贫者无立锥之地”的现象。对土地的平均分配，是“天下为公”的具体化和现实化的一种形式。如太平天国运动纲领中，“凡天下田，天下人同耕”和“无处不均匀”的原则，都是“天下为公”思想的反映。在当今社会，“天下为公”是人民对共同富裕的期盼，是对共享社会发展成果的期待。

2. 对公平正义的追求

公平正义是民心所向。大同社会实行的是“贤人政治”，任用贤才，“选贤举能”，这能够营造风清气正的政治环境，避免出现昏君误国、政治腐败的危险。我国的选官制度经历了贵族世袭制、军功爵制、九品中正制、科举制等多种形式。长期实行科举制，打破了贵族世袭的特权，使得底层的人才有机会进入仕途，保证了古代政治人才队伍的质量和数量，体现了公平公正的原则。

3. 对社会和谐、安定有序的诉求

孔子非常重视社会安定和谐，“不患贫而患不安”②，社会和谐安定是社会发展的前提。大同社会，个体的道德素质普遍较高，人们能够做到“讲信修睦”，社会达到“路不拾遗”“夜不闭户”、有序安定的治理效果，人们享有较高的安全感和幸福感。

（五）法治思想的发展演变

中国法治起源于荀子的礼治思想。荀子最早将礼与法结合起来，主张以法治充实礼治。在封建宗法制完备的时代，礼是调节人际关系的规范，婚丧嫁

---

① 〔元〕陈澔，注．礼记[M]．金晓东，校点．上海：上海古籍出版社．2016：248.

② 杨伯峻．论语译注[M]．北京：中华书局，2006：195.

娶、射箭饮酒、宴会祭祀都有一系列的礼仪[①]，而荀子把礼延伸成法，提出用人之法、奖惩之法、正名之法等规约。荀子与韩非子是师徒关系，荀子的思想启发了韩非子。总体而言，荀子的法治仍属于儒家的范畴，即“以法为末，以人为本”[②]，强调人治在社会治理中的重要作用，将人治作为根本，将法律作为手段。

法家对法治思想有极大的理论贡献，并且将法治上升到国家治理的层面，古代的秦朝就是以法家思想为主导思想的典型代表。法家倡导的法治中包含了一定的现代法律精神，如强调法律的权威性，将赏罚作为法律执行的结果，以期收到令行禁止的效果；又如强调法律的普遍性，接近于现代法律面前人人平等的原则。商鞅主张“壹刑”，无论亲疏贵贱，法律一视同仁，“所谓壹刑者，刑无等级。自卿相将军以至大夫庶人有犯国禁，乱上制者，罪死不赦”[③]，这和《礼记》记载的“礼不下庶人，刑不上大夫”[④] 有着巨大的反差，《礼记》中的刑罚对不同阶层的群体予以区别对待。《史记》中评价商鞅之法“法令必行，内不阿贵宠，外不偏疏远”[⑤]。但是，法家思想存在一定的局限性，实行严刑峻法，排斥德治和仁义，这是商鞅“重刑罚轻罪”思想的延续，司马迁在《史记·酷吏传》中对此也有所描述。

随着朝代更迭，德治和法治走向了融合。从唐代治国理政的实践中可以看出，德治和法治互为补充，发挥了积极作用。“德礼为政教之本，刑罚为政教之用”[⑥]，以德治为本，刑罚是德治的补充，这是当时社会的普遍认同。当时的百姓也普遍具有法律的基本观念，认为“律者天下之大信”，唐太宗也提到“法者非朕一人之法，乃天下之法”[⑦]，立志达到“大明无偏照，至公无私亲”的境界。可以说，唐代的繁荣昌盛与当时完备的法律制度建设紧密相关。

古代大量的法典文献、司法实践以及传统法治思想，为中国特色社会主义

---

① 萧公权. 中国政治思想史[M]. 北京：新星出版社，2010：74.

② 萧公权. 中国政治思想史[M]. 北京：新星出版社，2010：77.

③ 萧公权. 中国政治思想史[M]. 北京：新星出版社，2010：160.

④ 〔元〕陈澔，注. 礼记[M]. 金晓东，校点. 上海：上海古籍出版社. 2016：27.

⑤ 〔汉〕司马迁. 史记(第七册)[M]. 北京：中华书局，1959：2238.

⑥ 刘俊文. 唐律疏议笺解(上) [M]. 北京：中华书局 1996：3.

⑦ 〔唐〕吴兢. 贞观政要[M]. 葛景春，张弦生，注译. 郑州：中州古籍出版社，2005：194.

法治思想和法治建设提供了资源，在新时代推进国家治理现代化的进程中，法治的建设和完善应该尊重我国的历史传承，立足于对古代法治遗产的批判继承的基础之上。

(六)“无为而治”的智慧

无为的思想始于老子，在后世发展中，它作为一种政治理念逐渐和其他思想融合，成为政治哲学的一部分。老子的“无为而治”源于他对“道”的阐释，“道生一，一生二，二生三，三生万物”①。“道”是万物的起源，也是万事万物运行的抽象客观规律，从“道”衍生出来的规律就是“天道”。老子认为，天道不可违逆，“人道”也应该遵循天道，因此人不能胡乱妄为。老子所处的时代是一个政治黑暗、战火频仍的时代，诸侯国之间兼并战争不断，他看到统治者为一己之私欲吞并其他小国的阴谋，看到百姓因此饱受战乱之苦，所以他的出发点是劝告统治者“无为而治”，具体原则就是“三去”。“去甚，去奢，去泰”②，要求统治者勤俭节约，轻徭薄赋，谨慎用民。老子曰：“治大国若烹小鲜”③，他认为治理国家像烹小鲜一样，应该小心谨慎，不能任意妄为。统治者应该谨言慎行，政策法令的施行应该考虑到对国家和百姓的影响。除此之外，老子还有一种朴素的共同富裕的愿望，“天之道，损有余而补不足。人之道则不然，损不足以奉有余”④。他反对富者愈富、贫者愈贫的现象，希望能够达到一种平衡，防止贫富差距过大。老子的思想充满了辩证法的智慧，他认为事物发展到极端时往往就走向了事物的反面，他敏锐地发现国家政治中的悖论——“法令滋章，盗贼多有”⑤。越是施行严刑峻法、繁复的法令的国家，盗贼越多，老子通过辩证法指出了国家法令的弊端。

庄子在继承老子思想的基础上有所发展。《庄子》中提倡自然至上的观念，所有人在自然面前都是平等的，“天地之养也一，登高不可以为长，居下不可

① 〔汉〕河上公. 老子[M]. 〔三国〕王弼，注. 刘思禾，校点. 上海：上海古籍出版社，2013：96.

② 〔汉〕河上公. 老子[M]. 〔三国〕王弼，注. 刘思禾，校点. 上海：上海古籍出版社，2013：61.

③ 〔汉〕河上公. 老子[M]. 〔三国〕王弼，注. 刘思禾，校点. 上海：上海古籍出版社，2013：153.

④ 〔汉〕河上公. 老子[M]. 〔三国〕王弼，注. 刘思禾，校点. 上海：上海古籍出版社，2013：204.

⑤ 〔汉〕河上公. 老子[M]. 〔三国〕王弼，注. 刘思禾，校点. 上海：上海古籍出版社，2013：143.

以为短”[①]，从这一理念出发，君主没有高于其他人的特权，庄子对君主之私进行了猛烈的批判，认为君主荒淫无度的行为祸国殃民。

“无为而治”的思想在春秋战国时期并未受到统治者的重视，直到汉初，国家处于百废待兴的状态，当时的统治者采取了“休养生息”的政策，减少政府干预，有效地恢复了经济，为汉朝日后的繁荣昌盛打下了坚实的基础，这实际上就是“无为而无不为”的智慧。

二、习近平关于社会治理论述的理论贡献

习近平总书记曾指出：“中国优秀传统文化的丰富哲学思想、人文精神、教化思想、道德理念等，可以为人们认识和改造世界提供有益启迪，可以为治国理政提供有益启示，也可以为道德建设提供有益启发。”[②] 中华优秀传统文化中丰富的思想资源，是我国文化创新的基础，也为治国理政提供了启示，习近平关于社会治理的重要论述自觉继承和发展了中华优秀传统文化中的有益因素。

（一）社会治理的目标和价值基础

社会治理属于社会建设的一部分，党的十九大对社会建设提出了明确的目标要求：“到 2035 年，我国现代社会治理格局基本形成，社会充满活力又和谐有序；到本世纪中叶，我国社会文明将全面提升，人民将享有更加幸福安康的生活。”[③] 社会治理的目标与中国特色社会主义的总任务是一致的，即“实现社会主义现代化和中华民族伟大复兴，在全面建成小康社会的基础上，分两步走在本世纪中叶建成富强民主文明和谐美丽的社会主义现代化强国”[④]。这是我国迈向共产主义的伟大理想的必由之路，是人民的共同期盼，一定程度上延

---

① 方勇，译注. 庄子[M]. 北京：中华书局，2010：405.

② 习近平. 在纪念孔子诞辰 2565 周年国际学术研讨会暨国际儒学联合会第五届会员大会开幕会上的讲话[N]. 人民日报，2014-09-25.

③ 中共中央宣传部. 习近平新时代中国特色社会主义思想三十讲 [M]. 北京：学习出版社，2018：239.

④ 习近平. 决胜全面建成小康社会　夺取新时代中国特色社会主义伟大胜利——在中国共产党第十九次全国代表大会上的报告[M]. 北京：人民出版社，2017：19.

续了大同社会理想。

社会治理必须坚持社会主义核心价值观，而中华优秀传统文化是涵养社会主义核心价值观的重要源泉。习近平总书记指出：“富强、民主、文明、和谐，自由、平等、公正、法治，爱国、敬业、诚信、友善，传承着中国优秀传统文化的基因，寄托着近代以来中国人民上下求索、历经千辛万苦确立的理想和信念。”① 核心价值观是全国各族人民的共同价值取向，是国家、社会、公民三个层面的价值理念，与中华历史文化相契合，同时也与时代精神相结合。在推进社会治理现代化的过程中，必须用社会主义核心价值观凝聚共识，因为核心价值观回答了我们要建设什么样的国家、建设什么样的社会、培育什么样的公民的重大问题②，这样可以避免社会建设走弯路，更好地推进社会建设现代化。

（二）切实改善和保障民生

我国是社会主义国家，人民当家作主，社会治理的根本出发点是站在人民的立场上的，习近平总书记强调，“让百姓过上好日子是我们一切工作的出发点和落脚点”③，要在发展中保障和改善民生，不断促进社会公平正义，解决人民的现实利益问题，保障和发展人民的权益，从而维护社会稳定，促进社会和谐。保障和改善民生是推进社会治理的基础和前提，新时代人民的利益和需求呈现新特征。

1. 务实求新

古代的民本思想主要关注百姓的温饱问题，新时代的民本思想主要关注人的全面发展，对人权的保护更加全面、深入。古代民本思想植根于农业社会，着眼于解决百姓的温饱问题。古代政府往往采取减轻徭役税收的方式减轻百姓

---

① 习近平. 青年要自觉践行社会主义核心价值观——在北京大学师生座谈会上的讲话[N]. 人民日报，2014-05-05.

② 中共中央宣传部. 习近平新时代中国特色社会主义思想三十讲[M]. 北京：学习出版社，2018：197.

③ 中共中央宣传部. 习近平总书记系列重要讲话读本（2016年版）[M]. 北京：学习出版社，人民出版社，2016：213.

的经济负担，采取一定的赈灾措施救济难民，这些古代民本思想的实践为我们提供了宝贵的经验。但是在当今后工业时代，我国社会的主要矛盾已发展为人民日益增长的美好生活需要和不平衡不充分的发展之间的矛盾。社会主要矛盾的论断看到了人民需求的发展变化，发展和保障民生的举措应当结合人民的需求和利益，从单纯保障温饱的物质层面，扩大到保障教育、就业、健康等和百姓生活息息相关的各个方面。这些都大大丰富了民本思想，体现了民本思想务实求新的特征。

2. 体系化和制度化

古代的民本思想大多停留在理论层面，在当时以人治为主的社会里，政策的颁布具有任意性，古代民本思想很难落到实处并付诸实践。相比之下，民本思想在当代的落实具有制度化和系统化特征，我国政府在制度建设中将民本思想落到了实处。在养老问题上，完善城镇职工基本养老保险和城乡居民基本养老保险制度；在失业保障上，完善失业、工伤保险制度；在住房保障上，加快建立多主体供给、多渠道保障、租购并举的住房制度。这些保障和发展民生的举措，涉及民生的各个方面，着眼于人民群众的实际利益需要，更加注重政策实行的实际效果。

（三）重视基层社会治理

党的十九大报告指出，“加强社区治理体系建设，推动社会治理重心向基层下移”①，在这里，“基层”是指城市社区和农村村镇。习近平曾说，“基础不牢，地动山摇”，基层治理对构建安定有序又充满活力的社会具有重要意义。我国城镇化进程迅速，大量农村人口进城务工，一些地区的农村处于经济凋敝、缺乏生气的状态。基层政府长期采用行政命令为主的管理方式，部分地区村民或居民自治的参与度不高，有些地区群众的政治素养不高，基层自治很难发挥实际的效果，久而久之，一些地方性的矛盾和冲突难以得到有效解决。这表明，基层治理亟须转变理念，向古代基层治理借鉴经验，走中国特色的基层

---

① 习近平.决胜全面建成小康社会　夺取新时代中国特色社会主义伟大胜利——在中国共产党第十九次全国代表大会上的报告[M].北京：人民出版社，2017：49.

治理之路。古代基层治理从以下三个层面为我们提供了可借鉴的方法：

1. 重视发挥人才的作用，鼓励优秀人才回报家乡

在古代基层，“皇权不下县，县下皆自治”是普遍存在的现象，虽然中央会设立基层政府，比如秦朝设立三老，汉代曾设孝悌、力田，明初采取“老人制”，但实际上地方乡绅发挥了更大的作用，他们共同执掌地方教化，调节民间纠纷，在经济上指导农业发展，共同应对自然灾害。地方乡绅能够为基层带来活力，在文化和经济上维系基层社会的稳定发展。

2. 重视乡规民约的制定

我国保存有许多乡规民约文献，比如王守仁的《南赣乡约》、黄佐的《泰泉乡礼》等。清代出现了更多乡约，皇帝更加重视利用乡约宣读圣谕，如康熙帝发布“十六条圣谕”，雍正帝颁布“圣谕广训”。古代的乡约基本上都是建立在传统儒家思想的基础上的，十分重视道德约束人心的作用。费孝通曾说过，在乡下，道德反而比国家法律更有约束力，这为当下我国转变基层治理方式提供了具体可行的思路。但是，值得注意的是，古代的乡约具有一定的历史局限性，必须进行合理的转化，形成符合社会主义核心价值观和时代精神的新时代乡约，确保制定的乡约既能规范当地的行为，又能引导当地人民在思想上认同社会主义核心价值观。

3. 重视地方教化和移风易俗

古代基层治理中十分重视教化的作用，古代的教化是以儒家伦理道德为主的教化。东汉时期，皇帝下令规定地方官员有教化百姓的责任，“盖君人者，视民如父母，有憯怛之忧，有忠和之教”①。古代官员把教化当作引导百姓、改变地方风气的方式，尤其是在偏远地区，当地百姓的知识文化水平普遍较低，被贬谪的官员往往被发配到偏远之地，他们便带领当地村民进行基础设施建设，促进经济发展，兴办学校，制定村规民约，重视对当地百姓的教育。苏轼曾被贬儋州（今海南），他在当地兴办学堂，破除当地迷信，大大提高了当地百姓的知识水平，起到了开化民风的效果，对当地治理发挥了重要作用。

---

① 〔南朝宋〕范晔.后汉书(第一册)[M].〔唐〕李贤，等注.北京：中华书局，1965：154.

（四）营造社会和谐和安全环境

和谐是习近平新时代中国特色社会主义思想中的一个关键词。和谐是处理各种复杂关系的最高境界，这与我国传统文化讲求“中庸”“和为贵”是一脉相承的。在新的历史阶段，习近平的和谐思想被赋予更多的内涵。和谐既包括内部社会安定有序，也要求外部环境和平。和平的外部环境是社会治理的必要条件之一，而内部社会安定有序则是社会治理追求的效果之一。只有在和平的环境下，才有可能进行社会建设，否则“倾巢之下，岂有完卵”；而只有安定有序的国内环境，才能保障国家的现代化建设，才能为进一步改革开放提供必要的环境。

在社会安定方面，古代大同社会用“夜不闭户”来形容社会的良好治安状况。党的十九大报告明确指出：“加快社会治安防控体系建设，依法打击和惩治黄赌毒黑拐骗等违法犯罪活动，保护人民人身权、财产权、人格权。”[①] 良好的社会治安是人民幸福感、安全感最直接的体验，是国家保障人民财产安全的实际举措。另外，建设和谐社会必须重视处理人民内部矛盾。在古代，和谐是处理人际关系的准则，中庸是为人处世的准则。如今，国家十分重视处理人民内部矛盾，重视解决群众的实际利益诉求，“维权是维稳的基础，维稳的实质是维权。对涉及维权的维稳问题，首先要把群众合理合法的利益诉求解决好。单纯维稳，不解决利益问题，那是本末倒置，最后也难以稳定下来”[②]。重视从根源找对策，这正是体现了社会治理中的源头治理原则。

三、习近平关于社会治理的重要论述的实践创新

习近平曾指出：“在独立自主的立场上把他人的好东西加以消化吸收，化

---

①　习近平.决胜全面建成小康社会　夺取新时代中国特色社会主义伟大胜利——在中国共产党第十九次全国代表大会上的报告[M].北京：人民出版社，2017：49.

②　中共中央宣传部.习近平新时代中国特色社会主义思想三十讲[M].北京：学习出版社，2018：236.

成我们自己的好东西，但决不能囫囵吞枣、决不能邯郸学步。”[①] 我国的社会治理实践必然有着我国独特的历史文化传统和政治基础，因此决不能照搬西方的理论和制度。实践是理论发展的源泉和动力，党的十八大以来，在习近平关于社会治理的重要论述的指导下，我国社会治理方面的实践不断推进，新时代社会治理思想也在不断发展完善。

（一）改善民生的系列举措

保障民生是党和政府工作的重心，党和政府工作的宗旨就是全心全意为人民服务。习近平曾用典故来谈民生的重要性：“治政之要在于安民，安民之道在于察其疾苦。”[②] 党和政府始终心系人民群众，党的十九大报告提到，改善民生要“在幼有所育、学有所教、劳有所得、病有所医、老有所养、住有所居、弱有所扶上不断取得新进展”[③]。这关乎人民群众生存发展的方方面面，包括育儿、教育、就业、医疗、养老、住房、扶助弱势群体等，这些举措将保障弱者、贫者、无力者、无助者能够享受社会发展的成果，使他们感受到社会的温暖和关爱。保障民生在促进社会公平正义的同时，也有利于激发全社会的凝聚力和向心力，避免出现陌生人社会以及人际关系原子化的倾向。

习近平格外关心困难群众，并且下定决心攻坚脱贫，消灭贫困人口。随着经济的发展，我国贫富差距拉大、区域发展不平衡问题凸显，部分地区的贫困问题长期存在。“仓廪实而知礼节，衣食足而知荣辱”，物质是基础，因为物质匮乏而导致的社会问题不容忽视。贫困地区往往受到自然环境恶劣、资源短缺、基础设施薄弱等条件限制，形成贫困代际传递的恶性循环。以前的脱贫致富方式存在很大的局限性，大多通过直接的经济补助救济形式，难以实现真正的脱贫，不能做到“授人以渔”，因此很难帮助贫困人口通过自力更生、艰苦奋斗实现真正脱贫致富。党和政府在对贫困问题进行深入研究的基础上，寻找“穷根”，解决“谁来扶”“怎么扶”“如何退”等问题，出台多项举措进行精准

---

① 习近平.在庆祝全国人民代表大会成立60周年大会上的讲话[N].人民日报，2014-09-06.

② 人民日报评论部.习近平用典[M].北京：人民日报出版社，2015：11.

③ 习近平.决胜全面建成小康社会　夺取新时代中国特色社会主义伟大胜利——在中国共产党第十九次全国代表大会上的报告[M].北京：人民出版社，2017：23.

扶贫、精准脱贫。我国政府积极调动当地群众的积极性和主动性，结合当地的自然地理环境和文化传统，帮助当地群众创业，进行精准扶贫并且积极开展当地的文化建设，发展教育事业，坚持扶贫先扶智的理念，取得了伟大的成就，为世界解决贫困问题提供了中国经验。

（二）基层社会治理的推进

习近平曾指出："要坚持从国情出发、从实际出发，既要把握长期形成的历史传承，又要把握走过的发展道路、积累的政治经验、形成的政治原则，还要把握现实要求、着眼解决现实问题，不能割断历史，不能想象突然就搬来一座政治制度上的'飞来峰'。"① 我国基层治理是社会治理的重心，基层治理中的具体问题呈现多样性、复杂性的特征，但是也存在一些普遍性的问题，比如群众自治的参与度和积极性较低，基层政府的管理方式单一，城镇化进程中社区过于松散，群众的民主决策、民主管理、民主选举、民主监督无法真正实现，基层治理过程中缺乏一定的经济基础，很难解决群众的困难和需求。我国过去的基层治理中存在的种种问题制约了基层的发展，自从党的十八大以来，全国多地对基层治理进行了尝试，其中有些地区的社会治理已经成为全国的示范典型。对成功的基层治理案例进行分析总结，可以将基层治理的成功经验总结为以下六个方面：

1. 以优秀传统文化推进基层治理

在推进基层治理的过程中，应当重视并挖掘优秀传统文化。当地政府应当通过开展多种形式的文化活动，满足人民群众的精神文化需求，强化基层治理效果。"首善之区"曲阜市是孔子的故乡，有着历史悠久的儒家文化传统。当地政府积极举办以儒学为主题的节日，如孔子文化节、百姓儒学节，选取的节庆活动主题贴近百姓生活，融纪念、文化、旅游、学术、艺术、经贸、科技活动于一体，内容丰富多彩，调动了当地群众参与的积极性。除了节庆活动，当地政府还开展了以儒学为主题的活动，如《论语》六进活动、乡村儒学讲堂、世界儒学大会等，引导当地人民群众学习儒学典籍，领悟儒家经典著作，收到

① 习近平.在庆祝全国人民代表大会成立60周年大会上的讲话[N].人民日报，2014-09-06.

了良好的社会效果。

2. 建设“服务型”政府，创新政府工作方式

在“服务型”政府建设中，各地积极创新工作方式。南通市港闸区秦灶街道党工委实行“三所共建”社会治理新模式，在党委领导下，对派出所、司法所、律师事务所进行共同建设，这样既能够为居民提供综合服务，提高解决群众矛盾和冲突的效率，也有利于构建一个安定有序的居民生活环境。成都市颁布《成都市政府购买服务暂行办法》，积极引导社会组织参与社会治理，并且设立扶持专项资金，由政府购买社会服务，增强了政府的服务职能。

3. 调动群众参与自治的积极性

各地通过多种方式调动群众参与社会治理的积极性，引导群众关心并且解决关系切身利益的实际问题。在自我管理、自我服务的过程中，群众对社区慢慢形成归属感和认同感，社区共同体逐渐形成，这对个体的社会心态产生了积极的影响。四川省江油市推广“单元化联户共建共享工程”，以实际问题为导向，通过“五联创建”，即环境联治、平安联创、困难联帮、致富联带、新风联树，调动起群众自治的热情。四川省崇州市利用当地旅游发展的契机，开展“新荷人家”农村家庭发展项目，在调动群众参与新农村生态旅游建设的同时，增强了群众之间的互动性，让群众之间更加亲近、团结。

4. 把社会主义核心价值观作为思想基础

新时代基层治理不能简单重复古代传统，必须结合实际，推陈出新，在传统文化转型的过程中坚持正确的价值观念。社会主义核心价值观为基层社会治理提供了思想基础。社会主义核心价值观应当深入日常生活的价值层面和行动层面，弘扬正能量和主旋律，从而使群众自觉抵制错误思想和负面价值的不良影响。各地在推进基层社会治理的同时，要注重将社会主义核心价值观具体化、生动化、日常化，以群众喜闻乐见的方式，潜移默化地进行价值观的引导。

5. 注重法治和德治的结合与互补

在基层社会治理中，道德和法律的关系相辅相成，习近平指出：“法律是成文的道德，道德是内心的法律。法律和道德都具有规范社会行为、调节社会关系、维护社会秩序的作用，在国家治理中都有其地位和功能。法安天下，德润人心。法律有效实施有赖于道德支持，道德践行也离不开法律约束。法治和

德治不可分离、不可偏废，国家治理需要法律和道德协同发力。”① 在基层社会治理中，各地十分注重法治和德治的结合，自觉拥护和遵守宪法和法律，通过出台村规民约的形式制定成文的道德规范，通过多种具体生动的形式培养群众的道德自觉。南通市崇川区虹桥社区提出法治为纲、德治为魂、服务为本、自治为基“四位一体”的基层治理新体系，发挥德法共治的作用，构建安全和谐的社区，几乎实现了零犯罪率，收到了良好的治理效果。

6. 重提家风和家训

重视家庭观念，让家庭建设促进基层道德建设。古代的家风家训多有道德教化的意义，如《颜氏家训》《曾国藩家书》等，应该继承古代家风家训中的优良传统，让中华传统美德融入每一个家庭的教育之中，使德育产生耳濡目染的良好效果。邹城作为亚圣孟子的出生地、孟母教子故事的发生地，当地政府利用地域文化优势，大力弘扬优秀家风家训，推出全国首部孟子主题动画片——《孟子学堂》，并与《齐鲁家风》纪录片签约，全面启动《孟子家风》专题片，让群众在潜移默化中感受家风力量、接受家风教育。邹城市开展家风家训征集活动，先后涌现了“上九山村郑氏家族诚信传家”“北齐村齐氏家族孝贤治家”“后八村宋氏家族忠厚传家”等优秀家风家教故事。

（三）推进诚信建设制度化

诚信是社会主义核心价值观的一部分，习近平曾引用《论语》中的一句话来强调诚信的重要性，即“人而无信，不知其可也”②。我国优秀传统文化中有悠久的诚信文化，在民间流传着大量关于诚实守信的典故。比如季布“一诺千金”、曾子杀猪、商鞅“立木取信”；也有失信的反面教训，如周幽王“烽火戏诸侯”。我国古代诚信文化主要是一种道德的约束，诚信社会的构建主要靠个体的道德自觉，没有成熟的信用体系，也没有具体可行的诚信奖惩办法。古代诚信文化体现在个体道德、家风家训、行业规范三个价值层面。诚信是个人

① 习近平. 习近平谈治国理政(第二卷)[M]. 北京:外文出版社,2017:133.

② 习近平. 构建中巴命运共同体 开辟合作共赢新征程——在巴基斯坦议会的演讲[N]. 人民日报,2015-04-22.

道德修养中必不可少的一部分，诚信品质是为人之根本；家风家训对诚信十分重视，家庭教育传承了诚信文化；另外还有行业性的诚信规约，比如以重信誉闻名的晋商的诚信规约。晋商因为恪守诚信而赢得社会的一致认可，能够成功创办票号，发挥类似于银行的功能。诚信是行业发展的基石，但是古代自发性的诚信建设，已经不能适应现代社会。因为古代以乡土社会为基础，是一种典型的熟人社会，费孝通指出，中国人的诚信似乎是天生的，因为彼此熟悉，所以能够建立信任，守诚信是熟人社会中约定俗成的规矩。但是在现代社会，不能仅仅传承传统诚信文化，还应当加强诚信法制建设。

2016 年 9 月，中共中央办公厅、国务院办公厅印发了《关于加快推进失信被执行人信用监督、警示和惩戒机制建设的意见》，规定了关于信用的奖惩措施，提高了失信的代价，提出要跨行业、多部门联合，建立信息共享平台，还要建立个人诚信记录，加强诚信法制建设和诚信文化建设。目前，“信用中国”网站已正式上线运行，网站提供企业信用状态公示和查询平台，及时发布关于诚信的政策文件，发布各地惩戒企业和个人失信的信息，分享诚信典故和诚信道德模范的先进事迹。许多地区还依托技术手段，建立诚信数据库，为高度复杂的现代社会构建完备的信用体系提供了可能。

(四) 引导社会组织健康发展

社会组织是推进社会治理的重要社会力量。我国古代有不同性质的社会组织，社会组织的存在有着深刻的社会历史背景。比如形成于明清时期的商帮，是由于当时工商业和市镇的繁荣，产生了一大批商人，这些商人经常性地从事全国性甚至世界性的商业贸易活动。为了维护商人团体的利益，沟通同乡感情，商人往往自发结成以血缘和地缘为纽带的商业性自治组织，即商帮。除了商帮，还有行业性的社会组织，被称为行会，如“金银行”“织棉行”等。古代还有传统慈善机构和组织，如南北朝时期的孤独园、唐宋时期的悲田院和福田院、明清时期的养济院与粥厂等。古代社会组织的实践为我们提供了丰富的社会组织文化和经验，但是这些古代社会组织的形式和内容都需要进行现代化转型，以适应新时代的发展要求。

过去我国社会组织缺乏法律规范、政府引导，有些社会组织带有行政特点，自身发展不够健全，这些问题制约了社会组织的发展壮大，无法发挥其真正作用，因此不利于推动社会治理。面对社会组织中存在的这些问题，我国在2016年出台了《关于改革社会组织管理制度促进社会组织健康有序发展的意见》，并且建设了中国社会组织网。该意见提出了社会组织发展的总体目标是："到2020年，统一登记、各司其职、协调配合、分级负责、依法监管的中国特色社会组织管理体制建立健全，社会组织法规政策更加完善，综合监管更加有效，党组织作用发挥更加明显，发展环境更加优化；政社分开、权责明确、依法自治的社会组织制度基本建立，结构合理、功能完善、竞争有序、诚信自律、充满活力的社会组织发展格局基本形成。"① 新时期的社会组织发展必须坚持党建引导，建立健全制度和法律监管，正确处理好政府和社会的关系，推进行业协会、商会与政府机关脱钩。在中国社会组织网上，政府对社会组织违法事件进行曝光，严厉打击违法犯罪行为，并且公示山寨、离岸的社会组织黑名单。为了促进社会组织科学发展，中国社会组织促进会主办《中国社会组织》理论刊物，举办社会组织学术研讨会，提高关于社会组织理论的研究能力和水平。

四、新时代下优秀传统文化与社会治理

（一）面向新时代的现代社会治理

新时代背景下的现代社会治理，将形成相应的社会治理文化。在汲取中华优秀传统文化的思想精华和道德精髓的基础上，随着实践的深入，现代社会治理将会不断发展具有新时代精神的社会治理文化，如互联网治理文化、大数据治理文化、基层治理文化等。现代社会治理的推进以理念创新为先导，讲求行动科学的系统性、动态性过程。实践是检验真理的唯一标准，在这个过程中，关于社会治理的理念、思路、方法必将经受检验和改进，深层次的文化和社会

① 中共中央办公厅，国务院办公厅. 关于改革社会组织管理制度促进社会组织健康有序发展的意见[EB/OL].（2016-08-21）. 中国政府网，http://www.gov.cn/xinwen/2016-08/21/content_5101125.htm.

因素将被纳入社会治理效果的考量之中。在此过程中，社会治理文化也会不断更新、不断深化，为中华优秀传统文化的转化和发展提供不竭动力，同时，也会为新时代的社会治理提供理论和方法的内在文化支撑。

新时代背景下的现代社会治理，将促进社会和谐，推动社会文明建设。现代社会治理的方向是打造共治共享的社会治理格局，完善党委领导、政府负责、社会协同、公众参与、法治保障的社会治理体制①，这有利于调动社会各方力量，在党委领导、政府负责下共同参与社会治理。这样不仅能够调动社会各方力量参与社会事务的积极性，而且有利于化解多发的社会矛盾，保障不同主体的多元化利益，减少社会不稳定因素，促进社会和谐。高度的社会文明是社会建设的理想和目标，是古代大同社会理想的现代表达，是中华民族从古至今的社会追求和期盼。现代社会治理是对传统文化中古代社会治理的扬弃：继承历史传统，能够让现代社会治理更契合中国社会的语境；摒弃古代的糟粕，能够使现代社会治理跳出传统的窠臼，与时俱进，灵活应变。以大同社会理想作为文化支撑的社会和谐和社会文明建设，是社会治理走向现代化、走向新时代的文化内核。

新时代背景下的现代社会治理，将进一步坚定道路自信，为全球治理提供启示和中国方案。社会治理的现代化是国家治理体系和治理能力现代化的重要内容，是完善和发展中国特色社会主义制度的必然要求。社会治理现代化的推进，有利于坚定制度自信和道路自信。现代社会治理属于我国国内社会建设的范畴，全球治理属于全球治理体系的范畴，二者相互关联、相互区别。现代社会治理和全球治理都应当借鉴中华优秀传统文化的智慧。“推动全球治理理念创新发展，积极发掘中华文化中积极的处世之道、治理理念同当今时代的共鸣点，努力为完善全球治理贡献中国智慧、中国力量。”②现代社会治理的理念是共建、共治、共享，全球治理观是共商、共建、共享，二者的治理理念存在相同之处。我国现代社会治理的理论和经验，将为全球治理提供启示。

---

① 中共中央宣传部.习近平新时代中国特色社会主义思想三十讲［M］.北京：学习出版社，2018：239.

② 中共中央宣传部.习近平新时代中国特色社会主义思想三十讲［M］.北京：学习出版社，2018：296.

（二）优秀传统文化推进社会治理的路径

对优秀传统文化的创造性转化和创新性发展，将为现代社会治理清除思想文化上的阻碍提供文化层面的推动力。自鸦片战争以来，我国无数仁人志士为救国提出了许多政治和经济改革方案，但大多以失败告终。知识分子开始从中华传统文化上寻找失败的根源，形成一股对传统文化的反思和批判浪潮。文化是属于上层建筑的范畴，文化作为一种精神力量，具有相对独立性，与经济发展并不一定保持一致。在我国经济迅猛发展的同时，文化建设则相对落后，传统文化中存在着不符合时代精神和中国精神的内容，这其实构成了推进社会治理现代化思想文化层面的阻碍。社会治理现代化的推进，必须建立在对传统文化再认识的基础之上，在价值层面，应该用社会主义核心价值观凝聚文化向心力，以此作为对传统文化进行再认识、再发掘的价值判断标准，积极运用优秀传统文化的智慧推进社会治理现代化。

优秀传统文化中的政治思想资源，将为现代社会治理提供理念上的启示。我国古代治理思想注重整体性、系统性，强调教化、道德、制度和法律等多种治理思路并用，并且注重从个体的思想品德着手，重教化，以文化人，把个人品德修养和家庭伦理规范放在社会治理的起点，构建了一套“修齐治平”、从个体到家庭再到国家社会的治理体系。当下我国社会治理“坚持把专项治理与系统治理、综合治理、依法治理、源头治理结合起来”①，这表明我国社会治理更加注重整体性、系统性、法治化、合理化，注重家庭和家风建设，重视个体思想道德建设，这些是古代政治思想智慧的延续。

优秀传统文化中丰富的社会治理实践案例，将为现代社会治理的方式创新提供灵感。中华文明绵延不断，比较注重历史文献的书写和保存，留存的古代法律文献、地方志、村规民约、家风家训具有较大的研究价值，如果能从中挖掘出具有推广意义的治理方案，或者是符合地方特色的治理案例，将有利于创新现代社会治理方式。古代社会的治理经验，经由历史传承和演变，更具有地方性、民

① 中共中央宣传部.习近平新时代中国特色社会主义思想三十讲［M］.北京：学习出版社，2018：235.

族性特征，因此不能直接照搬到现代社会治理之中，必须经过合理转化，将其上升为具有普遍性的治理模式，这样才具有推广的价值和意义。人类文明已经从农业文明、工业文明，步入了后工业文明的历史阶段，古代社会的治理经验在过去取得成功，并不意味着在新时代的语境下能够行之有效，因此对古代成功社会治理经验的转化应该考量当下的新时代背景，不能忽略新时代背景下社会治理面临的前所未有的挑战和困难。借鉴古代经验，并不意味着处于传统的束缚之中，而是应该采取面向新时代和为我所用的态度，利用好古代社会治理的经验和智慧。

社会治理是国家治理的重要领域，社会治理现代化是国家治理体系和治理能力现代化的题中应有之义。“加强和创新社会治理，逐步实现社会治理结构的合理化、治理方式的科学化、治理过程的民主化，将有力推进国家治理现代化的进程。”① 我国现存社会制度和体系中存在的不成熟的方面，阻碍了我国改革开放的深入和社会的发展，习近平总书记曾经深入剖析：相比我国经济社会发展和人民群众的要求，相比当今世界日趋激烈的国际竞争，相比实现国家长治久安，我们在国家治理体系和治理能力方面还有许多亟待改进的地方，我们的制度还没有达到更加成熟更加定型的要求，有些方面甚至成为制约我们发展和稳定的重要因素。② 在充分认识到我国国家治理存在的不足和问题的基础上，针对社会治理存在的问题，各级政府自觉吸收了中华优秀传统文化中关于社会治理的智慧，贡献了一系列关于社会治理的理论，丰富了中国特色社会主义理论体系。在习近平系列讲话精神的指导下，党的十八大以来社会治理的相关实践不断展开，各地在继承了优秀传统社会治理文化的同时，发展出新时期的社会治理文化，这为实现中华优秀传统文化的创造性转化、创新性发展提供了一系列生动、典型的案例。

---

① 中共中央宣传部.习近平新时代中国特色社会主义思想三十讲[M].北京:学习出版社,2018:234.

② 习近平.完善和发展中国特色社会主义制度　推进国家治理体系和治理能力现代化[N].人民日报,2014-02-18.

第六讲　习近平生态文明思想对传统生态文化的承续与发展

一、习近平新时代生态文明思想与传统生态文化概说

（一）习近平新时代生态文明思想

“绿水青山就是金山银山”是习近平同志从地方到中央工作过程中一以贯之的工作理念。中国特色社会主义进入新时代后，这一理念逐渐成为由工业文明转向生态文明“条件论”“实现论”的著名科学论断。基于这一科学论断的习近平生态文明思想，大致可以概括为：生态发展观、生态民生观和生态制度观。

习近平总书记在党的十九大报告中指出：“建设生态文明是中华民族永续发展的千年大计。必须树立和践行绿水青山就是金山银山的理念，坚持节约资源和保护环境的基本国策，像对待生命一样对待生态环境，统筹山水林田湖草系统治理，实行最严格的生态环境保护制度，形成绿色发展方式和生活方式，坚定走生产发展、生活富裕、生态良好的文明发展道路，建设美丽中国，为人民创造良好生产生活环境，为全球生态安全作出贡献。”① 这段话是习近平生态文明思想的综合表达，既有尊重自然前提下发展经济的生态发展观，又有改善环境为人民谋福祉的生态民生观，还表达了建立生态保障制度的生态制

① 习近平.决胜全面建成小康社会　夺取新时代中国特色社会主义伟大胜利——在中国共产党第十九次全国代表大会上的报告[M].北京：人民出版社，2017：23-24.

度观。

第一，生态发展观。生态发展观是指人、自然、社会和谐发展。习近平总书记指出："我们既要绿水青山，也要金山银山。宁要绿水青山，不要金山银山，而且绿水青山就是金山银山。"① 这段话深刻说明了经济发展与生态保护之间的关系。我们再不要走之前"先污染后治理"的老路，要走可持续发展的绿色发展之路。在尊重自然规律的基础上，经济增长方式要从粗放型经济发展模式转变为集约型经济发展模式，以科学的生态理念和方法协调经济发展与生态环境之间的矛盾。当二者发生矛盾时，习近平指出："决不以牺牲环境为代价去换取一时的经济增长。"② "在鱼和熊掌不可兼得的情况下，我们必须懂得机会成本，善于选择……让绿水青山源源不断地带来金山银山。"③ 这种以生态环境减负为目标，让经济生产与生态环境和谐发展的生态发展观是习近平生态文明思想的重要内容。

第二，生态民生观。保护环境，改善民生，让人民群众过上美好的生活，这是习近平生态文明思想的又一重要内容。经过 40 年的改革开放，人民群众的物质生活有了极大的提高，对良好生态环境的要求愈发强烈和迫切。习近平深刻认识到生态环境与民生问题之间的关系，在省部级主要领导干部学习贯彻党的十八届五中全会精神专题研讨班上的讲话中，他说："环境就是民生，青山就是美丽，蓝天也是幸福……我们要坚持节约资源和保护环境的基本国策，像保护眼睛一样保护生态环境，像对待生命一样对待生态环境。"④ 只有恢复良好的生态环境，才能真正有效地改善民生。"我们要建设的现代化是人与自然和谐共生的现代化，既要创造更多物质财富和精神财富以满足人民日益增长的美好生活需要，也要提供更多优质生态产品以满足人民日益增长的优美生态

---

① 中共中央宣传部．习近平总书记系列重要讲话读本(2016 年版)[M]．北京：学习出版社，人民出版社，2016：230．

② 习近平．习近平谈治国理政[M]．北京：外文出版社，2014：209．

③ 习近平．之江新语[M]．杭州：浙江人民出版社，2007：153．

④ 中共中央文献研究室．习近平关于社会主义生态文明建设论述摘编[M]．北京：中央文献出版社，2017：12．

环境需要”[1]，让人民群众拥有清新空气、清洁水源、安全食品和优美环境是习近平生态文明思想关注民生福祉的集中体现。

第三，生态制度观。生态环境保护要想取得理想效果，就必须建立健全可行的生态制度。党的十八大以来，生态环保制度建设不断健全，党的十九大进一步提出“改革生态环境监测体制”。“习近平强调，要想对生态环境进行保护，就必须建立健全而可行的法律以及公正有效的制度，只有这样才能更好地服务于生态文明建设。”[2] 有规矩才成方圆。环境保护要想收到理想效果，必须健全和完善环境保护制度，做到环境保护有法可依、有法必依、执法必严、违法必究。

2018 年 5 月 18 日至 19 日，全国生态环境保护大会在北京召开。这是在我国社会主要矛盾出现新变化、社会主义建设进入新时代的背景下，具有历史性里程碑意义的全国生态环境保护大会。大会确立了习近平生态文明思想是确保党和国家生态文明建设事业发展的强大思想武器、根本遵循和行动指南。

习近平新时代生态文明思想以马克思、恩格斯生态理论为理论基础，批判性地借鉴和吸收了当代世界生态文明理论，而中国传统文化中所蕴含的生态思想也是其重要的理论支撑。中华民族历来强调天人合一、尊重自然。可以说，习近平生态文明思想是以中华文明丰富的生态智慧为其土壤和文化基因的。

（二）中国传统文化中的“天人合一”生态观

习近平指出：“我们应该遵循天人合一、道法自然的理念，寻求永续发展之路。”[3] 习近平对传统文化中的生态思想十分熟悉和倚重。2013 年 5 月，习近平总书记在中央政治局第六次集体学习时指出：“我们中华文明传承五千多年，积淀了丰富的生态智慧。‘天人合一’、‘道法自然’的哲理思想，‘劝君莫打三春鸟，儿在巢中望母归’的经典诗句，‘一粥一饭，当思来处不易；半丝

---

① 习近平. 决胜全面建成小康社会　夺取新时代中国特色社会主义伟大胜利——在中国共产党第十九次全国代表大会上的报告[M]. 北京：人民出版社，2017：50.

② 张华春，季璟. 浅析习近平新时代生态文明思想[J]. 西南石油大学学报(社会科学版)，2018(2).

③ 习近平. 共同构建人类命运共同体——在联合国日内瓦总部的演讲[N]. 人民日报，2017-01-20.

半缕，恒念物力维艰’的治家格言，这些质朴睿智的自然观，至今仍给人以深刻警示和启迪。”①

中国人的思维中，自古至今包含着“天人合一”的生态思想。“天”是天地的简称，即整个自然界。《庄子・天道》注：“天者，自然也。”② “天人合一”简而言之即自然与人和谐统一。中国古人“天人合一”的生态观是古人生态思想最集中的体现。

在《易经》中，八卦的每一卦都对应生态系统中的特定事物。如“乾”可代表天、父、马、首等。用自然界的不同事物对应不同的人以及人身体的不同部位，这本身就是“天人合一”的观念。八卦又被罗列起来而衍生为八八六十四卦。每一卦都由六爻组成。每一卦从最底层数起，初、二爻代表地，三、四爻代表人，五、上爻代表天，形成上为天、下为地、人居中的格局。《易传》解释这一布局：“《易》之为书也，广大悉备。有天道焉，有人道焉，有地道焉。兼三才而两之，故六。六者非它也，三才之道也。”③ 关于“三才之道”，《易传》解释道：“是以立天之道曰阴与阳，立地之道曰柔与刚，立人之道曰仁与义。”④ 天的阴阳、地的柔刚、人的仁义相对应、相统一。这正是“天人合一”观念的体现。

道家是先秦重要的学术流派。道家生态思想中最重要的概念是“自然”。道家讲的自然即宇宙本来的状态，也就是世间万事万物不经人为干预的、先天的、原始的存在状态。道家的生态哲学崇尚这种“自然”，以“自然”为根本，从“自然”出发，最终回归“自然”本身。可以说，道家的整个宇宙观与哲学观都是建构在对“自然”的认识基础之上的，是自然与人相互统一的哲学体系。

汉代董仲舒总结和继承了先秦儒家、道家、法家等学派的思想，融入阴阳

---

① 中共中央文献研究室. 习近平关于社会主义生态文明建设论述摘编[M]. 北京：中央文献出版社，2017：6.

② 〔晋〕郭象，注.〔唐〕成玄英，疏. 南华真经注疏[M]. 曹础基，黄兰发，点校. 北京：中华书局，1998：272.

③ 金景芳，吕绍刚. 周易全解[M]. 修订本. 上海：上海古籍出版社，2005：599.

④ 高亨. 周易大传今注[M]. 济南：齐鲁书社，1979：609.

五行等神秘色彩的元素，将天道、四时、节气的循环和变化，以阴阳五行相配，把自然、社会和人伦统统纳入以阴阳五行为基础的宇宙模式中加以理解和说明，形成了一套独特的世界观体系，当然也包括生态观。董仲舒认为“天人之际，合而为一”①。“际”是贯通的意思，要通贯天与人，将天人合而为一，也就是“天人一也”。他还认为“天”也是有感情的，这一点与人相同。那么，如何才能取悦于天呢？那就要“循天之道”，投其所好。天的“所好”就是和谐。“和者，天之正也，阴阳之平也，其气最良，物之所生也。”② 天地之道美于和。和谐就是美，天地、生态、社会、人事的和谐，就是人要遵循的天道。

董仲舒的“天人合一”“天人感应”思想成为当时官方的意识形态并得以发扬光大。汉代鼎盛的国力和长久的国祚，也使这一思想烙入人心，成为中国古代的正统思想，对中国民族性的养成具有重要价值。以今天的眼光来看，董仲舒的思想无疑是带有神秘主义色彩的唯心哲学，董仲舒眼中的天也已经超越了自然的范畴，变为具有意识的超自然神，其谬论之处极多。但不能以此而给予其简单的否定，他的思想在当时起到了使人敬畏天意的作用。人类与自然生态的和谐始终是中国古代不变的价值取向。

从先秦诸子百家到董仲舒，还有很多古代先贤，都有着丰富的生态思想。“天人合一”是中国传统文化的核心理念之一，也是古代生态思想的集中体现。习近平新时代生态文明思想与“天人合一”有着天然的联系，并且是对它的与时俱进的继承与发扬。

二、习近平生态文明思想中的和谐发展观

（一）儒家传统仁爱观中的生态保护思想

儒家思想在中华传统文化中举足轻重。儒家思想中所蕴含的生态思想对今天的生态文明建设仍然具有重要借鉴意义。儒家“仁民爱物”“天人相参”“天地之道美于和”等思想与习近平的生态发展观在价值取向上是一致的。

---

① 〔清〕苏舆，撰．春秋繁露义证[M]．钟哲，点校．北京：中华书局，1992：288．

② 〔清〕苏舆，撰．春秋繁露义证[M]．钟哲，点校．北京：中华书局，1992：446．

孔子的思想集中体现在“仁”上。《论语·颜渊》中记载：“樊迟问仁。子曰：‘爱人。’”[①]“爱人”就是孔子所说的“仁”。《论语·述而》中记载：“子钓而不纲，弋不射宿。”[②]孔子捕鱼时只用钓钩，而不用网；射鸟时，不杀归巢之鸟。这便是一种“仁”的体现。用网，就会将鱼一网打尽；射杀宿鸟，巢中待哺的幼鸟就会因饥饿而死亡。孔子主张，在向自然界索取资源时，要满怀对生命的悲悯仁爱之心。

在孔子看来，保护生态还是“孝”的一种体现。《大戴礼记·曾子事父母》载：“草木以时伐焉，禽兽以时杀焉。夫子曰：‘伐一木，杀一兽，不以其时，非孝也。’”[③]孔子认为，“不以其时”索取自然资源，是对自然的一种破坏，是一种“非孝”的表现。他的弟子曾参继承和传递了这一观点。“孝”是儒家最重要的道德，先秦儒家已经将“孝”延伸到仁爱世间万物的层面。

孟子进一步发展了孔子“仁”的思想，由“爱人”达到了“仁民爱物”的境界。“仁民”指“功至于百姓”，“爱物”指“恩足以及禽兽”。在对待生命的态度上，孟子不忍杀生。《孟子·梁惠王上》曰：“君子之于禽兽也，见其生，不忍见其死；闻其声，不忍食其肉。是以君子远庖厨也。”[④]孟子不忍心看到杀害动物的生命，对于破坏环境的行为也十分厌恶。《孟子·告之上》讲：“牛山之木尝美矣，以其郊于大国也，斧斤伐之，可以为美乎？”[⑤]孟子用反问表示出对破坏环境的厌恶。

孟子认为，只有“仁民爱物”，国家才能达到理想的状态。那么，如果“爱物”，就要尽量少地向自然索取资源。少索取资源，就不能实现人的很多欲望，如何解决这一矛盾呢？孟子提出的方案是“寡欲”，即尽量减少物欲。

对于“寡欲”的主张，荀子表示担忧。荀子认为，人是大自然的一部分，因此有着大自然的属性，“凡性者，天之就也，不可学，不可事”[⑥]。“天之就”

---

① 杨伯峻. 论语译注[M]. 北京：中华书局，2006：146.
② 杨伯峻. 论语译注[M]. 北京：中华书局，2006：83.
③ 〔清〕王聘珍，撰. 大戴礼记解诂[M]. 北京：中华书局，1983：85.
④ 杨伯峻. 孟子译注[M]. 北京：中华书局，1960：15.
⑤ 杨伯峻. 孟子译注[M]. 北京：中华书局，1960：263.
⑥ 王先谦. 荀子集解[M]. 北京：中华书局，1988. 435.

的人性，每个人都是相同的，他认为："凡人有所一同：饥而欲食，寒而欲暖，劳而欲息，好利而恶害，是人之所生而有也，是无待而然者也，是禹、桀之所同也。"① 既然每个人都趋利避害，饿了要吃饭，寒了要取暖，那么损耗自然资源就是天经地义之事。但是，如何让这种损耗处于正常的范围？荀子认为，人虽然有和自然万物一样的"天性"，但也有仅仅属于人的"人性"，人贵在有"义"，可以用"礼"和"法"去感化和制约"天性"，让人摒弃贪欲。荀子还提出"天人相参"的思想，"天有其时，地有其财，人有其治，夫是之谓能参"②，天地人三才相"参"，就是荀子心中的天人合一。

天地之道美于和。汉代时，董仲舒将天、地、人的关系进一步发展到"和"的境界。他认为人与天地之间的和谐就是美，就是人要遵循的天道。即便人觉得很美好的事物，如果有违于"和"，那也不能去做。"高台多阳，广室多阴，远天地之和也，故圣人弗为，适中而已矣。"③ 高台和广室再舒适，因为不符合天道的"和"，就要"弗为"。可见，儒家对"天道""自然"是极其尊重和敬畏的，我们今天所倡导的生态文明思想正是汲取了这种精神，在尊重自然的基础上发展经济。

（二）习近平生态文明思想推动人与自然和谐发展

儒家传统的仁爱观对自然环境起到了保护作用。"天地之道美于和"就是主张人与自然和谐相处。这种对待自然的态度是习近平生态文明思想中一贯倡导和坚持的。

2015 年，习近平在出席联合国气候大会时说："我们要构筑尊崇自然、绿色发展的生态体系。人类可以利用自然、改造自然，但归根到底是自然的一部分，必须呵护自然，不能凌驾于自然之上。我们要解决好工业文明带来的矛盾，以人与自然和谐相处为目标，实现世界的可持续发展和人的全面发展。"④

---

① 〔清〕王先谦. 荀子集解[M]. 北京：中华书局，1988：63.

② 〔清〕王先谦. 荀子集解[M]. 北京：中华书局，1988：308.

③ 〔清〕苏舆，撰. 春秋繁露义证[M]. 钟哲，点校. 北京：中华书局，1992：449.

④ 习近平. 携手构建合作共赢新伙伴 同心打造人类命运共同体——在第七十届联合国大会一般性辩论时的讲话[N]. 人民日报，2015-09-29.

由此可见，习近平高度重视对自然的尊崇与爱护，让人与自然和谐发展是我们的目标。

习近平在党的十九大报告中进一步阐述了这一思想：“人与自然是生命共同体，人类必须尊重自然、顺应自然、保护自然。人类只有遵循自然规律才能有效防止在开发利用自然上走弯路，人类对大自然的伤害最终会伤及人类自身，这是无法抗拒的规律。”① 这段话深刻说明习近平对自然的尊重以及他坚决的生态保护态度。他不断强调走绿色发展道路，让资源节约、环境友好的生产方式成为主流，当经济发展与环境保护之间发生矛盾时，他给出的答案与古代圣贤如出一辙，那就是“弗为”，只要违背了“天和”，那就选择放弃，“宁要绿水青山，不要金山银山”。这种环境优先的选择是对之前以牺牲环境为代价的经济发展模式最有力度的扭转。

坚持走绿色发展道路，让人与自然和谐相处，这种生态发展观也是“仁民爱物”的一种体现。

近代以来，由于长期贫穷落后，每一个中国人对经济发展都有着迫切渴求。改革开放40年来，中国人民以自己的勤劳和智慧，创造了令世界赞叹的“中国奇迹”。经过几十年粗放型的经济发展，资源消耗巨大、环境污染严重、生态系统退化，经济增长过程中不平衡、不协调、不可持续的矛盾日益突出。人民群众对空气、水源、食品等安全问题的要求越来越强烈。因此，爱护环境、恢复被破坏的生态系统，就是惠及百姓的“仁”政。

在2018年全国生态环境保护大会上，习近平再次强调：“要把解决突出生态环境问题作为民生优先领域。坚决打赢蓝天保卫战是重中之重，要以空气质量明显改善为刚性要求，强化联防联控，基本消除重污染天气，还老百姓蓝天白云、繁星闪烁。要深入实施水污染防治行动计划，保障饮用水安全，基本消灭城市黑臭水体，还给老百姓清水绿岸、鱼翔浅底的景象。要全面落实土壤污染防治行动计划，突出重点区域、行业和污染物，强化土壤污染管控和修复，有效防范风险，让老百姓吃得放心、住得安心。要持续开展农村人居环境整治

---

① 习近平. 决胜全面建成小康社会 夺取新时代中国特色社会主义伟大胜利——在中国共产党第十九次全国代表大会上的报告[M]. 北京：人民出版社，2017：50.

行动，打造美丽乡村，为老百姓留住鸟语花香田园风光。”①

孟子认为“仁民爱物”，国家一定会是理想状态。今天我们加强生态文明建设，坚持绿色发展、低碳发展和循环发展，创造绿水青山的金山银山，这正是实现国家富强、人民安康的理想之路。

三、习近平生态文明思想中的绿色发展观

（一）道、墨哲学中的绿色发展思想

道家生态思想中最重要的概念是“自然”，“道法自然”是道家的重要思想和行为方式。

老子的《道德经》是论述“道”与“德”的哲学著作，《道德经》第五十一章讲：“道生之，德畜之，物形之，势成之，是以万物莫不尊道而贵德。”② 万物的生长繁衍有赖于道德，所以要尊道贵德，那么如何尊道贵德呢？“道之尊，德之贵，夫莫之命而常自然。”③ 尊道贵德就是要顺应自然，即“人法地，地法天，天法道，道法自然”。最终，一切以“自然”为法。

老子讲：“道生一，一生二，二生三，三生万物。”④ 世间万物都是由“道”而生，既然“道法自然”，那么世间万物就都是自然的产物。因此，世间万物便没有高低贵贱之分，都是自然的孩子，一样的来由。庄子便明明白白地讲过，“以道观之，物无贵贱”⑤，“天地与我并生，而万物与我为一”⑥。人和世间万物一样，都是自然界平等的一部分，但是人们往往从自身的角度出发，“自贵而相贱”⑦，人类感到自己很高贵，觉得别的物种很低贱，这是不正确的，是不符合道与自然的法则的。

---

① 习近平：生态兴则文明兴[N]. 人民日报海外版，2018-05-21.

② 〔汉〕河上公. 老子[M]. 〔三国〕王弼，注. 刘思禾，校点. 上海：上海古籍出版社，2013：125.

③ 〔汉〕河上公. 老子[M]. 〔三国〕王弼，注. 刘思禾，校点. 上海：上海古籍出版社，2013：125.

④ 〔汉〕河上公. 老子[M]. 〔三国〕王弼，注. 刘思禾，校点. 上海：上海古籍出版社，2013：96.

⑤ 陈鼓应，注译. 庄子今注今译[M]. 北京：中华书局，1983：420.

⑥ 陈鼓应，注译. 庄子今注今译[M]. 北京：中华书局，1983：71.

⑦ 陈鼓应，注译. 庄子今注今译[M]. 北京：中华书局，1983：420.

有了这一认识，就有了为人类在自然界中定位的理论基础。人类是自然界中普通的一分子，可以按照自身的需求取用自然资源，这是自然界赋予人类的权利，但不能按照自己贪婪的欲望肆无忌惮地攫取自然资源，这又是人类对自然界的义务。老子提出，“我有三宝，持而保之。一曰慈，二曰俭，三曰不敢为天下先”①，“甚爱必大费，多藏必厚亡。知足不辱，知止不殆，可以长久”②，这是人类面对生态环境时应有的态度。

那么，如何调和人类自身欲望与有限的自然资源之间的矛盾呢？道家指出的方法是人类要“见素抱朴，少私寡欲”③，即回归人类婴儿般自然朴素、无欲无求的本性，因为“知足之足，常足矣”④。

所以“圣人”就要“去甚，去奢，去泰”⑤，不追求感官享乐，“圣人为腹不为目”⑥，只要拥有最基本的生存条件就可以了。“圣人”的带头作用，可以感化全社会，“不尚贤，使民不争；不贵难得之货，使民不为盗。不见可欲，使民心不乱……常使民无知无欲”⑦。

这样，道家的生态哲学就完成了一个从“自然”出发，最终回归“自然”本身的思维循环。

墨家学派，是先秦百家中的一个重要思想体系。墨学在整个战国时期兴盛了数百年之久，成为和儒家并立的显学。《墨子》一书言必谈“利”。墨家所谈的“利”已经脱离一时一地一人一物的蝇头小利，而是追求天下大利。做事要“上利于天，中利于鬼，下利于人”⑧。

墨家认为，“趋利避害”是人的本性，人都要追逐自己的“利”而去除自己的“害”。如何趋利避害，墨家强调“贵义”，“万事莫贵于义”⑨。

---

① 〔汉〕河上公. 老子[M]. 〔三国〕王弼，注. 刘思禾，校点. 上海：上海古籍出版社，2013:175.
② 〔汉〕河上公. 老子[M]. 〔三国〕王弼，注. 刘思禾，校点. 上海：上海古籍出版社，2013:103.
③ 〔汉〕河上公. 老子[M]. 〔三国〕王弼，注. 刘思禾，校点. 上海：上海古籍出版社，2013:40.
④ 〔汉〕河上公. 老子[M]. 〔三国〕王弼，注. 刘思禾，校点. 上海：上海古籍出版社，2013:109.
⑤ 〔汉〕河上公. 老子[M]. 〔三国〕王弼，注. 刘思禾，校点. 上海：上海古籍出版社，2013:61.
⑥ 〔汉〕河上公. 老子[M]. 〔三国〕王弼，注. 刘思禾，校点. 上海：上海古籍出版社，2013:26.
⑦ 〔汉〕河上公. 老子[M]. 〔三国〕王弼，注. 刘思禾，校点. 上海：上海古籍出版社，2013:7.
⑧ 吴毓江，撰. 墨子校注[M]. 孙启治，点校. 北京：中华书局，2006:296.
⑨ 吴毓江，撰. 墨子校注[M]. 孙启治，点校. 北京：中华书局，2006:685.

为什么一个重利的学派要强调“贵义”？因为“义，利也”①，“义可以利人，故曰：义，天下之良宝也”②。那么为什么“义，利也”？因为“义”是天的意志，“率天下之百姓以从事于义，则我乃为天之所欲也。我为天之所欲，天亦为我所欲”③。

墨家在“欲”的层面阐释了天人合一。这就是“天人情通”，天和人在感情上是相通的。人去做天所喜欢的事，天就会欢喜。这就是顺天应人。要顺从天意、顺应人心，莫过于“法天”。《墨子》云：“莫若法天。天之行广而无私，其施厚而不德，其明久而不衰，故圣王法之。”④ 法效上天事实广泛而无私之德，就能“明久而不衰”。这就是墨家由大义而获大利的原理。

具体到由“义”而得到“利”的手段，是“兼爱”。因为只有“兼相爱”才能“交相利”。“兼”就是兼顾、全部、无差别。墨家倡导不分人我，不分亲疏的爱，“天下之人皆相爱，强不执弱，众不劫寡，富不侮贫，贵不敖贱，诈不欺愚。凡天下祸篡怨恨可使毋起者，以相爱生也”⑤。墨家认为这种“爱”应当兼顾天下，“文王之兼爱天下之博大也，譬之日月兼照天下之无有私也”⑥，使得这种爱的伦理关怀不单单存在于人类社会，而是将整个生态系统都包含进去，人与人之间要相爱，人与生态环境之间也要相爱。

要对生态环境“兼爱”，墨家讲究“节”。生时“节用”，死后“节葬”。墨翟本人以身作则，“量腹而食，度身而衣”，穿“短褐之衣”，食“藜藿之羹”⑦。墨家劝导人们尚“节”。如《墨子·辞过》阐述了居所、衣着、饮食、舟车、婚配等五个方面不应讲究奢华，并认为“凡此五者，圣人之所俭节也，小人之所淫佚也。俭节则昌，淫佚则亡，此五者不可不节”⑧，为人们描述了“夫妇节而天地和，风雨节而五谷熟，衣服节而肌肤和”这样一幅天地人和谐

---

① 吴毓江，撰. 墨子校注[M]. 孙启治，点校. 北京：中华书局，2006：469.
② 吴毓江，撰. 墨子校注[M]. 孙启治，点校. 北京：中华书局，2006：658.
③ 吴毓江，撰. 墨子校注[M]. 孙启治，点校. 北京：中华书局，2006：293.
④ 吴毓江，撰. 墨子校注[M]. 孙启治，点校. 北京：中华书局，2006：30.
⑤ 吴毓江，撰. 墨子校注[M]. 孙启治，点校. 北京：中华书局，2006：159.
⑥ 吴毓江，撰. 墨子校注[M]. 孙启治，点校. 北京：中华书局，2006：178.
⑦ 吴毓江，撰. 墨子校注[M]. 孙启治，点校. 北京：中华书局，2006：737.
⑧ 吴毓江，撰. 墨子校注[M]. 孙启治，点校. 北京：中华书局，2006：48.

的美好画面。

（二）习近平生态文明思想推动绿色发展

道家的“道法自然”“见素抱朴”，墨家的重“义”尚“节”，都体现了人对自然的尊重、对自己欲望的节制，这种精神对于今天我们建设生态文明，倡导绿色生产和生活方式具有重要影响。

关于绿色生产方式，习近平的“两山论”具有代表性。“两山论”即“绿水青山”与“金山银山”的科学辩证关系，这其中就体现了道家和墨家的一些理念。

其一，既要绿水青山，又要金山银山。改革开放40年来，中国人民奇迹般地创造了资本主义国家需要用200年才能创造的“金山银山”。然而，在这个过程中，各地不同程度地存在追求“金山银山”破坏“绿水青山”的情况。在墨家的义利观中，“趋利避害”是人的本性，人要做到“贵义”“尚利”，最终达到“义”与“利”的“兼爱”。绿水青山是自然的“义”，“金山银山”是人们的“利”。在“尚利”的同时，还要“贵义”。

习近平曾说：“中国坚持正确义利观，积极参与气候变化国际合作。”① 如今，历史进入生态文明新时代，要充分认识“金山银山”与“绿水青山”都是人类经济社会发展的重要因素，缺一不可，即“义，利也”。义利本是一回事，我们不能再以牺牲“绿水青山”为代价去创造“金山银山”，决不走西方国家“先污染后治理”的老路。

其二，宁要绿水青山，不要金山银山。道家思想认为，自然是一切的基础，“人法地，地法天，天法道，道法自然”。没有了“绿水青山”，最终“金山银山”也是水中月、镜中花。习近平深刻指出：“如果仍是粗放发展，即使实现了国内生产总值翻一番的目标，那污染又会是一种什么情况？届时资源环境恐怕完全承载不了。”② 进入生态文明新时代，我们不能对环境问题视而不

---

① 习近平.携手构建合作共赢、公平合理的气候变化治理机制——在气候变化巴黎大会开幕式上的讲话[N].人民日报，2015-12-01.

② 中共中央文献研究室.习近平关于社会主义生态文明建设论述摘编[M].北京：中央文献出版社，2017：5.

见，必须清醒地认识到：自然即“绿水青山”，不仅仅是金山银山的根本来源，更是人类能够生存发展的基础，必须坚决守住红线，坚守底线，否则不但得不到“金山银山”，连人类生存的基础也会丧失。

其三，绿水青山就是金山银山。长期以来，人类曾经错误地认为，发展必然导致环境的破坏，保护环境必然牺牲经济发展。殊不知 2000 多年前的庄子就已经讲过，“以道观之，物无贵贱”，“天地与我并生，而万物与我为一”。经济本身就是自然的一部分，自然也可以给经济带来强有力的支撑，具有重要的经济价值。比如，自然资源除了直接产生经济产品外，还为人类提供了赖以生存的氧气、水源、舒适的环境等等，这些甚至比经济产品更具有经济价值。

要充分认识保护“绿水青山”不是不再发展“金山银山”，恰恰是要进行绿色发展方式的转型，把生态文明建设融入经济、政治、文化和社会建设的全过程，实现经济生态化和生态经济化。习近平总书记三段式的“两山论”是习近平新时代生态文明思想的核心价值观，开创社会主义生态文明新时代，具有伟大的时代性、历史性和科学性。

在坚持绿色生产的同时，还要倡导绿色生活和消费方式。

习近平尊重和热爱大自然，倡导节约环保的绿色生活。他教导少年儿童：“大自然充满乐趣、无比美丽，热爱自然是一种好习惯，保护环境是每个人的责任，少年儿童要在这方面发挥小主人作用。”① 习近平提倡节约简朴的生活，提出节约用水、节约粮食，“身体力行推动资源节约型、环境友好型社会建设，推动人与自然和谐发展”②。他反对铺张浪费、纵欲无度的生活方式，提出对奢侈炫耀、浪费无度的消费行为要予以制约。他引用唐代诗人白居易的话来说明节约型社会应有的风尚：“‘天育物有时，地生财有限，而人之欲无极。以有时有限奉无极之欲，而法制不生其间，则必物暴殄而财乏用矣。’要在全社会牢固树立勤俭节约的消费观，树立节能就是增加资源、减少污染、造福人类的

① 中共中央文献研究室. 习近平关于社会主义生态文明建设论述摘编[M]. 北京：中央文献出版社，2017：116.

② 中共中央文献研究室. 习近平关于社会主义生态文明建设论述摘编[M]. 北京：中央文献出版社，2017：119.

理念，努力形成勤俭节约的良好风尚。”① 提倡节约、回归自然的简朴生活是习近平生态文明思想的重要内容，“绿色、低碳、节约、简朴”的生活方式也是西方生态哲学的重要命题，已成为全球生态主义者追求的生活理念。

四、习近平生态文明思想中的制度体系建设

（一）中国古代生态保护的法治意识

早在商代，中国先民已经认识到破坏周边生活环境的危害，并采取非常严厉的法规予以禁止。韩非在《韩非子·内储说上》中这样记载商代的法律，“殷之法，弃灰于公道者断其手”②。到了周代，生态平衡被进一步作为德政的表现，例如，“故凡土地之间者，圣人裁之并为民利，是鱼鳖归其泉，鸟归其林。孤寡辛苦，咸赖其生。山以遂其材，工匠以为其器，百物以平其利，商贾以通其货。工不失其务，农不失其时，是谓和德”③。此时还出现了最早的生态环保机构——“虞”，如山虞、泽虞。山虞“掌山林之政令，物为之厉而为之守禁”④。“虞”，传说是当年舜任命的负责管理大山的官员，但在西周之前并不可考，应是周人托古代圣王之名。在“虞”之外，还有“衡”，如林衡、川衡。《周礼·地官》郑玄注曰：“衡，平也。平林麓之大小及所生者。”⑤ 林衡“掌巡林麓之禁令而平其守”⑥，可见“衡”是掌管一个地区生态平衡的官员。这些管理环境的官吏，各司其职，甚至有了较为完备的属官。如林衡“每大林麓下士十有二人，史四人，胥十有二人，徒百有二十人，中林麓如中山之虞，小林麓如小山之虞”⑦。

秦国自商鞅变法崛起，直至秦王嬴政统一六国，一直重视生态保护。如商

---

① 中共中央文献研究室. 习近平关于社会主义生态文明建设论述摘编[M]. 北京：中央文献出版社，2017：118.

② 〔清〕王先慎，撰. 韩非子集解[M]. 钟哲，点校. 北京：中华书局，1998：224.

③ 〔清〕郝懿行. 汲冢周书辑要[M]. 安作璋，主编. 济南：齐鲁书社 2010：3970.

④ 〔清〕阮元，校刻. 十三经注疏清嘉庆刊本[M]. 北京：中华书局，2009：1611.

⑤ 〔清〕阮元，校刻. 十三经注疏清嘉庆刊本[M]. 北京：中华书局，2009：1507.

⑥ 〔清〕阮元，校刻. 十三经注疏清嘉庆刊本[M]. 北京：中华书局，2009：1610.

⑦ 〔清〕阮元，校刻. 十三经注疏清嘉庆刊本[M]. 北京：中华书局，2009：1507.

鞅在秦国变法时规定："弃灰于道者被刑。"[①] 到统一六国前后，秦国有关生态保护的法律更加具体完备。1975 年，在湖北省云梦县睡虎地秦墓出土的秦简《田律》，有大量的生态保护方面的内容。秦朝是中国历史上第一个大一统的封建王朝，秦朝的法律是中国封建法律体系的基础。秦人将生态保护方面的内容纳入《田律》，对后世有十分深远的影响，对整个中国封建社会重视生态资源保护、促进生态资源持续发展发挥了重要作用。

汉朝的环境保护法律在秦朝《田律》的基础上有所发展并更为完善。如甘肃敦煌出土的简牍记载了西汉晚期的四时月令。该法令共十六条生态保护方面的内容，对四季禁止破坏生态的行为要求得非常全面。如在孟春月令中规定："毋侵水泽□陂池□□・四寸□乃得以取鱼尽□□月常禁"，"毋焚山林・谓烧山林田猎伤害禽兽也虫草木□□四月尽▨"。[②]

类似这样规定生态保护内容的法律在后世朝代中比比皆是，在此不再赘述。值得一提的是，唐朝有了惩治生态管理中渎职行为的法律规定。正如前文所述，在周代，我国已经有了专门负责生态管理的政府部门和官员。此后历朝历代皆设有类似部门和官职。这些官员负责生态管理，如果其渎职，那么国家的生态管理诏令就成为一纸空文，无从落实，因而对其进行监督规范就显得尤为重要。《唐律疏议・户婚》规定："诸部内有旱涝霜雹虫蝗为害之处，主司应言而不言及妄言者，杖七十。覆检不以实者，与同罪。若致枉有所征免，赃重者，坐赃论。"[③]《唐律疏议・杂律》规定，"诸不修堤防及修而失时者，主司杖七十；毁害人家、漂失财物者，坐赃论减五等"[④]，"其穿垣出秽污者杖六十，出水者勿论。主司不禁，与同罪"[⑤]。这些对"有司"的规定，等于再次明确强调了生态官员的职责，对他们发挥职能进行环境管理起到规范促进作用。此后历代的法律如《宋刑统》《大明律》《大清律例》，都有类似的条文。

另外，很多朝代都根据自身政权的特点制定了生态管理方面的法律。如元

---

① 王利器，校注. 盐铁论校注[M]. 北京：中华书局，1992：98.

② 甘肃省文物考古研究所. 敦煌悬泉汉简释文选[J]. 文物，2000(5).

③ 刘俊文，撰. 唐律疏议笺解[M]. 北京：中华书局，1996：985.

④ 刘俊文，撰. 唐律疏议笺解[M]. 北京：中华书局，1996：1877.

⑤ 刘俊文，撰. 唐律疏议笺解[M]. 北京：中华书局，1996：1822.

朝，作为北方游牧民族入主中原的政权，它的法律带有游牧民族的特点。元朝前期、中期法令文书的汇编《元典章》中，就有很多与蒙古族生产生活习惯相适应的动物保护思想。这是牧民在长期的生产实践过程中得出的生态智慧。

（二）习近平生态文明思想推动生态法制建设

从古代对环境保护的法治文献来看，对环境的保护必须落实到制度层面。面对今天如此严重的环境危机，2014 年习近平总书记强调指出："只有实行最严格的制度、最严明的法治，才能为生态文明建设提供可靠保障。"① 要以最严格的环境保护制度保护生态环境，将生态文明建设纳入法治化、制度化轨道。如何建立严格的环境保护制度？习近平在多次讲话中阐述了这一问题。第一，在立法方面，组织修订有关环境保护的法律法规，使环境保护、环境监测、环境执法有法可依。第二，"完善经济社会发展考核评价体系。……建立体现生态文明要求的目标体系、考核办法、奖惩机制，使之成为推进生态文明建设的重要导向和约束"②。将生态环境作为经济发展评价中的重要考核因素，对生态环境的保护大有裨益，这其实是对唯 GDP 论的重大思想转变，如果一个地方的生态环境没保护好，经济指标再好看也没用。第三，"建立责任追究制度。资源环境是公共产品，对其造成损害和破坏必须追究责任"③。这种追责制度尤其强调对干部的追责。"要落实领导干部任期生态文明建设责任制，实行自然资源资产离任审计，认真贯彻依法依规、客观公正、科学认定、权责一致、终身追究的原则。"④ "一旦发现需要追责的情形，必须追责到底，绝不能让制度规定成为没有牙齿的老虎。"⑤ 实行严格的追责制度，"党政同责"和

---

① 中共中央文献研究室. 习近平关于社会主义生态文明建设论述摘编[M]. 北京：中央文献出版社，2017：106.

② 中共中央宣传部. 习近平总书记系列重要讲话读本（2016 年版）[M]. 北京：学习出版社，人民出版社，2016：240.

③ 中共中央宣传部. 习近平总书记系列重要讲话读本（2016 年版）[M]. 北京：学习出版社，人民出版社，2016：240.

④ 习近平在中共中央政治局第四十一次集体学习时强调　推动形成绿色发展方式和生活方式　为人民群众创造良好生产生活环境[N]. 人民日报，2017-05-28.

⑤ 中共中央文献研究室. 习近平关于社会主义生态文明建设论述摘编[M]. 北京：中央文献出版社，2017：111.

“一岗双责”，真正让领导干部对当地的自然环境保护负起责任来。这些惩治生态管理中干部渎职行为的追责制度，与唐代及以后相关法律何其相似。第四，建立健全资源生态环境管理制度。“稳步推进健全自然资源资产产权制度和用途管制制度、划定生态保护红线、实行资源有偿使用制度和生态补偿制度、改革生态环境保护体制等工作。”① 除了对干部追责外，也要让企业等经济实体认识到自然资源是有偿的，对造成环境污染的企业，除了追究其民事责任、给予经济惩罚外，还要追究其刑事责任，从制度上解决“违法成本低，守法成本高”的问题。此外，通过市场和价格调节机制，增加环境资源成本，“使经济活动朝着资源节约和环境友好的方向调整和改进，使生态破坏和环境污染者赔偿其产生的负面外部环境成本，使生态环境保护者的正面外部环境成本得到补偿”②。

建立健全环境保护制度，树立生态法治观，是习近平提出的重要任务。习近平指出：“要深化生态文明体制改革，尽快把生态文明制度的‘四梁八柱’建立起来，把生态文明建设纳入制度化、法治化轨道。”③

小　结

中华民族自古以来尊重自然、热爱自然，绵延5000多年的中华文明孕育着科学睿智、丰富多彩的生态文化。当今时代，全球面临资源约束趋紧、环境污染严重、生态系统退化的共同挑战。世界历史无数次证明，生态兴则文明兴，生态衰则文明衰。中国的生态文明建设是关系中华民族永续发展的根本大计。中华优秀传统文化中的生态理念和思想中，蕴藏着解决当代人类和自然关系难题的重要启示。“道法自然、天人合一”思想集中体现了中国古人的生态

---

① 中共中央文献研究室.习近平关于社会主义生态文明建设论述摘编[M].北京:中央文献出版社,2017:106-107.

② 俞海,张永亮,夏光,冯燕.最严格环境保护制度:内涵、框架与改革思路[J].中国人口·资源与环境,2014(10).

③ 中共中央文献研究室.习近平关于社会主义生态文明建设论述摘编[M].北京:中央文献出版社,2017:109.

智慧，对今天的生态文明建设具有很好的借鉴意义。人与自然和谐发展，既是生态哲学，又是人文精神，也是道德理念。习近平十分重视传统文化中的生态思想，他指出："这些关于对自然要取之以时、取之有度的思想，有十分重要的现实意义。"[①]他继承和发扬了中国古代生态思想，倡导人与自然和谐相处，健全环境保护制度，恢复生态环境，为人民谋福祉。习近平指出："要坚定推进绿色发展，推动自然资本大量增值，让良好生态环境成为人民生活的增长点、成为展现我国良好形象的发力点，让老百姓呼吸上新鲜的空气、喝上干净的水、吃上放心的食物、生活在宜居的环境中、切实感受到经济发展带来的实实在在的环境效益，让中华大地天更蓝、山更绿、水更清、环境更优美，走向生态文明新时代。"[②] 天蓝水碧，没有雾霾，没有沙尘暴，是民众的期盼，也是坚持人与自然和谐发展的必然结果。

---

① 中共中央文献研究室. 习近平关于社会主义生态文明建设论述摘编[M]. 北京：中央文献出版社，2017：12.

② 中共中央文献研究室. 习近平关于社会主义生态文明建设论述摘编[M]. 北京：中央文献出版社，2017：33.

第七讲　弘扬中华优秀传统文化，大力加强党的建设伟大工程

办好中国的事情，关键在党。党的建设是新时代的伟大工程。正如党的十九大报告所指出的，“实现伟大梦想，必须建设伟大工程。这个伟大工程就是我们党正在深入推进的党的建设新的伟大工程”①。党的十八大以来，以习近平同志为核心的党中央全面从严治党，坚定地推进党的建设伟大工程，党在人民心中的形象大大提升，全体党员队伍的精神面貌大为改观。习近平关于党的建设的重要论述，是习近平新时代中国特色社会主义思想的重要组成部分，是新时代全面加强党的建设的行动指南。

在习近平关于党的建设的论述中，依靠弘扬中华优秀传统文化来促进和加强党的建设是最大亮点之一。习近平非常注重以中华优秀传统文化涵养党的建设，有关论述内涵丰富，博大精深。在十八届中央纪委六次全会上，习近平深刻地指出：“我们的党内政治文化，是以马克思主义为指导、以中华优秀传统文化为基础、以革命文化为源头、以社会主义先进文化为主体、充分体现中国共产党党性的文化。”中华优秀传统文化流光溢彩，源远流长，是中华民族的文化基因和精神命脉，大力加强党的建设，只有从中汲取深厚滋养，才能保持党的生机和活力，才能使党永远成为中国工人阶级的先锋队，永远成为中国人民和中华民族的先锋队。

① 习近平.决胜全面建成小康社会　夺取新时代中国特色社会主义伟大胜利——在中国共产党第十九次全国代表大会上的报告[M].北京：人民出版社，2017：16.

一、中华优秀传统文化与大力加强党的政治建设

中华优秀传统文化讲求“精忠报国，爱我中华”的爱国情怀，注重培养社会成员“天下兴亡，匹夫有责”的使命意识和“刚健有为，自强不息”的进取精神，为当前加强党的政治建设提供了精神动力。

(一) 中华优秀传统文化是大力加强党的政治建设的精神动力

1.“精忠报国，爱我中华”的爱国情怀

中华传统文化历来重视“尽忠”“爱国”“报国”，这是中华民族得以繁衍生息的重要因素。多少仁人志士公而忘私、忠心许国，坚决维护国家和中华民族的整体利益。《左传·桓公六年》中有“上思利民，忠也”的记载，认为身处上位的人思考如何做有利于民众的事，就是忠。孔子主张：“君使臣以礼，臣事君以忠。”（《论语·八佾》）如果君王差遣臣下要符合礼的规范，则臣子要以忠心侍奉君主。可见，传统文化尤其是儒家思想中最初倡导的忠，是忠于人民并在此基础上忠于国家。对于君主的忠，并非是无条件的愚忠，而是建立在君主遵守社会规范基础上的有条件的忠。

忠文化以及在此基础之上产生的“爱国”“报国”思想，对于维护国家权威和社会稳定具有重要意义。“精忠报国，爱我中华”的爱国情怀，逐渐为古代社会成员所接受。无数爱国志士，为了国家和民族利益临危不惧、慷慨就义，留下了诸多爱国诗篇，如林则徐“苟利国家生死以，岂因祸福避趋之”的国家意识等。

2.“天下兴亡，匹夫有责”的使命意识

强调国家担当和社会责任是中华传统文化中的优良传统。《论语·泰伯》中有“士不可以不弘毅，任重而道远”的论述，体现了儒家的入世精神和价值取向，主张士人应以弘扬仁道为己任，这是人生最重要的使命，也是人生价值之所在。孟子则提出“穷则独善其身，达则兼济天下”（《孟子·尽心上》）的思想，认为如果个人抱负得不到施展，则应该退而修身，加强个人修养；如果天下有道，个人抱负得以施展，则应为国家和社会贡献自己的力量。这一思想

体现了儒家对自我修养的注重以及勇于承担社会责任的入世心态。儒家思想中不推脱不塞责、责无旁贷、勇于担当、敢于负责的历史使命感和社会责任感对后世影响深远。

北宋大儒张载提出的“为天地立心，为生民立命，为往圣继绝学，为万世开太平”，言简意赅，境界高远，最能表达一个人对国家和社会的责任担当和历史使命，因此被后世广为传颂，被尊为代表中国精神的“横渠四句”。北宋诗人陆游在《病起书怀》写就的“位卑未敢忘忧国，事定犹须待阖棺”，表达的也是强烈的使命意识和担当精神。明代东林党领袖顾宪成的“风声雨声读书声声声入耳，家事国事天下事事事关心”，表达了齐家治国平天下的雄心壮志。明清时期顾炎武的“天下兴亡，匹夫有责”，所传达的也是“以天下为己任”的使命意识。

3.“刚健有为，自强不息”的进取精神

古往今来，中华民族历经风雨和磨难仍巍然屹立于世界民族之林，得益于“刚健有为，自强不息”的进取精神。“天行健，君子以自强不息”，语出《周易·乾》，意指天道运行刚健有力，四季轮回永不停息，而君子应该仿效天道，自强不息，奋勇向前，表达了中华民族在天道启发下的自我意识觉醒，体现了中华民族生生不息的奋斗精神。经过现代转换，这一思想的积极含义充分激发了人的生命力和创造力，激励人们勇于开拓，奋勇向前，不断开创人生发展的新境界。

中华优秀传统文化历来推崇进取精神。孔子认为：“朝闻道，夕死可矣。”（《论语·里仁》）从孔子追求道的坚定决心和进取精神来理解，可以解释为，孔子倾尽一生追求真理，认为哪怕早上明白了道理，晚上死去也没有什么可遗憾的了。屈原“路漫漫其修远兮，吾将上下而求索”的诗句，则表达了即使前路漫漫无所依傍，仍然要积极求索前行的进取心态。郑板桥则托物言志，“咬定青山不放松，立根原在破岩中。千磨万击还坚劲，任尔东西南北风”，展现了纵然面对曲折恶劣的环境，也能像长在岩石中的竹子一样，敢于面对现实、勇于战胜困难的决心和信心。刘禹锡屡经坎坷、矢志不移，“千淘万漉虽辛苦，吹尽狂沙始到金”，是其不衰斗志和旷达胸怀的集中表达。

（二）广泛弘扬中华优秀传统文化，大力加强党的政治建设

1. 强化党内忠诚意识，坚决维护党中央权威和集中统一领导

强化党内忠诚意识，坚决维护以习近平同志为核心的党中央权威和集中统一领导，是党和国家统一、稳定、繁荣的基础和重要保证。正如习近平在《中央政治局“三严三实”专题民主生活会上的讲话》中所言：“维护党中央权威，决不是一般问题和个人的事，而是方向性、原则性问题，是党性，是大局，关系党、民族、国家前途命运。这方面，我们中央政治局要带好头，让全党都感到我们是一个同心同德、团结一心、步调一致的领导机构。”中华优秀传统文化中的“尽忠”“爱国”“报国”思想，以爱国主义为核心，坚决维护国家权威和人民利益，对维护当时的国家和社会的稳定发挥了重要作用。“精忠报国，爱我中华”的爱国情怀，能够为当前大力加强党的政治建设，维护党中央权威和集中统一领导提供精神动力。

习近平总书记强调对党的无条件忠诚，在主持中共中央政治局民主生活会时强调：“对党忠诚，不是抽象的而是具体的，不是有条件的而是无条件的，必须体现到对党的信仰的忠诚上，体现到对党组织的忠诚上，必须体现到对党的理论和路线方针政策的忠诚上。”习近平还提出与党中央保持一致的看齐意识，就党员、干部如何与党中央保持高度一致展开了论述。“自觉同党中央保持高度一致是关键。我们党是高度集中统一的马克思主义政党，思想上的统一、政治上的团结、行动上的一致是党的事业不断发展壮大的根本所在。党校是教育培训干部的地方，必须自觉在思想上政治上行动上同党中央保持高度一致，而且要做得更好。在这上面出了问题，那就是方向性问题。毛主席在党的七大预备会议上讲过一段名言：‘要知道，一个队伍经常是不大整齐的，所以就要常常喊看齐，向左看齐，向右看齐，向中看齐。我们要向中央基准看齐，向大会基准看齐。看齐是原则，有偏差是实际生活，有了偏差，就喊看齐。’毛主席说，看齐是原则，有偏差是实际生活。这是很深刻的道理。就像军队一样，再训练有素的部队也经常要喊看齐，而且要天天喊、时时喊。当然，整队型看齐比较容易，因为那是形体上的，思想上政治上行动上看齐就不那么容易了。经常喊看齐是我们党加强自身建设的规律和经验。只有经常喊看齐，只有

各级党组织都经常喊看齐，才能时刻警醒、及时纠偏，使全党始终保持整齐昂扬的奋进状态。”①

2. 加强责任感和使命感教育，强化党员、干部的根本政治担当

大力加强党的建设伟大工程，需要强化党员、干部的责任意识、使命意识以及担当精神，把对党忠诚、为党分忧、为党尽职、为民造福作为党员干部的根本政治担当，为全面加强党的建设、为国家乃至世界的发展贡献力量。习近平同志指出：“我们共产党人的忧患意识，就是忧党、忧国、忧民意识，这是一种责任，更是一种担当。”② 这与中华优秀传统文化中所提倡的“以天下为己任”的责任感和使命感，以及“国家兴亡，匹夫有责”的担当精神是一脉相承的思想文化体系。而且，习近平依据当今世界的发展态势升华了这种精神，他认为中华民族的担当精神不仅表现在为实现中国梦而奋斗，而且也表现在积极构建人类命运共同体，实现共赢共享上。

具体到党员尤其是领导干部的责任和担当，习近平多次强调，敢于担当是领导干部必备的基本素质，提出：“干部就要有担当，有多大担当才能干多大事业，尽多大责任才会有多大成就。不能只想当官不想干事，只想揽权不想担责，只想出彩不想出力。”③ “敢于担当，是为了党和人民事业。”④ “党的干部必须坚持原则、认真负责，面对大是大非敢于亮剑，面对矛盾敢于迎难而上，面对危机敢于挺身而出，面对失误敢于承担责任，面对歪风邪气敢于坚决斗争。”⑤ “无私才能无畏，无私才敢担当。‘心底无私天地宽。’担当就是责任，好干部必须有责任重于泰山的意识，坚持党的原则第一、党的事业第一、人民利益第一，敢于旗帜鲜明，敢于较真碰硬，对工作任劳任怨、尽心竭力、善始善终、善作善成。‘疾风识劲草，烈火见真金。’为了党和人民事业，我们的干

---

① 习近平. 在全国党校工作会议上的讲话[M]. 北京：人民出版社，2016：9-10.

② 习近平. 坚持从严治党落实管党治党责任　把作风建设要求融入党的制度建设[N]. 人民日报，2014-07-01.

③ 习近平同中央党校县委书记研修班学员座谈强调　做焦裕禄式的县委书记　心中有党心中有民心中有责心中有戒[J]. 党建，2015(2).

④ 习近平. 习近平谈治国理政[M]. 北京：外文出版社，2014：416.

⑤ 习近平. 习近平谈治国理政[M]. 北京：外文出版社，2014：413.

部要敢想、敢做、敢当，做我们时代的劲草、真金。”① “面对当前改革发展稳定遇到的新形势新情况新问题，全党同志要有所作为、有所进步，就要敢于较真碰硬、敢于直面困难，自觉把使命放在心上、把责任扛在肩上，努力在协调推进‘四个全面’战略布局中取得新的更大的成绩。”②

3. 全面增强执政本领，推动全党为实现新时代党的历史使命不懈奋斗

传统文化中强调“刚健有为，自强不息”的进取精神，与当前党和国家建设事业中强调的“全面增强执政本领”以及“幸福的奋斗观”是一致的。习近平多次强调“新时代是奋斗者的时代”，“奋斗是艰辛的，艰难困苦、玉汝于成，没有艰辛就不是真正的奋斗，我们要勇于在艰苦奋斗中净化灵魂、磨砺意志、坚定信念。奋斗是长期的，前人栽树、后人乘凉，伟大事业需要几代人、十几代人、几十代人持续奋斗。奋斗是曲折的，‘为有牺牲多壮志，敢教日月换新天’，要奋斗就会有牺牲，我们要始终发扬大无畏精神和无私奉献精神”③。

具体到党的建设中，习近平强调要着眼长远，不懈进取，“要教育引导全党同志特别是各级领导干部坚持‘两个务必’，自觉为党和人民不懈奋斗，不能安于现状、盲目乐观，不能囿于眼前、轻视长远，不能掩盖矛盾、回避问题，不能贪图享受、攀比阔气”④，提高全党的执政本领是实现新时代历史使命的基础和前提。党的十九大报告指出：“领导十三亿多人的社会主义大国，我们党既要政治过硬，也要本领高强。”而本领的习得要靠不断学习，全党需增强八个方面的本领，分别是学习本领、政治领导本领、改革创新本领、科学发展本领、依法执政本领、群众工作本领、狠抓落实本领以及驾驭风险本领等，指明了全党的奋斗方向。

① 习近平. 习近平谈治国理政[M]. 北京：外文出版社，2014：416.

② 习近平. 在纪念胡耀邦同志诞辰100周年座谈会上的讲话[N]. 人民日报，2015-11-21.

③ 习近平. 在2018年春节团拜会上的讲话[N]. 人民日报，2018-02-15.

④ 习近平. 坚持从严治党落实管党治党责任　把作风建设要求融入党的制度建设[N]. 人民日报，2014-07-01.

二、中华优秀传统文化与大力加强党的思想建设

古人追求的理想社会是天下为公的大同社会，并以“民惟邦本，本固邦宁”的民本思想以及“崇义轻利，舍生取义”的义利观念作为构建理想社会的原则和信念。中华优秀传统文化中对理想社会的追求和向往，为加强党员干部的理想信念教育、巩固其共产主义信念提供了助力；对人民的关注和珍视，为中国共产党全力践行为人民服务的根本宗旨指明了方向；舍生取义的道德标准和行为规范，能够引导党员干部树立科学的义利观，坚定正确的世界观、人生观和价值观。

（一）中华优秀传统文化是大力加强党的思想建设的文化滋养

1.“大道之行，天下为公”的理想追求

西汉戴圣辑录的《礼记》，是儒家经典之一，其中的《礼运篇》描述了古代传统文化所向往的“大同社会”。这是孔子社会政治理想的最高表达，是古代社会刻画和描绘的极致政治理想和最远大社会愿景，后被人们所熟知。“大道之行也，天下为公。选贤与能，讲信修睦，故人不独亲其亲，不独子其子。使老有所终，壮有所用，幼有所长，矜寡、孤独、废疾者，皆有所养。男有分，女有归。货，恶其弃于地也，不必藏于己。力，恶其不出于身也，不必为己。是故谋闭而不兴，盗窃乱贼而不作。故外户而不闭，是谓大同。”大道之行，天下为公，是其核心要义，而后皆是对大同社会兴旺、安定、和谐的描述。天下为所有人所共有，大同社会的构建关系到每个人的切身利益，因此“大道之行，天下为公”的社会理想需要全体社会成员的共同努力。

2.“仁者爱人，民贵君轻”的民本思想

民本思想作为古代社会的文化传统和政治原则，积厚流光，影响深远，在“约束君主权力，回应人民要求；加强文化认同，巩固民族团结；维护国家统一，稳定社会秩序”等方面发挥了积极作用。早在《尚书·五子之歌》中就有“民可近，不可下。民惟邦本，本固邦宁”的记载，告诫居上位者，对待人民要亲近，不能轻视与低看。人民是国家的根基，根基牢固，国家才能安定。孔

子以“仁”学思想为核心，对民本思想作了较为系统的阐释，主张亲仁、为政、治国都要以人民的利益为重。《论语·学而》记载：“泛爱众，而亲仁。”孔子认为帮助关爱的人越多，就越接近仁。“子曰：道千乘之国，敬事而信，节用而爱人，使民以时。”治理拥有一千辆兵车的国家，就应当严肃认真地对待所从事的工作；讲求信用，节约用度，关爱百姓，不在农忙的时候役使百姓。《礼记·哀公问》中记载孔子回答哀公问政：“古之为政，爱人为大。”孟子继承了孔子“仁”的思想，强调“仁者爱人”（《孟子·离娄下》），并且更为直接地提出“民为贵，社稷次之，君为轻”（《孟子·尽心下》）的主张。

3.“崇义轻利，舍生取义”的义利观念

义利观是中华传统文化价值观的核心内容。在儒家看来，重义轻利，既是立人之道，也是治国之道。孔子强调君子“义以为上”（《论语·阳货》），“君子喻于义，小人喻于利”（《论语·里仁》），“君子见利思义，见危授命”（《论语·宪问》）。孟子继承了孔子的思想，认为“仁义而已矣，何必曰利?”（《孟子·梁惠王上》），主张“生，亦我所欲也，义，亦我所欲也；二者不可得兼，舍生而取义者也”（《孟子·告子上》）。墨子的义利观独具特色，以利他为核心，同时主张义与利并非绝对对立，而是可以互相统一的，提出“义，利也”的思想。传统文化中的这些观点，既讲求以义为先，又注重义利平衡。可以说，崇义轻利、取利有道甚至舍生取义，是中华民族千百年来一以贯之的道德准则和行为规范。

（二）广泛弘扬中华优秀传统文化，大力加强党的思想建设

1. 加强理想信念教育，巩固党员干部的共产主义信念

天下为公的大同社会，描绘了理想的国家蓝图，激发着中华民族锐意进取、追求理想的热忱和行动。民众以大同社会为目标来审视、评判并改善现实世界，尤其是近代社会以来，面对东西方列强尤其是日本帝国主义的欺凌，中国人民奋起反抗抵御外侮，奋不顾身捍卫国家和民族的尊严，为实现民族独立和国家富强不懈奋斗，这是对“天下为公”的“大同”理想的躬身践履和生动阐释。大同社会，与马克思所阐释的共产主义社会一样，代表着民众的最高社会理想，“大道之行，天下为公”的理想追求，为加强党员干部的理想信念教

育、巩固党员干部的共产主义信念提供了思想支撑。

中国共产党历来重视理想信念教育。共产主义远大理想和中国特色社会主义共同理想，是中国共产党人的精神支柱和政治灵魂，也是保持党的团结统一的思想基础。习近平总书记强调："坚定理想信念，坚守共产党人精神追求，始终是共产党人安身立命的根本。对马克思主义的信仰，对社会主义和共产主义的信念，是共产党人的政治灵魂，是共产党人经受住任何考验的精神支柱。形象地说，理想信念就是共产党人精神上的'钙'，没有理想信念，理想信念不坚定，精神上就会'缺钙'，就会得'软骨病'。"[①] 并指出，"要坚持学而信、学而思、学而行，把学习成果转化为不可撼动的理想信念，转化为正确的世界观、人生观、价值观，用理想之光照亮奋斗之路，用信仰之力开创美好未来"[②]，应自觉做共产主义远大理想和中国特色社会主义共同理想的坚定信仰者和忠实实践者。千百年来，广大人民群众所向往的大同社会，从孔子到孙中山都神往的"天下为公"愿景，在中国共产党的领导下，正一步步变为现实。

2. 坚持立党为公、执政为民，全力践行为人民服务的根本宗旨

中国共产党自诞生之日起，就是中国人民和中华民族利益的忠实代表，并立志为最广大人民的利益而奋斗。在中国数千年的文明史上，"民本"思想一直是备受关注的主题，"政在养民""敬德保民""民为邦本""民为贵""立君为民"等主张凸显了古圣先贤对人民的重视。中国共产党的根本宗旨——"全心全意为人民服务"，也是批判地吸收了我国古代"民本"思想的结果。我们应该认识到，古代思想家、政治家的"民本"思想，归根到底是为维护统治阶级的统治服务的，但其以人民利益为重的价值理念，为当前中国特色社会主义建设和党的建设提供了启示和借鉴。正如习近平所言，"中国梦归根到底是人民的梦，必须紧紧依靠人民来实现，必须不断为人民造福"[③]，"坚持共享发展，必须坚持发展为了人民、发展依靠人民、发展成果由人民共享"[④]。

---

① 中共中央文献研究室. 十八大以来重要文献选编（上）[M]. 北京：中央文献出版社，2014：80.

② 习近平. 在纪念红军长征胜利80周年大会上的讲话[N]. 人民日报，2016-10-22.

③ 习近平. 在第十二届全国人民代表大会第一次会议上的讲话[N]. 人民日报，2013-03-18.

④ 中国共产党第十八届中央委员会第五次全体会议公报[J]. 求是，2015(21).

在党的建设层面，中国共产党坚持“立党为公、执政为民”的民本观点，强调将全心全意为人民服务的原则根植于全党的思想和行动中，不断夯实党的执政基础，巩固党的执政地位，增强党的创造力、凝聚力和战斗力。正如习近平所指出的，“我们党来自人民、植根人民、服务人民，党的根基在人民、血脉在人民、力量在人民。失去了人民拥护和支持，党的事业和工作就无从谈起。党要继续经受住执政考验、改革开放考验、市场经济考验、外部环境考验，就必须始终密切联系群众。在任何时候任何情况下，与人民同呼吸共命运的立场不能变，全心全意为人民服务的宗旨不能忘，群众是真正英雄的历史唯物主义观点不能丢，始终坚持立党为公、执政为民”①，全党要牢记，“得民心者得天下，失民心者失天下，人民拥护和支持是党执政的最牢固根基。人心向背关系党的生死存亡。党只有始终与人民心连心、同呼吸、共命运，始终依靠人民推动历史前进，才能做到哪怕‘黑云压城城欲摧’，‘我自岿然不动’，安如泰山、坚如磐石”②。

3. 引导党员干部树立科学的义利观，坚定正确的世界观、人生观和价值观

传统文化中崇义轻利、取利有道以及舍生取义的“义利观”，对于探索、构建符合时代发展和社会进步要求的社会主义义利观具有积极影响，对于加强党的建设，引导党员、干部经受住各种风险和困难的考验，自觉抵制各种利益诱惑和腐朽思想影响，树立科学的义利观，坚定正确的世界观、人生观和价值观具有直接的现实意义。不同的历史发展阶段要求不同的义利观念，当前，中国共产党倡导的是“把国家和人民利益放在首位而又充分尊重公民个人自身的合法利益”的社会主义义利观，民族大义与个人私利绝不能混为一谈。

对于个别党员干部滥用公权力的以权谋私、营私舞弊、贪赃枉法行为，有人以维护党员干部的合理合法利益作辩护。对此种言论，习近平给予了坚决驳斥：“有人说，现在不要讲‘大公无私’了，因为干部的合理合法利益也要承认，应该是‘大公有私’。这是一个谬论！干部合理合法的利益当然要承认，也要保障，但这同私心、私利、私欲不是同一个概念，不能混为一谈。作为党

① 习近平. 习近平谈治国理政[M]. 北京：外文出版社，2014：367.

② 习近平. 习近平谈治国理政[M]. 北京：外文出版社，2014：368.

的干部，就是要全心全意为人民服务，就是要诚心诚意为党和人民事业奋斗，就是要讲大公无私、公私分明、先公后私、公而忘私。如果连这一点都不讲了，我们党还是中国工人阶级先锋队吗？还是中国人民和中华民族先锋队吗？作为共产党员，作为党的干部，只有一心为公，事事出于公心，才能有正确的是非观、义利观、权力观、事业观，才能把群众装在心里，才能坦荡做人、谨慎用权，才能光明正大、堂堂正正。”①

三、中华优秀传统文化与大力加强党的组织建设

中国古代的人才选拔、官员管理和奖惩考核制度，伴随着社会的发展而日趋严密和完整，总结起来可以概括为：“举贤选能”的人才选拔制度，严格官吏管理、要求其“正身”以“率下”的官员管理制度，并辅以“考课奖惩”的官吏评价考核体系。传统文化中“尊贤”“举贤”的政治思想以及形式多样的人才选拔举措，“大臣法、小臣廉”的治官原则，对于当前加强党的组织建设有着十分重要的借鉴意义。

（一）中华优秀传统文化是大力加强党的组织建设的历史借鉴

1.“举贤选能”的人才选拔制度

墨家主张“尚贤”，墨子云“夫尚贤者，政之本也”（《墨子·尚贤》）。管子认为：“夫争天下者必先争人。”② 儒家也主张“举贤选能”，荀子有言：“尊圣者王，贵贤者霸，敬贤者存，慢贤者亡，古今一也。故尚贤使能，等贵贱，分亲疏，序长幼，此先王之道也。”③ 古代思想家已然认识到国家和社会管理的本质在于人，在于选人、用人和管人，要想稳固封建专制统治，必须通过举荐、考试等方式选拔人才，因此人才的培养以及“举贤选能”的人才选拔制度成为古代社会政治思想的重要内容。中国历代官员选拔制度，经过先秦的世卿

① 中共中央文献研究室，中央党的群众路线教育实践活动领导小组办公室，编. 习近平关于党的群众路线教育实践活动论述摘编[M]. 北京：中央文献出版社，党建读物出版社，2014：38.

② 石一参. 管子今诠[M]. 北京：中国书店出版社，1988：226.

③ 章诗同. 荀子简注[M]. 上海：上海人民出版社，1974：271.

世禄制，两汉的察举制、征辟制，再到魏晋的九品中正制以及隋唐明清的科举制，通过世袭、军功授爵、地方官员或者专门的“中正官”举荐、科举考试等形式为封建社会选拔了大量优秀人才。受限于当时的历史条件和社会发展状况，古代的官员选拔制度是为封建统治阶级服务的，也存在很多缺陷和问题。但是其“尊贤”“尚贤”“举贤”的思想以及人才选拔的方法和措施，仍具有超越时代的借鉴意义。

2.“正身”“率下”的官员管理制度

儒家主张以仁政治理国家，同时注重发挥为政者的表率作用，强调正人先正己，“身正”方能“率下”，认为只有为政者发挥表率作用，才能按照统治秩序影响民众的思想和行为，如此方能治理好下民和国家。孔子认为，“上好礼，则民莫敢不敬；上好义，则民莫敢不服；上好信，则民莫敢不用情。夫如是，则四方之民襁负其子而至矣”（《论语·子路》），从礼治、道义、信用等方面说明上位者的思想和行为对民众的影响。孔子还提出：“其身正，不令而行；其身不正，虽令不从。”（《论语·子路》）“苟正其身矣，于从政乎何有？不能正其身，如正人何？”（《论语·子路》）如果自身行为端正，管理政事还有什么困难呢？如果不能端正自身，怎能要求别人行为端正呢？可见孔子对为政者“正身”以发挥表率作用的重视。《礼记·礼运》中也有论述：“大臣法，小臣廉，官职相序，君臣相正，国之肥也。”古代讲求大臣尽忠，小臣尽职，大臣遵守国家法度，小臣才能廉而不贪，这也是重视为政者榜样示范作用的表现。至汉代，班固所著《白虎通·三教》中的“教者，效也，上为之，下效之”，更为明确地提出上位者如何做、下位者效仿的主张。

3.“考课奖惩”的官吏评价考核体系

古代官吏的“考课奖惩”，历经各朝代而不断发展完善，逐渐形成周密而完整的评价体系。不同的朝代采用不同的考核标准和考核程序，考课、考绩、考核、考校、上计等是各朝代的不同称呼，依据考核结果，官吏的赏罚升黜也各有不同，内容方面主要考核官吏的德行、能力以及工作实绩，逐渐形成以“德”为中心且兼顾“公、勤、绩、廉”的完整体系。孔子认为：“为政以德，譬如北辰，居其所而众星共之。……道之以政，齐之以刑，民免而无耻；道之以德，齐之以礼，有耻且格。”（《论语·为政》）以德治国是古代的重要政治思想。管子曾提出“三本”的考核标准，即通过“重德”“察能”“量功”三项指标，考核所选用之人的品德与地位、功绩与报酬、才能与官职是否相称。唐代通过‘四善二十七最’之标准，将官吏的考核评定为上上至下下共九个等级。具体来说：一最四善评为上上，一最三善评为上中，一最二善评为上下，无最而有二善评为中上，无最而有一善评为中中，职事粗理、善最不闻评为中下，爱憎任情、处断乖理评为下上，背公向私、职务废缺评为下中，居官饰诈、贪浊有状评为下下。① 宋代的管理制度也有严格的考课奖惩规则，《宋史》载，“凡职皆有课，凡课皆责实。监司所上守臣课不占等者，展年降资；而治状优异者，增秩赐金帛，以玺书奖励之”②。

（二）广泛弘扬中华优秀传统文化，大力加强党的组织建设

1. 坚持德才兼备、以德为先，建设高素质专业化干部队伍

传统文化中“尊贤”“举贤”“尚贤”的政治思想以及人才选拔的方法和措施，对于加强党的组织建设有着十分重要的借鉴意义。党的组织建设，应充分体现选贤任能的原则，坚持德才兼备、以德为先的标准，建设高素质专业化干部队伍。习近平在党的十九大报告中指出：“要坚持党管干部原则，坚持德才兼备、以德为先，坚持五湖四海、任人唯贤，坚持事业为上、公道正派，把好干部标准落到实处。坚持正确选人用人导向，匡正选人用人风气，突出政治标准，提拔重用牢固树立‘四个意识’和‘四个自信’、坚决维护党中央权威、全面贯彻执行党的理论和路线方针政策、忠诚干净担当的干部，选优配强各级领导班子。注重培养专业能力、专业精神，增强干部队伍适应新时代中国特色社会主义发展要求的能力。”③ “要坚持党管人才原则，聚天下英才而用之，加快建设人才强国。实行更加积极、更加开放、更加有效的人才政策，以识才的慧眼、爱才的诚意、用才的胆识、容才的雅量、聚才的良方，把党内和党外、

---

① 康建胜. 现代行政法视野下的古代治庸制度[J]. 甘肃行政学院学报，2016(3).

② 〔元〕脱脱，等. 宋史[M]. 北京：中华书局，1977：3761.

③ 习近平. 决胜全面建成小康社会　夺取新时代中国特色社会主义伟大胜利——在中国共产党第十九次全国代表大会上的报告[M]. 北京：人民出版社，2017：64.

国内和国外各方面优秀人才集聚到党和人民的伟大奋斗中来。”①

2. 抓好关键少数，发挥领导干部的表率示范作用

古代政治思想家强调“大臣法，小臣廉”，注重发挥为政者尤其是“大臣”的表率作用，坚持“正身”方能“率下”的官员管理制度，这与当前党的建设中抓好关键少数，发挥领导干部的榜样示范作用是一致的。以习近平同志为核心的党中央，从传统文化中汲取营养，强调全面“从严治党，关键是要抓住领导干部这个‘关键少数’，从严管好各级领导干部。从严管理干部，要坚持思想建党和制度治党紧密结合，既从思想教育上严起来，又从制度上严起来”②。“党要管党、从严治党怎么抓？就从中央政治局抓起，正所谓‘子帅以正，孰敢不正？’上面没有先做到，要求下边就没有说服力和号召力。”③ 他强调领导干部必须正身以率下，严禁利用职权谋取私利，要真正发挥表率和带头作用。“对领导干部，要求就是要严一些，正所谓‘其身正，不令而行；其身不正，虽令不从’。”④ “要做班子的带头人。‘羊群走路靠头羊。’带头人关键是‘带头’二字。希望大家带头讲党性、重品行、作表率，带头搞好‘三严三实’专题教育，带头抓班子带队伍，带头依法办事，带头廉洁自律，带头接受党和人民监督，带头清清白白做人、干干净净做事、堂堂正正做官，真正做到事事带头、时时带头、处处带头，真正做到率先垂范、以上率下。”⑤ “要加强教育引导，注重破立并举，抓住‘关键少数’，推动各级领导干部自觉担当领导责任和示范责任，把自己摆进去、把思想摆进去、把工作摆进去，形成‘头雁效应’。”⑥

---

① 习近平.决胜全面建成小康社会　夺取新时代中国特色社会主义伟大胜利——在中国共产党第十九次全国代表大会上的报告[M].北京：人民出版社，2017：64-65.

② 习近平.在参加十二届全国人大三次会议上海代表团审议时的讲话[EB/OL].(2016-08-09).人民网，http://jhsjk.people.cn/article/28621443.

③ 习近平.在第十八届中央纪律检查委员会第三次全体会议上的讲话[EB/OL].(2016-08-09).人民网，http://jhsjk.people.cn/article/28621443.

④ 习近平.在参加十二届全国人大三次会议上海代表团审议时的讲话.[EB/OL].(2016-08-09).人民网，http://jhsjk.people.cn/article/28621443.

⑤ 习近平.做焦裕禄式的县委书记[M]，北京：中央文献出版社，2015：68.

⑥ 十三届全国人大一次会议　全国政协十三届一次会议在京举行[J].中国纪检监察，2018(5).

3. 要求领导干部讲政德、立政德，同时完善党员、干部的考核评价机制

古代社会以“德”为中心，兼顾“公、勤、绩、廉”，坚持奖励与惩罚并重的考课奖惩体系，为完善党员、干部的考核评价机制，坚持严管和厚爱结合、激励和约束并重的原则，建立激励机制和容错纠错机制提供了启示和借鉴。人无德不立，党无德不兴，传统文化中对政德的强调一直延续至今，“德才兼备、以德为先”始终是中国共产党选拔任用干部的重要标准。坚持依规治党和以德治党相结合，以道德引领和激励党员干部，是大力加强党的建设的重要措施。习近平要求领导干部要讲政德、立政德，“领导干部要讲政德。政德是整个社会道德建设的风向标。立政德，就要明大德、守公德、严私德”①。政德的内涵明确之后，领导干部应如何提高政德修养呢？习近平指出：“要多积尺寸之功。小事小节是一面镜子，小事小节中有党性、有原则、有人格。要牢记‘堤溃蚁孔，气泄针芒’的古训，坚持从小事小节上加强修养，从一点一滴中完善自己。”② 中国特色社会主义进入新时代，全面深化改革进入新阶段，对党的建设事业也提出了新的要求，任务重、矛盾多、困难大，需要党员干部勇于担当，迎难而上。我们应借鉴传统文化中综合运用正向激励和负向督查的方式，坚持厚爱与严管相结合，充分调动广大党员、干部的积极性，不断提升工作效率，增强价值认同。为鼓励党员干部干事奋进，2016 年 10 月 27 日通过的《关于新形势下党内政治生活的若干准则》明确指出：“建立容错纠错机制，宽容干部在工作中特别是改革创新中的失误。”党中央建立激励机制和容错纠错机制的设想和安排，为“愿干事、敢干事、干大事”的党员干部兜底、护航。

四、中华优秀传统文化与大力加强党的作风建设

中国古代社会非常重视官员的廉政建设和工作作风建设，奉行“秉德无

① 习近平、李克强、栗战书、赵乐际分别参加全国人大会议一些代表团审议[EB/OL].(2018-03-11).人民网，http://jhsjk.people.cn/article/29860437.

② 习近平、李克强、栗战书、赵乐际分别参加全国人大会议一些代表团审议[EB/OL].(2018-03-11).人民网，http://jhsjk.people.cn/article/29860437.

私，廉洁奉公”的廉政准则，强调“敬业乐群，鞠躬尽瘁”的敬业精神以及“鞠躬尽瘁，死而后已”的献身精神，并依托“政监共管，显隐兼济”加强对官员的巡视和监察。中华优秀传统文化中的上述思想，为当前大力加强党员干部的廉政教育，着力整肃党员干部工作作风，构建权威高效的监督体系提供了思想借鉴。

（一）中华优秀传统文化是大力加强党的作风建设的思想源泉

1．“秉德无私，廉洁奉公”的廉政准则

古代社会重政德讲廉政，尊崇廉者企盼清官，思想家们从个人品行、从业操守以及国家管理等层面进行了论述。早在《周礼·天官冢宰·小宰》中就有相关记载：“以听官府之六计，弊群吏之治：一曰廉善，二曰廉能，三曰廉敬，四曰廉正，五曰廉法，六曰廉辨。”要求官员任职必须具备“六廉”，并且将此作为考核官吏的依据。孔子则从日常生活角度切入来解释廉的必要性：“无欲速，无见小利。欲速则不达，见小利则大事不成。”（《论语·子路》）他告诫人们，做事不能图快，不能贪占小利，如果仅追求速度反而可能达不到目的，贪占小便宜则大事无以成。孔子又从富贵可求、取之有道的层面指出，“富与贵，是人之所欲也，不以其道得之，不处也”（《论语·里仁》）。孟子言：“可以取，可以无取，取伤廉。”（《孟子·离娄下》）此外，晏子专门从国家统治的角度论述了“廉”的重要性，认为：“廉者，政之本也。”（《晏子春秋·内篇杂下》欧阳修总结了管仲的观点，提出“礼义廉耻，国之四维，四维不张，国乃灭亡”。众多表达自身清白做人、廉洁从政志向的语句和诗篇也广为流传。“廉者，民之表也；贪者，民之贼也。”（宋·包拯《乞不用赃吏疏》）“忠信廉洁，立身之本，非钓名之具也。”（宋·林逋《省心录》）“清风两袖朝天去，免得闾阎话短长。”（明·于谦《入京》）几千年来，无数仁人志士清明廉洁、公而忘私，践行着“秉德无私，廉洁奉公”的廉政准则，并将“公生明，廉生威”作为自己的座右铭，这都是古代“廉”文化的集中体现。

2．“敬业乐群，鞠躬尽瘁”的敬业精神

敬业是中华民族的传统美德，传统文化尤其是儒家思想中不乏相关论述。大禹治水“三过家门而不入”，以实际行动阐释敬业精神。孔子主张“居处恭，

执事敬，与人忠”（《论语·子路》），即要求对待工作认真严谨。《论语》中有关于子路问政的记述，孔子认为：“先之，劳之。请益，曰：无倦。”（《论语·子路》）子路向孔子请教如何治理国家，孔子说，当政者应该先于百姓做事，然后再去让百姓劳动。子路请求再多讲一些，孔子回答不要倦怠。孔子强调当政者应勤政爱民永不懈怠，并且要以身作则发挥榜样示范作用，其精神内核与当今时代推崇的敬业精神是一致的。孟子则从做事应下苦功夫的角度来论述：“故天将降大任于是人也，必先苦其心志，劳其筋骨，饿其体肤，空伐其身，行拂乱其所为，所以动心忍性，曾益其所不能。”（《孟子·告子下》）诸葛亮则强调“鞠躬尽瘁，死而后已”的献身精神，这是传统文化中敬业的极致理想状态。朱熹明确指出：“敬业者，专心致志以事其业也。乐群者，乐于取益以辅其仁也。”其中，敬业者是专心致志、严肃认真地对待自己的事业的人，而乐群者则是乐于并且善于向别人学习，以助益于自己仁道的人。尽管传统文化中关于敬业的论述，角度各有不同，但其以“敬”为核心的敬业精神是一致的，在此基础上关于爱岗敬业、恪尽职守、任劳任怨、精益求精、鞠躬尽瘁等的要求都是敬业精神的具体表现形式。

3.“政监共管，显隐兼济”的巡视监察制度

中国古代的巡视监察制度，通过选拔清正廉洁的监察官，依托政监共管的多重监督体系，运用显隐兼济的巡视监察方式，监督、调整古代官僚机构，整饬吏治督察官吏，在维护国家稳定、巩固封建统治方面发挥了积极作用。自官僚制度建立，统治者就将官吏分为“治事之官”和“治官之官”，设监察官以监督官吏及官僚机构的运行。古代监察官的选拔非常严格。首先，要求品行廉洁、果敢刚毅，有责任感和使命感。其次，要求具有较高的学识以及文化修养。古代监察官大多是科举出身，具有较高的学识和文化素养，尤其是熟知当时的法令。再次，要求有从政经验，尤其注重地方工作实绩。各朝各代均注意从具有良好口碑和政绩的地方官员中选拔监察官，监察官从政的经验和阅历使他们很容易开展工作。需要明确的是，古代的巡视监察机构，最初是隶属于地方行政机构并作为地方行政的部门开展工作，但随着古代官僚机构的日益复杂和严密，为了更有效地开展工作，巡视监察机构逐步从行政机构中分离出来，开始独立开展工作行使监察职责。监察官可以直接向中央或者最高统治者汇报

工作，不再受地方其他官员和部门的制约。但是，总体来讲，古代巡视监察制度是监督机构与行政机构合力发挥作用的制度体系。此外，古代的巡视监督采用定期与不定期相结合、正面直接督查和隐性间接督查相结合的方式，既有直接的考课奖惩，也有其他更加灵活的方式，比如深入民间走访调查等。除各级监察官外，历朝最高统治者为了检验民生及官员政绩，也会通过不定期、不公开的巡视，加大对官员的监督考察。

（二）广泛弘扬中华优秀传统文化，大力加强党的作风建设

1. 大力加强廉政教育，着力整治四风问题，坚决反对特权思想和特权现象

秉德无私、清正廉洁是古代思想家自觉追求的个人操守，同时也是民众评判官员德行的重要标准。中国共产党自成立伊始，一直将廉洁奉公作为党员的必备政治品格，力求保持清正廉洁的政治本色。坚持全面从严治党，必须坚定不移推进党风廉政建设。习近平总书记多次指出："共产党的干部就是要严于律己，廉洁奉公，一身正气，两袖清风，清清白白做'官'，堂堂正正做人，坚持高尚的精神追求，永葆共产党人的浩然正气。"他还从党的建设的历史方面说明廉政教育的重要性："为政清廉才能取信于民，秉公用权才能赢得人心，这个道理我们党早就明确提出来了。一九二六年八月，中共中央扩大会议发出通告指出，对腐化分子混入党内的现象必须高度警惕，'应该很坚决的洗清这些不良分子，和这些不良倾向奋斗，才能坚固我们的营垒，才能树立党在群众中的威望'。"①

习近平还指出，当前廉政建设的形势依旧严峻，并要求着力整治党内的形式主义、官僚主义、享乐主义以及奢靡之风，强调作风建设要从主要领导干部尤其是一把手抓起，坚决反对特权思想和特权现象。习近平总结了当前党内四风问题的具体表现形式。"在形式主义方面，主要是知行不一、不求实效，文山会海、花拳绣腿，贪图虚名、弄虚作假。"② "在官僚主义方面，主要是脱离

---

① 中共中央纪律检查委员会，中共中央文献研究室，编. 习近平关于党风廉政建设和反腐败斗争论述摘编[M]. 北京：中央文献出版社，中国方正出版社，2015：4.

② 中共中央文献研究室. 十八大以来重要文献选编（上）[M]. 北京：中央文献出版社，2014：310-311.

实际、脱离群众，高高在上、漠视现实，唯我独尊、自我膨胀。”① “在享乐主义方面，主要是精神懈怠、不思进取，追名逐利、贪图享受，讲究排场、玩风盛行。”② “在奢靡之风方面，主要是铺张浪费、挥霍无度，大兴土木、节庆泛滥，生活奢华、骄奢淫逸，甚至以权谋私、腐化堕落。”③ 他强调：“反腐倡廉建设，还必须反对特权思想、特权现象。党章规定：‘中国共产党党员永远是劳动人民的普通一员。除了法律和政策规定范围内的个人利益和工作职权以外，所有共产党员都不得谋求任何私利和特权。’”④

2. 着力整肃“慵懒怠奢”等不良风气，不断改进党员干部的工作作风

传统文化中注重“敬业乐群，鞠躬尽瘁”的敬业精神，为当前着力整治不良风气，大力加强党的作风建设，不断改进党员干部的工作作风提供了思想支持。中国共产党历来重视党的作风建设，习近平在庆祝中国共产党成立 95 周年大会上再次强调作风建设的重要性，“党的作风是党的形象，是观察党群干群关系、人心向背的晴雨表。党的作风正，人民的心气顺，党和人民就能同甘共苦”⑤。习近平多次从正反两个方面论述作风建设的重要性，强调“慵懒怠奢”等不良风气的危害，并指出改进工作作风必须要发扬艰苦奋斗的精神，要专心致志、恪尽职守、敬业爱民。他强调，“工作作风上的问题绝对不是小事，如果不坚决纠正不良风气，任其发展下去，就会像一座无形的墙把我们党和人民群众隔开，我们党就会失去根基、失去血脉、失去力量。抓改进工作作风，各项工作都很重要，但最根本的是要坚持和发扬艰苦奋斗精神”⑥。他指出，

---

① 中共中央文献研究室. 十八大以来重要文献选编（上）[M]. 北京：中央文献出版社，2014：311.

② 中共中央文献研究室. 十八大以来重要文献选编（上）[M]. 北京：中央文献出版社，2014：312.

③ 中共中央文献研究室. 十八大以来重要文献选编（上）[M]. 北京：中央文献出版社，2014：312.

④ 中共中央文献研究室. 十八大以来重要文献选编（上）[M]. 北京：中央文献出版社，2014：136.

⑤ 习近平. 在庆祝中国共产党成立 95 周年大会上的讲话[M]. 北京：人民出版社，2016：23.

⑥ 习近平在十八届中央纪委二次全会上发表重要讲话强调 更加科学有效地防治腐败 坚定不移把反腐倡廉建设引向深入[EB/OL].（2013-01-22）. 中国共产党新闻网，http://cpc.people.com.cn/n/2013/0122/c64094-20289660-2.html.

“面对艰巨繁重的任务，大家要以强烈的事业心和高度的使命感，兢兢业业做好各项工作，做到敬业守责、尽心尽力”，要“发扬实事求是的作风，脚踏实地、真抓实干，说真话、报真情、做实事、求实效，不能搭花架子、做表面文章，甚至说假话、报假情、瞒上瞒下”，“要‘不待扬鞭自奋蹄’，为了党和人民事业勤勤恳恳、任劳任怨，不图名、不图利，专心致志、心无旁骛做好工作”。[①]“慵懒怠奢”等不良风气，损害了党和政府的形象，降低了人民群众的信任度，与传统文化中“敬业乐群，鞠躬尽瘁”的思想也是相悖的，必须坚决地加以纠正和改进。

3. *构建全面覆盖、权威高效的监督体系，持续提升党的自我净化能力*

为确保官吏清廉高效，并有效监督国家的行政运行体系，古代最高统治者设计并推行了灵活多样的巡视检察制度，以古为鉴、古为今用，古代巡视监察制度的制度设计、组织形式以及方法举措，能够为当前加强党的建设、构建新时代的监督监察体系提供参照和借鉴。为加强和改进党的作风，督促党员、干部自我约束、自我省察、自我提升，以习近平同志为核心的党中央决定下大力气构建全面覆盖、权威高效的巡视监督体系，这是强化党内监督、发挥巡视利剑作用的重要举措。习近平主张抓作风建设要有狠劲和韧劲，“要以踏石留印、抓铁有痕的劲头抓下去，善始善终、善做善成，防止虎头蛇尾，让全党全体人民来监督，让人民群众不断看到实实在在的成效和变化”[②]。他多次强调党内监督的重要性，指出加强国家监督的同时注意发挥群众监督、法治监督等形式的补充作用。“强化党内监督是为了保证党立党为公、执政为民，强化国家监察是为了保证国家机器依法履职、秉公用权，强化群众监督是为了保证权力来自人民、服务人民。要把党内监督同国家监察、群众监督结合起来，同法律监督、民主监督、审计监督、司法监督、舆论监督等协调起来，形成监督合力，

---

① 习近平.办公厅工作要做到“五个坚持”[J].秘书工作，2014(06).

② 习近平在十八届中央纪委二次全会上发表重要讲话强调　更加科学有效地防治腐败　坚定不移把反腐倡廉建设引向深入[EB/OL].(2013-01-22).中国共产党新闻网，http://cpc.people.com.cn/n/2013/0122/c64094-20289660-2.html.

推进国家治理体系和治理能力现代化。”① 习近平还从古代的巡视监察体系中汲取经验，强调巡视的权威性、规范性并指明重点巡查方向。“巡视是党内监督的战略性制度安排。明代以后有八府巡按，走到哪里，捧着尚方宝剑，八面威风。我们的巡视不是八府巡按，但必须有权威性，成为国之利器、党之利器。推动巡视向纵深发展，根本在于贯彻中央巡视工作方针。要重点检查被巡视党组织是否维护党章权威、贯彻从严治党方针、执行党的路线方针政策和决议，是否存在党的领导弱化、主体责任缺失、从严治党不力等问题，督促其担负起管党治党责任。要以党的纪律为尺子，重点检查政治纪律执行情况，着力发现腐败、纪律、作风和选人用人方面的突出问题，更好发挥震慑遏制治本作用。要以贯彻执行巡视工作条例为契机，提高依规依纪巡视能力，推动巡视工作制度化、规范化。”②

五、中华优秀传统文化与大力加强党的纪律建设

现代社会的发展和完善，需要社会成员具备规则意识和法治意识。因此，大力加强党的纪律建设同样要求党员、干部严格自律，着重培育其规则意识和法治意识。中华优秀传统文化中强调的“不以规矩，不成方圆”的规则意识，“日三省吾身”的自律精神以及“重典治吏”“治吏不治民”的法治思想，能够警醒党员、干部自省自律，助力其规则意识和法治意识培养。

（一）中华优秀传统文化是大力加强党的纪律建设的动力渊源

1. “不以规矩，不成方圆”的规则意识

古代中国农业较为发达，建立在农耕文明基础之上的思想体系，深受安土重迁等思想的影响，社会成员的流动性较低，逐渐形成所谓的“熟人社会”。在此基础之上建立起来的社会制度、道德体系以及社会规范也独具特点，一直

---

① 习近平. 在第十八届中央纪律检查委员会第六次全体会议上的讲话[N]. 人民日报，2016-05-03.

② 习近平. 在第十八届中央纪律检查委员会第六次全体会议上的讲话[N]. 人民日报，2016-05-03.

以来都被诟病为缺乏规则意识。然而，中华优秀传统文化中不乏对规则意识的论述。孔子的“礼治”思想，就是对于社会制度、道德体系以及社会规范的规范和构建，是规则意识的文化基础。孔子所主张的“礼”并非单纯指礼仪，而是包括了礼仪、祭祀等在内的国家制度、道德体系以及社会行为规范等，是维持社会秩序的一整套基本规则。孔子多次强调“不学礼，无以立”（《论语·季氏》），指出要参与社会生活，必须遵守“礼”的规范。孔子认为，“恭而无礼则劳，慎而无礼则葸，勇而无礼则乱，直而无礼则绞”（《论语·泰伯》）。他主张“礼”是个人为人处世的尺度，同时也是治理国家的规矩准则，如果不遵守规则，则会给个人和国家都带来危害。在孔子看来，遵循礼才能保证国家的稳定和秩序。“乐者天地之和也。礼者天地之序也。和故百物皆化，序故群物皆别。”① 孟子直言：“离娄之明、公输子之巧，不以规矩，不能成方圆；师旷之聪，不以六律，不能正五音；尧舜之道，不以仁政，不能平治天下。”孟子所列举的离娄、公输子以及师旷等人，都是高明的能工巧匠或者独具特别技能的人，但是他们的技艺与智慧也必须遵循一定的原则，受一定条件的制约。就连尧、舜等圣人，也必须遵守“仁政”的规则，否则就无法治理好国家。孔孟之外，诸子百家对规则意识也多有论述，“不以规矩，不成方圆”的规则意识深刻影响了中国传统价值体系的形成。

2. “日三省吾身”的自律精神

中华传统文化特别强调自律精神，并将自律作为修身立人、理事治国的重要方法。孔子注重内外兼修，强调只有通过不断反省，才能进一步完善自身。“见贤思齐焉，见不贤而内自省也。”（《论语·里仁》）在人际交往中，孔子也主张注意自察内省，“己所不欲，勿施于人”（《论语·颜渊》），“躬自厚而薄责于人，则远怨矣”（《论语·卫灵公》）。在孔子的言传身教下，他的弟子和后世的继承者，也非常注重内察自省。曾子言：“吾日三省吾身，与人谋而不忠乎？与朋友交而不信乎？传不习乎？”（《论语·学而》）孟子云：“行有不得者，皆反求诸己。”（《孟子·离娄上》）荀子也主张，“君子博学而日参省乎己，则知明而行无过矣”（《荀子·劝学》）。儒家所主张的自省自

① 〔元〕陈澔，注. 礼记[M]. 金晓东，校点. 上海：上海古籍出版社. 2016：431.

律，不仅要向贤者看齐，而且要求将自省作为生活常态，并且强调应依靠自己的力量来解决问题。传统文化中的自省自律，还特别注重“慎独”。“慎独”一词，最早见于《礼记·大学》和《礼记·中庸》。《大学》中记载：“所谓诚其意者，毋自欺也。如恶恶臭，如好好色，此之谓自慊，故君子必慎其独也。小人闲居为不善，无所不至；见君子而后厌然，掩其不善，而著其善。人之视己如见肺肝然，则何益矣。此谓诚于中，形于外，故君子必慎其独也。”《中庸》倡导“莫见乎隐，莫显乎微，故君子慎其独也”。“慎独”是中国古代重要的传统伦理思想，它要求人们在独处的时候也能严格自律，自觉规范自身行为，使之符合道德标准和社会规范。从儒家经典到后世的众多学者，都论述了“慎独”思想的重要性，认为“君子”应持守自我的道德本性和本心。

3.“重典治吏”“治吏不治民”的法治思想

中国历代王朝的兴衰存亡都与吏治廉腐有着密切联系，吏治腐败一向被认为是社会乱象的根源，是一切腐败的源头。因此，历朝历代的最高统治者都以治吏为治国之本，史书中有关惩治贪官污吏的记录，轻者被施以“鞭刑”，重者被“罚为官奴”“刺配流放”，甚至“满门抄斩”，可见重典治吏是封建统治者的一贯思路。再加上传统文化中民本思想的影响，中国古代社会逐渐形成了“治吏不治民”“重典治吏”的治理思路以及法治思想。孔子“道之以德，齐之以礼”的礼治思想，基本精神合乎现代法治，其所言之礼是包括社会制度、法律规范、社会规范以及礼仪在内的综合体系。关于孔子缺乏法治思想、重人治轻法律的评论有失偏颇，但孔子注重道德教化，主张德主刑辅、明德慎罚等，与法家确有不同。荀子主张“立君上之执以临之，明礼义以化之，起法正以治之，重刑罚以禁之”（《荀子·性恶》），已经离法家“势立威、术御臣、法治民”的主张很近了。韩非子认为：“人主者，守法责成以立功者也。闻有吏虽乱而有独善之民，不闻有乱民而有独治之吏，故明主治吏不治民。”（《韩非子·外储说右下》）韩非子已然认识到，官吏贪渎，民间尚能有洁身自好的“独善之民”，但如果乱民蜂起，其地必无清廉勤政的“独治之吏”，因此，他主张“治吏不治民”。儒家和法家关注国家治理和法令建设的切入角度不同，但都主张以人民为根基，并认可重典治吏的方式。

（二）广泛弘扬中华优秀传统文化，大力加强党的纪律建设

1. 加强规矩意识教育，不断增强党员干部的依规合法意识

以习近平同志为核心的党中央，将“讲规矩，明纪律”提到立党之本的高度来阐释，反复强调规矩意识的重要性，并指明了党的规矩所包含的整体内容。“古人说：‘欲知平直，则必准绳；欲知方圆，则必规矩。’没有规矩不成其为政党，更不成其为马克思主义政党。我认为，我们党的党内规矩是党的各级组织和全体党员必须遵守的行为规范和规则。党的规矩总的包括什么呢？其一，党章是全党必须遵循的总章程，也是总规矩。其二，党的纪律是刚性约束，政治纪律更是全党在政治方向、政治立场、政治言论、政治行动方面必须遵守的刚性约束。其三，国家法律是党员、干部必须遵守的规矩，法律是党领导人民制定的，全党必须模范执行。其四，党在长期实践中形成的优良传统和工作惯例。”① 习近平认为纪律建设的重中之重则是政治纪律和政治规矩，“要坚持问题导向，把严守政治纪律和政治规矩放在首位。加强党的纪律建设，要针对现阶段党纪存在的主要问题，更加强调政治纪律和政治规矩”②。习近平在十八届中央纪委五次全会上的讲话中指出：“在所有党的纪律和规矩中，第一位的是政治纪律和政治规矩。”党的纪律建设必须依靠制度建设，而法规制度的生命力在于执行。“要建立健全相关制度，用制度管权管事管人。要突出重点，重在管用有效，全方位扎紧制度笼子，更多用制度治党、管权、治吏。”③“制度不在多，而在于精，在于务实管用，突出针对性和指导性。如果空洞乏力，起不到应有的作用，再多的制度也会流于形式。牛栏关猫是不行的！要搞好配套衔接，做到彼此呼应，增强整体功能。要增强制度执行力，制度执行到人到事，做到用制度管权管事管人。制定制度要广泛听取党员、干部

---

① 习近平谈中共的纪律和规矩——在第十八届中央纪律检查委员会第五次全体会议上的讲话[N]. 人民日报海外版，2016-01-08.

② 习近平谈中共的纪律和规矩——在十八届中央政治局常委会第一百一十九次会议关于审议中国共产党廉政准则、党纪处分条例修订稿时的讲话[N]. 人民日报海外版，2016-01-08.

③ 筑牢拒腐防变的思想防线和制度防线[EB/OL]. (2016-11-21). 新华网，http://www.xinhuanet.com/legal/2016-11/21/c_1119951073_3.htm.

意见，从而增加对制度的认同。”①

2. 开展批评与自我批评，引导党员、干部在自律自省中提升纪律观念

习近平总书记将传统文化中的“自省”“慎独”的修身要求和自省自律意识，运用到党的建设伟大工程中来，引导党员、干部通过开展批评与自我批评，在自重、自律、自省中强化纪律观念。“一个人能否廉洁自律，最大的诱惑是自己，最难战胜的敌人也是自己。一个人战胜不了自己，制度设计得再缜密，也会‘法令滋彰，盗贼多有’。希望同志们‘吾日三省吾身’，做到严以修身、严以用权、严以律己，谋事要实、创业要实、做人要实。古人讲：‘君子为政之道，以修身为本。’中国传统文化历来把自律看作做人、做事、做官的基础和根本。《论语》中就说，要‘修己以敬’、‘修己以安人’、‘修己以安百姓’。古人所推崇的修身齐家、治国平天下，修身是第一位的。我们共产党人更应该强化自我修炼、自我约束、自我塑造，在廉洁自律上作出表率。”②习近平总书记对于党员、干部的要求尤其严格，反复提醒要注意自律和省身。“严以律己，就是要心存敬畏、手握戒尺，慎独慎微、勤于自省，遵守党纪国法，做到为政清廉。”③“成为好干部，就要不断改造主观世界、加强党性修养、加强品格陶冶。要时刻用党章、用共产党员标准要求自己，要有‘与人不求备，检身若不及’的精神，时刻自重自省自警自励，努力做到‘心不动于微利之诱，目不眩于五色之惑’，老老实实做人，踏踏实实干事，清清白白为官。”④“领导干部严格自律，要注重在选人用人上把好方向、守住原则，坚持党管干部原则，带头执行党的干部政策，坚决纠正各种不正之风。领导干部严格自律，要注重防范被利益集团‘围猎’，坚持公正用权、谨慎用权、依法用权，

① 习近平. 在党的群众路线教育实践活动总结大会上的讲话[M]. 北京：人民出版社，2014：18.

② 习近平. 办公厅工作要做到“五个坚持”[J]. 秘书工作，2014(06).

③ 习近平、李克强、张德江、刘云山、王岐山、张高丽分别参加全国人大会议一些代表团审议[N]. 人民日报，2014-03-10.

④ 中共中央文献研究室. 十八大以来重要文献选编(上)[M]. 北京：中央文献出版社，2014：341-342.

坚持交往有原则、有界限、有规矩。”[①]“领导干部特别是高级干部必须加强自律、慎独慎微，经常对照党章检查自己的言行，加强党性修养，陶冶道德情操，永葆共产党人政治本色。”[②]

3. 深化党员干部的法律意识教育，坚决推进反腐败斗争

中国古代惩贪立法中，“重典治吏”“治吏不治民”是贯穿始终的重要理念和方法，总结其得失利弊，以古为鉴，对当前正在进行的反腐倡廉工作不无裨益。猛药去疴、重典治乱，是全面从严治党的鲜明特征之一。习近平从党的“最大威胁”的高度反复强调反腐败斗争的重要性。“我们党作为执政党，面临的最大威胁就是腐败。党的十八大以来，我们党坚持‘老虎’、‘苍蝇’一起打，使不敢腐的震慑作用得到发挥，不能腐、不想腐的效应初步显现，反腐败斗争压倒性态势正在形成。反腐倡廉、拒腐防变必须警钟长鸣。各级领导干部要牢固树立正确权力观，保持高尚精神追求，敬畏人民、敬畏组织、敬畏法纪，做到公正用权、依法用权、为民用权、廉洁用权，永葆共产党人拒腐蚀、永不沾的政治本色。我们要以顽强的意志品质，坚持零容忍的态度不变，做到有案必查、有腐必惩，让腐败分子在党内没有任何藏身之地！”[③]习近平认为，当前反腐败斗争形势依然严峻复杂，“要坚持无禁区、全覆盖、零容忍，坚持重遏制、强高压、长震慑，坚持受贿行贿一起查，坚决防止党内形成利益集团”[④]。这与传统文化中强调的重典治吏具有一致性。当前的反腐败斗争，除依靠党的纪律进行震慑外，还必须依靠法律的强制力来保证实施，包括领导干部在内的任何人都没有法律之外的绝对权力。以习近平同志为核心的党中央正着力“推进反腐败国家立法，建设覆盖纪检监察系统的检举举报平台。强化不敢腐的震慑，扎牢不能腐的笼子，增强不想腐的自觉，通过不懈努力换来海晏

---

① 以解决突出问题为突破口和主抓手　推动党的十八届六中全会精神落到实处[N]. 人民日报，2017-02-14.

② 以解决突出问题为突破口和主抓手　推动党的十八届六中全会精神落到实处[N]. 人民日报，2017-02-14.

③ 习近平. 在庆祝中国共产党成立 95 周年大会上的讲话[M]. 北京：人民出版社，2016：24.

④ 习近平. 决胜全面建成小康社会　夺取新时代中国特色社会主义伟大胜利——在中国共产党第十九次全国代表大会上的报告[M]. 北京：人民出版社，2017：67.

河清、朗朗乾坤”①。习近平总书记还反复强调：“领导干部要牢记法律红线不可逾越、法律底线不可触碰，带头遵守法律、执行法律，带头营造办事依法、遇事找法、解决问题用法、化解矛盾靠法的法治环境。谋划工作要运用法治思维，处理问题要运用法治方式，说话做事要先考虑一下是不是合法。”②

六、结论

习近平同志在党的十九大报告中对党的建设作出了新的部署，“中国特色社会主义进入新时代，我们党一定要有新气象新作为。打铁必须自身硬。党要团结带领人民进行伟大斗争、推进伟大事业、实现伟大梦想，必须毫不动摇坚持和完善党的领导，毫不动摇把党建设得更加坚强有力”③，并从政治建设、思想建设、组织建设、作风建设、纪律建设五个方面进行了系统的阐发，明确了党的建设的最终目标是“把党建设成为始终走在时代前列、人民衷心拥护、勇于自我革命、经得起各种风浪考验、朝气蓬勃的马克思主义执政党”④。这是我们新时代推进党的建设伟大工程的强劲东风。当前，中国特色社会主义进入新时代，要坚定不移全面从严治党，不断提高党的执政能力和领导水平，离不开中华优秀传统文化的滋养和支撑。广泛弘扬中华优秀传统文化，并将其与党的建设伟大工程紧密结合起来，对于新时代党的建设兼具理论与现实意义。

---

① 习近平．决胜全面建成小康社会　夺取新时代中国特色社会主义伟大胜利——在中国共产党第十九次全国代表大会上的报告[M]．北京：人民出版社，2017：67.

② 习近平．习近平谈治国理政（第二卷）[M]．北京：外文出版社，2017：127.

③ 习近平．决胜全面建成小康社会　夺取新时代中国特色社会主义伟大胜利——在中国共产党第十九次全国代表大会上的报告[M]．北京：人民出版社，2017：61.

④ 习近平．决胜全面建成小康社会　夺取新时代中国特色社会主义伟大胜利——在中国共产党第十九次全国代表大会上的报告[M]．北京：人民出版社，2017：62.

第三编

中华优秀传统文化传承发展与文化强国建设

第八讲　中华优秀传统文化涵养社会主义核心价值观

古往今来，任何一个时代都有其独特的社会核心价值观，任何社会的核心价值观，都有其自身的源头。党的十八大第一次以党的文件的形式凝练出新时代社会主义核心价值观，将其概括为“富强、民主、文明、和谐，自由、平等、公正、法治，爱国、敬业、诚信、友善”24个字。2013年12月，中共中央办公厅印发《关于培育和践行社会主义核心价值观的意见》，全面诠释了社会主义核心价值观。社会主义核心价值观与中华优秀传统文化有着高度的契合。

习近平总书记强调：“要利用好中华优秀传统文化蕴含的丰富思想道德资源，使其成为涵养社会主义核心价值观的重要源泉。”① “培育和弘扬社会主义核心价值观必须立足中华优秀传统文化。牢固的核心价值观，都有其固有的根本。抛弃传统、丢掉根本，就等于割断了自己的精神命脉。博大精深的中华优秀传统文化是我们在世界文化激荡中站稳脚跟的根基……要认真汲取中华优秀传统文化的思想精华和道德精髓，大力弘扬以爱国主义为核心的民族精神和以改革创新为核心的时代精神，深入挖掘和阐发中华优秀传统文化讲仁爱、重民本、守诚信、崇正义、尚和合、求大同的时代价值，使中华优秀传统文化成为涵养社会主义核心价值观的重要

① 中共中央宣传部.习近平总书记系列重要讲话读本(2016年版)[M].北京:学习出版社,人民出版社,2016:191.

源泉。”[①]

习近平总书记高度重视社会主义核心价值观与中华优秀传统文化的一脉相承关系，特别强调了中华优秀传统文化的时代价值、社会主义核心价值观的主流意识地位以及二者的高度契合性；强调培育和弘扬社会主义核心价值观必须立足于中华优秀传统文化，中华优秀传统文化是涵养社会主义核心价值观的重要源泉。

传承中华优秀传统文化，是培育和践行社会主义核心价值观的精神动力和智力支持。同时，深入研究二者之间的内在关联和契合点，也是更好地继承和弘扬中华优秀传统文化的有效途径。

一、中华优秀传统文化与社会主义核心价值观的基本内涵

（一）中华优秀传统文化的基本内涵

中华民族在长期的历史发展中形成了独特的价值体系，其中蕴含的精髓对国家的形成与发展、社会的和谐与进步，以及每一个公民的自律与修身，都产生了不可忽视的作用。

1. 国家层面：爱国主义、家国一体

《孟子·离娄上》有言：“天下之本在国，国之本在家，家之本在身。”家是国的基础，国是家的延伸，国与家、社会与个人，都是紧密相连的。歌曲《国家》的歌词写得好：“家是最小国，国是千万家。在世界的国，在天地的家。有了强的国，才有富的家。国的家住在心里，家的国以和矗立。”歌曲唱出了“小家”同“大国”同声相应、同命相依的关系。正因为感念个人前途与国家命运的同频共振，所以我们主动融家庭情感与爱国情感为一体，从孝亲敬老、正心修身的责任走向济世救民、治国平天下的担当。从古至今，中华民族的家国情怀如滔滔江水川流不息。

家国情怀是中华优秀传统文化的基本因子，是民众对国家的一种认同，其

① 习近平.习近平谈治国理政[M].北京：外文出版社，2014：163-164.

基本内涵包括家国同构、共同体意识等，其实现路径强调个人修身、重视亲情、心怀天下，既与行孝尽忠、民族精神、爱国主义、乡土观念、天下为公等传统文化有重要联系，又是对这些传统文化的超越。家国情怀对于增强民族凝聚力、提高公民的国家意识等，都有重要的时代价值。①

家国情怀也是一种爱国的情怀，是人们在理性基础之上产生的感性认同。数千年的历史沉淀，使中国人的个人价值更多地和国家、社会联系起来，形成了荣辱与共的特殊情感。这种将个体与国家融为一体、互为支撑的理念，促使爱国成为国人普遍认可的道德标准。

"家"与"国"是爱由小到大的延伸，家国情怀的逻辑起点在于家风的涵养、家教的养成。以正心诚意、修身齐家为基础，以治国平天下为旨归，把远大理想与个人抱负熔融合一，是历代仁人志士的宏愿，亦是今人传承家风家教的根本。这是一种责任意识和担当精神，也是美好的道德追求和理想抱负。责任和担当，正是家国情怀的精髓所在。

2. 社会层面：民本主义、和合中庸

殷周时期，"民本"思想已经出现，《尚书》中的"民为邦本，本固邦宁"就是强调人民是治国安邦的根本。《管子·霸言》中说："夫霸王之所始也，以人为本。本理则国固，本乱则国危。"这是第一次出现"以人为本"的提法。而民本思想的真正形成是在以孔孟为代表的原儒时期。孔子强调"仁"，包含了仁、爱、孝、温、良、信等一系列内容，是民本思想的基础。孟子提出"民为贵，社稷次之，君为轻"。汉代贾谊吸取秦亡教训，提出了"夫民者，万世之本也……故夫民者，大族也，民不可不畏也。故夫民者，多力而不可适也"（《新书·大政上》）。荀子则在君臣关系中突出"民"的地位，认为"君者，舟也；庶人者，水也。水则载舟，水则覆舟"。唐代魏徵常以此为警言劝谏唐太宗，并成为后世讨论君民关系的典型论题。到明清之际，黄宗羲则再次推进了以民为本的理念，以明亡为鉴，主张"天下为主，君为客"和"盖天下之治乱，不在一姓之兴亡，而在万民之忧乐"（《明夷待访录·原臣》）。黄宗羲在君臣关系的论述中，与以往思想家明显的不同在于更加强调"万民"的作用，民

① 杨清虎．家国情怀的内涵与现代价值[J]．中共桂林市委党校学报，2016，16(2).

本思想遂日臻完善。

可以说，中华优秀传统文化中“以民为本”的思想抓住了一个社会中最核心、最基础的要素，即普通民众。这一社会理念充分肯定了民众在社会政治生活中至关重要的地位，集中反映了政权对人民持有的一种积极态度。

与此相应，“和合中庸”也是一种社会文化观。古往今来，“和合中庸”是中华优秀传统文化的精髓，“中庸”是中国传统中最重要的思想方法，“和合”是中国文化追求的最高境界和最终目标。《礼记·中庸》中说：“中也者，天下之大本也。和也者，天下之达道也。致中和，天地位焉，万物育焉。”朱子注《中庸》开宗明义地指出：“不偏之谓中，不易之谓庸；中者、天下之正道，庸者、天下之定理。”“中庸”之“中”，是告诫人们为人处事不左不右；“庸”谓之平常，以平常之心看待社会，不急功近利。在《论语》中，孔子视“中庸”为最高道德境界，也是解决一切问题的最高智慧。综括《论语》中论“中庸”，大致有三层含义：其一为“执中守正”，即恪守中道，不偏不倚；其二为“折中致和”，即执两用中，和而不同；其三为“因时制宜”，即与时俱进，通达权变。概言之，中庸就是恪守中道，坚持原则，不偏不倚，无过无不及。在遇到问题的时候，善于执两用中，折中致和，稳定和谐，并且因时制宜，与时俱进。中庸的主旨在于修养人性，它所追求的最高境界是至诚至德，是教育人们自觉进行自我修养、自我完善，通过全社会每个人的“至善、至仁、至诚、至德”，实现社会和谐、天下大同。

3. 个人层面：道德至上、身任天下

道德至上是中华优秀传统文化的根本价值取向。中华民族历来都有重德的传统，从西周起就有“敬德保民”理念，“敬德”成为周天子执掌万民的价值基础。到了春秋战国时期，面对礼崩乐坏，儒家全面继承了西周时代的德治传统，以礼乐为核心，突出德与礼的内外兼修、相辅相成功能。《论语》就是一部道德教科书。孔子说：“为政以德，譬如北辰居其所而众星共之。”（《论语·为政》）他心目中的君子首先讲求的是道德。孟子说：“以力假仁者霸，霸必有大国；以德行仁者王，王不待大。汤以七十里，文王以百里。以力服人者，非心服也，力不赡也；以德服人者，中心悦而诚服也。”（《孟子·公孙丑上》）他们都在强调道德教化以及构建重视道德、上下协调社会的重要性。

汉初，面对秦亡的教训，得出了“以道德为根本”“德主刑辅”的历史经验，并将道家的道法自然思想融进德治体系，更加包容的德治思想成为政治领域的主导意识。汉朝继而出台了与民休息的一系列国策，促成了“文景之治”和“光武盛世”。历史有惊人的相似之处，隋朝的败亡，促成唐朝的历史反思。唐初的《贞观政要》集中展现了以德治国的理念，唐太宗及其大臣关于施政问题的对话谏议等内容，凸显了“以德治国”对国家政治秩序的重要意义。唐高宗年间，唐朝更是以成文法的形式将德治固定下来。《永徽律疏》序言中便说“德礼为政教之本，刑罚为政教之用”，确定了“德礼为本，刑罚为用”的治国原则。

宋、元、明、清时期，朱熹和王阳明等大儒在原有理念的基础上进行继承和创新，但“礼法并治、德主刑辅”始终是当政者秉承和坚持的治国理念。德治教化的功能日益强大，以德为本的理念成为各个朝代的稳定剂。

自国家至个体，“德”是共同的追求。在国家表现为“德治”，在个体表现为“修为”，即“克己修身”“身任天下”的个人追求。修身就是规范自己的言行，做到行为谦恭，心态平和，身心和谐。它作为一种内在的道德实践，不仅彰显个体的君子形象，而且决定了个体与社会的和谐度，是为人处世的根本。《大学》讲“修齐治平”，《中庸》说“君子不可以不修身”“修身则道立”，如若每个人都在修行中不断精进和完善自己，就会促使整个民族的道德修养提升，社会遂凝聚为一个文而化之、文明知礼的社会，国家才能始终保有着一种自强不息的精神。个人作为国家和社会最小的单位，正是通过修身，努力实现着自身的人生价值，并且最终汇聚在一起，在不同的时代共同呈现国家与社会的精神文化风貌。

正如郑师渠所言：“各国的文化都重视道德，但是没有哪一种文化，能像中国传统文化这样把道德作为自己的基础，让道德观念渗透一切；也没有哪一种文化，能像中国传统文化这样，系统强调个人的品德修养，不仅把实践道德视为人性的体现，而且把它看得比生命更可贵。”①

习近平总书记非常重视干部的道德修养，强调“见贤思齐焉，见不贤而内

---

① 郑师渠．中国传统文化漫谈[M]．北京：北京师范大学出版社，1990：38.

自省也”。总书记把“三严三实”作为干部改进作风的要求，其中摆在首位的就是“严以修身”，涵盖了加强党性修养、坚定理想信念、提升道德境界、追求高尚情操等四个方面的内涵，为干部立德、立言、立行指明了具体方向。

习近平指出：“希望同志们‘吾日三省吾身’，做到严以修身、严以用权、严以律己，谋事要实、创业要实、做人要实。古人讲：‘君子为政之道，以修身为本。’中国传统文化历来把自律看作做人、做事、做官的基础和根本。《论语》中就说，要‘修己以敬’‘修己以安人’‘修己以安百姓’。古人所推崇的修身齐家、治国平天下，修身是第一位的。我们共产党人更应该强化自我修炼、自我约束、自我塑造，在廉洁自律上作出表率。”①

（二）社会主义核心价值观的基本内涵

社会主义核心价值观，从我国基本国情出发，在兼顾国家、社会和个人三个层面的基础上，实现了目标、导向及准则的统一，是全体人民追求美好生活的共同价值表达。它尽管只有简洁的 24 个字，却有着极其丰富的文化内涵。

1. 国家层面：富强、民主、文明、和谐

富强是经济建设方面追求的价值目标，是人民为之奋斗的动力，是国家经济状况的一种描述，追求的是国富民强，强调的是物质财富和精神财富的不断累积与丰富，是社会发展的最终追求。中国“富民”思想的发端可以上溯到《尚书》中关于“惠民”“裕民”的记载，随后孔子提出了“民富先于国富”的观点，孟子将“富民”列入“仁政”的主要目标。今天，“富强”作为社会主义核心价值观的首个价值目标，呼应了中华民族千百年来强国富民的历史传统。毛泽东在中国共产党建党伊始就把国家繁荣富强作为首要战略任务。邓小平提出的“以经济建设为中心”，究其根本也是要国家富强。“三个代表”强调了中国共产党要始终代表中国先进生产力的发展要求，仍然是沿着“国强民富”的道路前进。习近平总书记“两个一百年”的奋斗目标，更是开宗明义地

① 习近平.在同中央办公厅各单位班子成员和干部职工代表座谈时的讲话[EB/OL].(2015-07-20).中国共产党新闻网，http://cpc.people.com.cn/xuexi/n/2015/0720/c385474-27329186.html.

彰显了富强的时代强音。

站在新时代回溯以往，我国的综合国力和经济实力已站在更高的起点上，但不平衡、不协调等问题仍需要引起注意。就目前来说，实现新旧动能转换、准确把握战略机遇带来的新变化、新态势，运用更积极的手段应对经济风险和压力，成为国家走向富强的关键所在。

在十二届全国人大一次会议上，习近平强调，实现全面建成小康社会、建成富强民主文明和谐的社会主义现代化国家的奋斗目标，实现中华民族伟大复兴的中国梦，就是要实现国家富强、民族振兴、人民幸福。这既体现了今天中国人的理想，也深深反映了我们先人们不懈奋斗、追求进步的光荣传统。

民主是政治建设方面追求的价值目标，是国家政治状况的一种表达，其核心是人民当家作主，实质是坚持人民民主专政，是亿万民众最迫切追寻的政治夙愿。历史上关于“民主”的最早记载见于《尚书·多方》中的“天惟时求民主，乃大将显休命于成汤”。其后，孔子的“仁爱”思想及“仁政”主张，孟子的“民贵君轻”，荀子的“君者，舟也；庶人者，水也。水则载舟，水则覆舟”等，都在不同程度上反映了中华民族朴素的民主思想。但在中国封建社会，“民主”从来没有成为任何一个时期的主流思想。近代的五四运动，为中国引入了“民主”和“科学”。新中国成立以后，我国宪法明确规定，国家的一切权力属于人民，坚持人民民主专政，人民当家作主。通过人民代表大会制度和政治协商制度，实现了最广泛的民主。

党的十八届五中全会审议通过的《中共中央关于制定国民经济和社会发展第十三个五年规划的建议》特别指出，为顺利实现全面建成小康社会，必须遵循“坚持人民主体地位、坚持科学发展、坚持深化改革、坚持依法治国、坚持统筹国内国际两个大局、坚持党的领导”等原则，必须牢固树立并切实贯彻创新、协调、绿色、开放、共享的发展理念。2012 年 12 月 4 日，习近平总书记在首都各界纪念现行宪法公布施行 30 周年大会上的讲话中强调：“我们要坚持国家一切权力属于人民的宪法理念，最广泛地动员和组织人民依照宪法和法律规定，通过各级人民代表大会行使国家权力，通过各种途径和形式管理国家和社会事务、管理经济和文化事业，共同建设，共同享有，共同发展，成为国家、社会和自己命运的主人。”① 2014 年 9 月 5 日，习近平总书记在庆祝全国人民代表大会成立 60 周年大会上的讲话中指出：“必须保证和发展人民当家作主。人民当家作主是社会主义民主政治的本质和核心。人民民主是社会主义的生命。没有民主就没有社会主义，就没有社会主义的现代化，就没有中华民族伟大复兴。我们必须坚持国家一切权力属于人民，坚持人民主体地位，支持和保证人民通过人民代表大会行使国家权力。要扩大人民民主，健全民主制度，丰富民主形式，拓宽民主渠道，从各层次各领域扩大公民有序政治参与，发展更加广泛、更加充分、更加健全的人民民主。”②

民主呼应了中华传统文化中“民为邦本”的思想，并最终实现党的领导、人民当家作主与依法治国的有机统一。

文明是文化建设方面追求的价值目标，是国家进步程度的一种衡量，是一个国家创造的物质财富与精神财富的总和。它是衡量社会进步水平的标尺，反映着国家文化建设的状态。“文明”一词最早见于《易经》中的“见龙在田，天下文明”，即“光明”之意。随后，“文明”的含义日渐丰富。“礼”是古代中华文明最常见的表现形式和载体，例如“明礼”，便是强调讲道德、守法制。

物质文明和精神文明的高度统一，才是真正的社会主义文明。党的十一届三中全会后，文明成为中国共产党对现代化建设的基本要求之一。党的十二大报告提出要把我国建设成为一个高度文明的社会主义国家。习近平总书记在多个场合反复强调要重视生态文明，并特别指出文明继承与发展的重要性。

社会主义文明就是人的自由与全面发展。我们强调的加强社会主义文明建设，就是要将精神文明建设和其他各项事业有机结合，推进理论创新，大力发展文化事业和文化产业，以正确的价值导向弘扬社会正气。

和谐是社会建设方面追求的价值目标，是国家社会环境的一种状态，强调的是人与人之间关系、人与自然之间关系的可持续发展。古代中国的“和谐”思想主要体现在“和”字上。如孔子把“和”作为“君子”的标志，并提出

---

① 中共中央文献研究室.十八大以来重要文献选编(上)[M].北京:中央文献出版社,2014:89.

② 中共中央文献研究室.十八大以来重要文献选编(中)[M].北京:中央文献出版社,2016:54-55.

"礼之用，和为贵"。孟子认为"天时不如地利，地利不如人和"。而"和谐"二字第一次作为整体词汇连用是《周易·参同契》中的"三五既和谐，八石正纲纪"，该句中的"和谐"表示使人感到轻松、安然无恙的状态。由此出发，我们党构建和谐社会的蓝图，从人与人、人与社会以及人与自然之间三个不同的层面，对和谐作出了具体的要求。近年来，党和国家倡导以人为本的可持续发展观，物质文明、精神文明和生态文明建设协调统筹推进的生态文明观，主要目标是实现人与自然环境的协调发展。这是社会主义现代化国家的建设目标要求，位于社会主义价值观的最高层次，着眼于社会主义现代化建设的最终目标，呼应经济、政治、文化、社会四大领域的价值追求。它既是对公民推动国家发展所扮演的历史角色的高度肯定，又是对公民使命感和责任感的强烈呼唤，对社会和个人的价值理念具有引领指导作用。

2. 社会层面：自由、平等、公正、法治

这是从社会层面对社会主义核心价值观基本理念的凝练，也是对美好社会的生动表述，它反映了中国特色社会主义的基本属性，是中国共产党长期以来矢志不渝坚持的实践核心与价值理念。

自由是社会进步的最高价值体现。随着改革开放以来经济社会的快速发展，自由越来越被人们所关注，越来越具有广泛的实践基础和认同基础。为人们提供更多的自由、全面发展的机会，就是社会主义中国所坚持追求的平等。

自由与平等是相辅相成的。平等是指人在社会中的地位、人与人之间相处的一种社会关系。我国宪法和法律强调"法律面前人人平等"，充分说明平等的价值理念始终是我们国家、社会和民众的根本追求。当今社会，我们倡导的平等就是要着力促进政治领域的权利平等、经济领域的机会平等、分配领域的规则平等以及社会领域的人格平等，创造更加平等合理的社会环境，保障公民的公共权利。

公正就是追求社会公平和正义，是社会主义的本质体现。因为"我们为社会主义奋斗，不但是因为社会主义有条件比资本主义更快地发展生产力，而且因为只有社会主义才能消除资本主义和其他剥削制度所必然产生的种种贪婪、腐败和不公正现象"①。我们建设小康社会，不仅仅追求社会财富的增加，还

① 邓小平. 邓小平文选(第三卷)[M]. 北京：人民出版社，1993：143.

追求社会的公平正义，就是让所有人都能从中得到实惠和幸福。保障社会公平和正义，是社会主义国家的本质要求。我们党在十六届四中全会就郑重提出，要促进社会的公平、正义。党的十七大以来，我们党始终强调实现社会公平正义的重要性。党的十八大报告提出，中国特色社会主义的内在要求在于公平正义。党的十八届三中全会明确提出，促进社会公平正义是一切工作的出发点和落脚点，表达了我们党对社会公平正义的强烈呼唤和期盼。2013 年 2 月，习近平总书记在中共中央政治局就全面推进依法治国进行第四次集体学习时指出，要努力让人民群众在每一个司法案件中都感受到公平正义。习近平的这一重要论断，体现了社会主义的本质，丰富和发展了社会主义法制与公正的理论。社会主义制度下的公平正义，正是让全社会的人都享有自我尊严，有实现个人理想的机会，有表达利益诉求的保障，有积极参与有序政治的通道，有享受就业、教育、医疗、文化等社会资源的权利。

法治是国家治理的核心要义，是自由、平等、公正的制度保障，和谐、有序的社会治理离不开法治。在中国历史上，法治与人治的治国理念争论一直存在。春秋时期，列国诸侯都积极变法图强，法家思想由此登上政治舞台。《史记》等典籍中有法治精神的记载，反映了法治思想在古代国家治理中已占据重要地位。悠久的法治传统为我们今天的社会主义法治建设奠定了基础。习近平总书记曾援引荀子的名言——“法者，治之端也”，提出法是国家之重器，把完善法治建设提到了相当高的高度。党的十八届四中全会专门围绕依法治国进行讨论，审议通过了《中共中央关于全面推进依法治国若干重大问题的决定》，指出法治理念的主要内容包括了依法治国、执政为民、公平正义、服务大局和党的领导。特别强调推进依法治国，必须要坚持公平正义和执法为民，将民主与法治有机结合，确保权力正确使用。党的十八大之所以把法治作为社会主义核心价值观的一大要素，就是让它成为一种全民信仰和“国家信仰”。希望全体公民成为法治的忠实崇尚者、自觉遵守者和坚定捍卫者，让尊法、信法、守法、用法、护法成为全体人民的共同追求和民族意识。

自由、平等、公正、法治，从社会层面出发，指出了构建和谐社会不可或缺的条件，是社会主义各项建设事业实现平稳快速发展的根本要求。

3. 个人层面：爱国、敬业、诚信、友善

爱国、敬业、诚信、友善，是对每个公民日常生活中道德行为的具体要求。

爱国是国民的首要政治原则，体现的是公民与国家之间最朴素的感情。它不是抽象的，表达的是公民要将个人利益时刻与国家利益结合起来。《汉纪》中有“爱国如家”的记载。先秦儒家的“修身、齐家、治国、平天下”，表达的就是一种社会责任意识和爱国思想，爱国主义在历史上任何时期都是中华民族精神的主旋律。“家国情怀”是爱国主义最显著的特征，家是最小国，国是最大家，有国，才有家。当今时代，和平与发展成为主旋律。爱国情怀不再是“抛头颅、洒热血”，而是转化为具体的、实际的行动。比如拥护中国共产党的领导，捍卫国家主权独立，维护国家利益，在工作生活中爱岗敬业、恪尽职守，为现代化建设竭尽全力，等等。

敬业反映的是在工作上的精神风貌。古往今来，敬业精神受到社会的高度推崇。《老子》中有“民之从事，常于几成而败之。慎终如始，则无败事”，要求对待工作慎始慎终，其中的“慎”饱含的是“敬”。孔子提出“事君，敬其事而后其食”（《论语·卫灵公》），“居处恭，执事敬，与人忠”（《论语·子路》），认为凡事应有恭敬之心，兢兢业业，“敬事”是最基本的道德规范，体现的是一种奋发有为的精神，为世人所倡导。作为社会主义核心价值观，敬业是党对文化传统的升华和凝练，也是每个公民最基本的职业素养。

诚信是人类的普遍道德要求，也是中华民族最古老的美德之一。诚信即诚实守信，强调表里如一、言行一致，是获得他人信任、建立良好社会关系的道德基石。老子认为，“人无信不立，业无信不兴，国无信则衰”，告诉人们诚信是做人、事业、国家品德的根本。《诗经》说“无信人之言，人实不信”（《诗经·郑风·扬之水》）。孔子大力倡导诚实守信，认为诚信是为人之本、立国之基、交往之道。“言忠信，行笃敬，虽蛮貊之邦，行矣”（《论语·卫灵公》），“道千乘之国，敬事而信，节用而爱人，使民以时”（《论语·学而》）。在古代中国，诚信是划分君子与小人的重要标准，讲求“言必信，行必果”（《论语·子路》）。今天我们建立和完善中国特色社会主义市场经济，要求走“法治经济”“信用经济”之路，而市场经济的良好运行，必须以诚信为前提。所以改革开放以来我们以坚守诚信作为道德建设的重点之一。为此，国务院于 2007 年专门印发了《关于社会信用体系建设的若干意见》，坚持继承中华民族讲信用的优良传统与弘扬时代精神相结合，为全面建设小康社会创造良好的社会环境。

友善，是人与人之间平等友爱、融洽协调的状态，是最基本的道德规范。它要求公民心怀善良，以友好豁达的心态对待身边的人和事，体现了尊重谅解、团结互助、宽以待人、扶危济困等底蕴。友善有利于改善人与人之间的关系，是促进社会和谐的润滑剂。

儒家文献中有关友善意蕴的表述屡见不鲜。比如“己欲立而立人，己欲达而达人”（《论语・雍也》），“己所不欲，勿施于人”（《论语・卫灵公》），均表达了友爱仁慈、宽容豁达的胸怀。孟子则从“推己及人”出发，“取诸人以为善，是与人为善者也。故君子莫大乎与人为善”（《孟子・公孙丑上》），强调“仁者爱人”。这集中反映了儒家德行教化的主张，经过数千年的沉淀，已经植根于中华民族内心深处。

友善是党对公民实现“中国梦”的具体要求，既是对传统仁爱思想的继承和发扬，更是我国社会现实所需。友善包含了尊重、理解、宽容、协作等内容，是和谐人际关系的基础，是和谐社会的道德基石。

社会主义核心价值观的三个维度，互为表里、不可割裂。国家层面价值目标的实现，有赖于其他两个层面价值目标的实现。国家的富强，需要公民对国家的责任，需要公民在各自岗位上的无私奉献；民主的实现，需要公正和法治的社会环境；文明的进步，体现为公民是否全部享有自由、平等的权利；和谐的环境，要以公民的诚信、友善为基本标签。社会层面和个人层面价值目标的实现，必须以国家层面价值目标的实现为前提。安居乐业、富裕幸福的生活，来自于富强、民主、文明、和谐的社会保障；自由、平等权利得到维护和捍卫，得益于富强、民主、文明、和谐的环境条件。三个层面内在逻辑严密、有机统一。

二、社会主义核心价值观与中华优秀传统文化的内在一致性

习近平总书记指出，社会主义核心价值观充分体现了对传统文化的传承和升华，是在吸收中华优秀传统文化丰富营养的基础上逐步发展和完善的，是中华优秀传统文化在现代社会的延续，二者内在上是统一的。

（一）社会主义核心价值观与中华优秀传统文化在核心价值内容上具有一致性

社会主义核心价值观与中华优秀传统文化在核心价值内容上高度契合，具有一脉相承的关系。下面以社会主义核心价值观的国家层面为例，来分析它与优秀传统文化在内容上的一致性。

社会主义核心价值的国家层面，即“富强、民主、文明、和谐”的价值目标，是千百年来中华优秀传统文化赋予我们的历史使命，是千百年来中华儿女永恒的追求。

“富强”与传统文化中“小康”“大同”社会以及“天下一统”的国家理想具有一致性。从“小康”到“大同”再到“天下一统”是一种逐级而上的社会追求，类似于新中国成立后我国从贫穷到温饱再到现在的全面建成小康社会。从传统文献中所描述的“五亩之宅，树之以桑，五十者可以衣帛矣。……百亩之田，勿夺其时，数口之家可以无饥矣”（《孟子·梁惠王上》），到“大道之行也，天下为公。……矜寡、孤独、废疾者，皆有所养。……是谓大同”（《礼记·礼运》），这样的社会理想也是现代社会对国家富强的社会前景的憧憬。

“天下一统”也是对富强社会的一种追求。孔子在《春秋》中强调“大一统”，汉代董仲舒认为“《春秋》大一统者，天地之常经，古今之通谊也”。中国自古就是多民族国家，虽然其间也有长期的混乱和分裂，但大一统是大趋势，原因就在于中国自古就有“天下一统”的顽强意识。这当然不仅仅是“富强”二字可以概括的，但社会主义核心价值观国家层面的富强是对它们合理性的传承。

“民主”蕴含着“以人为本”的人文情怀与“民为邦本”的治国理念，这与社会主义核心价值观中民主观念的提出不无相关。商周时期就有“民为邦

本，本固邦宁”（《尚书·五子之歌》）的提法。孟子的“民贵君轻”（《孟子·尽心下》）说，荀子的“水则载舟，水则覆舟”（《荀子·王制》）思想，汉代贾谊的“民为万世之本”观点，明清之际黄宗羲的“天下之治乱，不在一姓之兴亡，而在万民之忧乐”论述等等，都体现了中华民族精神中这种民本思想世世相继，重视民众力量、关注人的价值、尊重人的尊严的人文情怀，与中国共产党“一切从人民群众的利益出发”的“民主”要求有一脉相承的关系，而让人民当家作主、安居乐业是新时代的政治追求。可以说，“民主”在一定程度上是民本思想延续至今在价值观上的时代升华。

“文明”是古往今来人们的不懈追求。西周就有关于“文明”的记载：“刚柔交错，天文也。文明以止，人文也。关乎天文，以察时变。关乎人文，以化成天下。”（《易·贲卦·彖传》）文明最好的表现形式是“礼”，“礼”是“文明”的外在表现，涵盖了典章制度、社会规范、仪式节文等，承载起早期文明教化的重任。从东周末年到汉初出现了专门研究古代社会“礼”的《礼记》。宋代程颢、程颐兄弟也提出“礼者人之规范，守礼所以立身也。安礼而和乐，斯所盛德矣”（《河南程氏粹言》），把礼仪视为人的基本规范，遵守礼仪是人立身的根本。文明礼仪的文化特质是中华民族从古到今的秩序延续。中国素有“礼仪之邦”“文明之邦”的美誉，中华文化被称为礼乐文化，中华民族数千年来沐浴礼乐文化的熏陶，这种薪火相传的文化基因使“礼”从最初的外在形式演变为民众普遍的内在自觉，表现为日常中的自然呈现，在自然而然中建立起一种不靠法刑维持的文明秩序，使社会、国家有序而和谐。

“和谐”是人与人之间、群体之间、人与自然之间的一种良性互动状态。“和”，可谓中国文化的核心概念。《国语·郑语》中有“和实生物，同则不继。以他平他谓之和，故能丰长而物归之”的记载，从朴素的自然界入手揭示世间万物和谐共生的道理。

“和”是儒家所特别倡导的伦理、政治和社会原则。《中庸》中说：“喜怒哀乐之未发，谓之中；发而皆中节，谓之和。中也者，天下之大本也；和也者，天下之达道也。致中和，天地位焉，万物育焉。”它认为“中和”状态可以使天地各得其位，万物生长发育，将“中和”视为自然万物生生不息的源泉，天地宇宙的最高法则。

道家也尊崇“和”观念。《道德经》中说：“万物负阴而抱阳，冲气以为和。”它将“和”视为世间万物的普遍法则。《庄子·天道篇》中有“与人和者，谓之人乐；与天和者，谓之天乐”的观点。《管子·内业》中说“和乃生，不和不生”。

儒家、道家的“和”有其共同点，都是指人与自然的和谐，人类活动应顺应自然规律；都是强调天人和谐。在中华优秀传统文化中，“和”是一种文化精髓，和谐更多地体现在对价值的追求上，求大同，存小异，多样统一，和谐相济。其延伸的现代意义要求人与人、国与国、物种与物种以“求同存异”的智慧相处，达到和谐、可持续发展的目的；既坚持原则，又包容差异，保持平衡的理想和谐状态，也体现出中华民族的生存智慧。

总之，社会主义核心价值观以中华优秀传统文化为历史依托和思想源泉。富强、民主、文明、和谐与传统文化中“大同社会”“和”“大一统”“天下”的思想不谋而合、密不可分，在一定程度上是对传统文化的合理升华。

（二）社会主义核心价值观与中华优秀传统文化在作用方式上具有一致性

社会主义核心价值观是一种精神层面上的珍贵财富，通过其强大的价值力量，影响和引导中华民族的价值取向。中华优秀传统文化是千百年来中华民族优秀文化精髓的积淀，同样是以价值力量引导中华民族不断走向更高更强。二者都是通过文化精髓、道德的力量来净化人们的心灵，进而影响人们的社会行为。

当前我国社会正处在转型阶段，进一步深化改革、建设和谐社会是我们当前的重要任务。然而时下的中国，社会矛盾突出，诚信缺失、道德滑坡、争权夺利等不良社会风气依然存在。要解决这些问题，需要大力弘扬中华传统美德，使人们在潜移默化中受到传统文化的熏陶，达到“润物细无声”的效果。社会主义核心价值观的引导作用及中华优秀传统文化的影响不在于其理论内涵有多么丰富，也不在于民众记住了多少内容，而在于把这些观念和理念真正根植到民众的思想深处，深入骨髓，从而改变人们看待事物的角度和态度，纠正人们对是非价值的错误判断，进而演化成精神力量，树立完善的认知体系。

需要强调的是，这种作用的过程是潜移默化的，影响个人或者群体也不是最终目的，其最终目标是影响、改变整个社会的行为，让全体社会公民的行为符合“新时代”的要求。因此，运用价值力量进行引导，由思想到行为、由个体到社会的循序渐进的作用过程是社会主义核心价值观与中华优秀传统文化的又一相同点。

（三）社会主义核心价值观与中华优秀传统文化在价值目标上具有一致性

在心理学中，价值目标也被称为价值取向，是指人们对特定事物采取的价值观态度，它是与具体事物和情境相联系的，是人们在特定对象之上所进行的价值选择。一个国家的强盛，离不开精神的支撑；一个民族的进步，有赖于价值目标的选择。

中华民族的伟大复兴，不仅仅指在经济发展上赶超世界水平，更要在精神文化上取得丰硕成果。习近平总书记指出，中华民族伟大复兴，就是让国家更强盛、人民更幸福。中华民族伟大复兴是中国共产党领导中国人民建设幸福美好生活，是开创一条和谐友好、互利共赢的国家发展之路并为世界提供新的机遇的过程。其中，中华优秀传统文化是中华民族伟大复兴的根基，中国特色社会主义是中华民族伟大复兴的根本道路，迈向“大同世界”是中华民族伟大复兴的根本目标。在追逐中国梦的伟大奋斗中，弘扬什么样的价值观，才能使我们的国家、民族、人民在思想和精神上更加强大？“倡导富强、民主、文明、和谐，倡导自由、平等、公正、法治，倡导爱国、敬业、诚信、友善，积极培育和践行社会主义核心价值观。”这是党的十八大从国家、社会和公民三个层面凝练出的社会主义核心价值观的价值目标、价值取向和价值准则。这三个“倡导”，与中国特色社会主义发展要求相契合，与中华优秀传统文化和人类文明优秀成果相承接，勾绘出了一个国家的价值内核、一个社会的共同理想和亿万国民的精神家园，是中国共产党凝聚全党全社会价值共识作出的重要论断，在全社会引起了强烈的共鸣。

人生需要信仰驱动，社会需要共识引领，发展需要价值导航，三个“倡导”的指导要求，正对应这三个层面的时代要求。这是党的十八大以来，社会主义核心价值观引发热议、产生认同、赢得共鸣的原因所在。

自古以来，中华民族的奋斗目标、中国梦的重要内涵，都是在探索国家的价值内核、实现社会的共同理想、构建国民的精神家园。社会主义核心价值观是个体人生奋斗的梦想之依据、中华民族的精神之依托、国家的兴国之魂。通过价值引领，释放每个人心底蕴藏的善良与道德情感，让社会主义核心价值观内化为精神意识，外化为行为规范，从而增强中华民族的凝聚力。

习近平总书记指出："人民有信仰，国家有力量，民族有希望。"① 社会主义核心价值观教育是使民族保有信仰的重要途径，必须融入国民教育和精神文明建设全过程，在培育价值观的过程中逐步形成更加广泛的价值认同，为国家发展助力，为民族进步铸魂。

当今时代，我们国家高度重视对社会主义核心价值观的培育和践行，大力弘扬中华优秀传统文化，因为二者的价值目标具有一致性，都是为人们提供精神目标，提高民族凝聚力，提升国家文化软实力。正是因为二者具有相同的价值目标，才会相得益彰。

三、中华优秀传统文化与社会主义核心价值观的相互关系

（一）中华优秀传统文化是社会主义核心价值观的根基与源泉

价值观是一种长期的文化积淀，有其自身的源头，我们的社会主义核心价值观根植于几千年的优秀传统文化之中，是新时代中国最强的软实力。

毛泽东同志在党的六届六中全会上指出："我们这个民族有数千年的历史，有它的特点，有它的许多珍贵品。对于这些，我们还是小学生。今天的中国是历史的中国的一个发展；我们是马克思主义的历史主义者，我们不应当割断历史。从孔夫子到孙中山，我们应当给以总结，承继这一份珍贵的遗产。"② 数千年来孕育形成的优秀文化因子已经自然而然地融入每一个中国人的血脉之中，深深地改变着我们的生活。比如儒家的"仁和""大同"，带来了国家层面的梦想和追求；道家的"自然""无为"，带来了社会层面的和谐与温馨；墨家

---

① 习近平. 决胜全面建成小康社会　夺取新时代中国特色社会主义伟大胜利——在中国共产党第十九次全国代表大会上的报告[M]. 北京：人民出版社，2017：42.

② 毛泽东. 毛泽东选集(第二卷)[M]. 北京：人民出版社，1991：533-534.

的“兼爱”“非攻”，带来人与人之间的包容和友爱，他们从不同的层面和角度影响着社会的每一分子。这些优秀的文化因子代代相传，经过转化和创新已经形成新时代的社会主义核心价值观。核心价值观的三个层面，无论哪一个层面，都凝聚了中华优秀传统文化的精髓。

中华优秀传统文化拥有悠久的历史和博大精深的内涵，凝聚了数千年来中华民族的智慧，并且在长期的历史长河积淀中凝结成了深刻而独具特色的民族精神和文化标识，是发展中国特色社会主义文化的重要土壤。

英国著名历史学家汤因比曾在其《历史研究》中指出：纵观人类历史的发展进程，产生的文化形态有 26 种，只有中国的文化形态一直延续下来，不曾中断过。汤因比强调的是中华优秀传统文化强大的生命力和历史包容性。中华民族数千年来所形成的文化传统、价值观念等，都是中华民族的宝贵财富，其强调“以天下为己任”的社会责任感，“舍生取义”的奉献精神，“修齐治平”的价值追求，以及由此延伸出来的爱国奉献、平等和谐、诚信友善等价值原则，一直延续“作用”至今，成为新时代社会主义核心价值观的坚实支撑，是中华传统价值观作为社会主义核心价值观文化根基的关键所在。

优秀传统文化凝聚成伟大的民族精神，促使中华民族优秀品格的形成，不断增强民族凝聚力。所以，为了较好地培育和发展社会主义核心价值观，需要借鉴优秀传统文化的核心价值观念，将这些价值观念进行传承、弘扬，促进社会主义价值观的生根发芽、茁壮成长。

（二）社会主义核心价值观是对中华优秀传统文化的传承与发展

中华优秀传统文化自古就强调自强不息、厚德载物、中庸尚和、顺天法地，和谐价值观逐渐萌发，这种思想也成了春秋战国时期儒、道等诸子百家思想的源泉。儒家崇尚“仁”的民本思想、“礼”的宗法思想、“中庸”的和谐思想等，都是对君子厚德载物思想的承继，而“修齐治平”等入世的思想则是对自强不息精神的进一步架构。在此基础上，汉代董仲舒构建了“天人感应”说、“三纲五常”说，自周公以来的“家国一体”格局确立，儒学所提倡的“个人—社会—国家”模式成为中国人价值观的重要内容。此后，中华民族的价值观不断被探索、创新，延续至今。

1. 从国家层面看：实现国家富强是对强国富民思想的继承和发展，民主政治是民本思想的升华

几千年来，中华民族一直把“强国富民”作为各民族的共同夙愿和最终目标，先秦时期的百家争鸣就提出了强国富民思想。孔子提出“足食足兵”和“因民之所利而利之”（《论语·尧曰》）。孟子的富民主张主要是“易其田畴，薄其税敛，民可使富也”（《孟子·尽心上》）。荀子关注到财富分配与国家兴亡的关系，提出“王者富民，霸者富士，仅存之国富大夫”（《荀子·王制》），他从治国必先富民的理论出发，著有《富国》篇，要求统治者采取节用薄敛和倡导发展生产等措施，使民富裕。法家是研究国家治理方式的学派，鼓励“耕战”“富国强兵”。管子提出“凡治国之道，必先富民”（《管子·治国》）。以上诸论无一不体现了对国家富强、人民幸福的重视。

中华优秀传统文化向来重“民”，《尚书·五子之歌》中讲“民惟邦本，本固邦宁”，指的就是百姓是国家的根本和基础，唯有百姓富足安康，国家才能和谐稳定。孟子的“民贵君轻”思想是先秦重民思想的典范。“载舟覆舟”论更是重民思想的经典命题。

社会主义核心价值观所倡导的“富强”“民主”就是关注民生，一切从人民群众根本利益出发，唯有在人民安居乐业的基础上，才能实现国家富强，这是民本思想在当今时代的升华。我们党提出“两个一百年”的奋斗目标是对“强国富民”思想的继承和发展。为了“两个一百年”的宏伟目标，习近平总书记对当前中国经济发展进行了顶层设计和系统阐述，对新常态下如何推动经济发展进行了统一部署，为新时期社会发展指明了奋斗目标。特别是从“三期叠加”到“新常态”的阐述，给我们提供了经济发展的方法指南，是践行社会主义核心价值观的具体体现。

2. 从社会层面来看：中国梦是对“大同”理想社会模式的继承和发展

中华文化强调“仁爱”“利他”，追求“天下为公”“小康”“大同”的理想模式，如《论语·卫灵公》中所讲，“己所不欲，勿施于人”，孟子主张“老吾老以及人之老，幼吾幼以及人之幼”和“出入相友，守望相助”（《孟子·滕文公上》），墨子提倡“兼相爱”“爱无差”，法家主张“义必公正，心不偏私也”，这些强调博爱的论述都是以“和谐”为特色的中华优秀传统文化的反映，无不

彰显着大同思想的因子，也是现代和谐社会建设的要求。社会主义核心价值观倡导的理想社会，就是要求致力于构建民主法治、公平正义、诚信友爱、充满活力、安定有序、人与自然和谐相处的社会主义和谐社会。我们运用传统“小康”政治理想去构建和谐社会，即是对传统文化“大同”思想的创新性发展。

习近平总书记“中国梦”的内涵来自于对传统文化的升华提炼。在治国理政的框架构造中，“深入挖掘和阐发中华优秀传统文化讲仁爱、重民本、守诚信、崇正义、尚和合、求大同的时代价值”①。“中国梦”这一重要概念，正是以丰富的中华历史文化精华为基础的。因此，“中国梦”是一种“后发的、复兴的、彰显包容精神的新文明模式”，也是中国人几千年崇尚大同理想的切实感受和迫切需要，是建立在吸收丰富的中华传统文化精华基础上的。习近平指出：“没有文明的继承和发展，没有文化的弘扬和繁荣，就没有中国梦的实现。中华民族的先人们早就向往人们的物质生活充实无忧、道德境界充分升华的大同世界。”②

习近平对“中国梦”的阐述，是中国大同理想在当代的最新话语表达，是中华优秀传统文化与中国新时代特征相结合的思想成果。大同理想中的公正意识、诚信意识、仁爱意识、和谐意识正是“中国梦”的重要理论来源，而当代中国对“中国梦”深刻内涵的挖掘及实现路径的探索，更是对传统大同理想的完善和发展。因此，“实现中国梦必须充分汲取优秀传统文化的正能量”③。

3. 从公民层面来看：爱国、敬业、诚信、友善是传统担当意识、厚德载物思想的继承和发展

中华文化强调刚健有为、厚德载物。《周易·乾》中讲“天行健，君子以自强不息”，指君子应发奋图强、勇于拼搏、永不停息，通过努力创造更大的社会价值，承担更多的社会责任。顾炎武在《日知录》中谈道：“天下兴亡，匹夫有责”，强调每个人对国家的责任，要求人们以国家兴亡为己任，这是一

---

① 习近平. 习近平谈治国理政[M]. 北京：外文出版社，2014：164.

② 习近平. 在联合国教科文组织总部的演讲[N]. 人民日报，2014-03-28.

③ 湖南省中国特色社会主义理论体系研究中心. 从优秀传统文化中汲取实现中国梦的精神力量[EB/OL]. (2013-07-22). 人民网，http://opinion.people.com.cn/n/2013/0722/c1003-22273229.html.

种爱国的表现。《论语·里仁》中讲，“君子喻于义，小人喻于利”，要求人们加强自身道德修养，以德修身。《论语·述而》中讲，“君子坦荡荡，小人长戚戚”，要求人们待人接物懂得包容，厚德载物。《论语·子路》中讲，“言必信，行必果”，强调做人讲求信用，强调“诚信”的重要性。这些宝贵的优秀文化资源，为中华民族的繁荣昌盛发挥了不可替代的作用。它们所塑造的民族精神，成为中华传统文化核心价值中不可分割的一部分，在社会主义核心价值观有关公民层面的论述中也得到了充分的体现。

从历史传承的角度来看，社会主义核心价值观是中华民族传承和创新优秀传统而形成的，中华优秀传统文化已经逐渐成为滋养社会主义核心价值观的沃土。这种转变可以更好地对新时代人的思想进行滋养，对于中国进一步促进社会主义和谐发展奠定稳固的理论基础。二者在内涵上和时代性方面进行充分的融合，并不断渗透于当今社会生活的方方面面，成为切切实实内化于人民群众内心以及社会环境当中的鲜活力量。二者充分融合，彼此呼应，表现出极为显著的契合性。

当前，我国正处于全面深化改革的关键时期，社会上存在着诸多矛盾与问题，教育和引导广大群众树立正确的价值观，关乎国家的命运和人民的切身利益。中华优秀传统文化所反映的民族精神、文化理念和价值追求在当前仍有借鉴价值和意义。

（三）社会主义核心价值观对传统文化的当代发展有引领方向的作用

中华优秀传统文化是历史的积淀，起源于上古时期；殷商时期，从“神本”进入到“人本”；春秋战国时期，出现“百家争鸣”的辉煌，在社会变革的影响下，形成了秦汉文化；魏晋南北朝时期，我国历史文化发展出现了转折，从“独尊儒术”变为多元化文化发展；隋唐两宋时期理学建构，后又历经明清时期文化从传统到近现代的发展转变。中华文化源远流长、博大精深，从伏羲文化到商周儒家文化再到理学的呈现，中华文化从奠基到发展，一脉相承，像江河奔腾，始终引领着社会的主流意识。

新中国成立后，我们国家重视秉承中华优秀传统文化进行社会主义核心价值体系的建设，注重发挥社会价值体系对社会发展的引领作用。从党的十五大到党的十六大，围绕社会主义核心价值观的提炼，我们党作出了一系列努力，形成了基本的价值体系；从党的十七大到党的十八大，社会主义核心价值观进一步明确，并且写入了政府工作报告中。这一历程说明党对社会主义核心价值体系的重视，突显了社会主义核心价值体系在引领社会发展中的重要作用。

中华优秀传统文化是数千年以来全体中国人智慧的结晶。社会主义核心价值观根植于中华优秀传统文化，并在其涵养下形成和发展。优秀传统文化滋养着一代代中国人，并不断发展为能适应我国实际发展需求的、并不断寻求自身良好发展路径的文明。

（四）弘扬优秀传统文化是践行社会主义核心价值观的重要途径

探究中华优秀传统文化的价值取向与社会主义核心价值观的理论渊源，其目的是回答如何培育和践行社会主义核心价值观的问题，如何利用优秀传统文化的特性，结合社会实际，由理论认知升华到心理认知，再由心理认知落实到实践认知。

1. 弘扬“仁爱”精神，有利于引导和践行“爱国”“敬业”“诚信”“友善”的核心价值观念

“仁爱”精神是中华优秀传统文化中的精髓，孔子认为“仁”的实行，要做到“爱人”，“己所不欲，勿施于人”“己欲立而立人，已欲达而达人”“躬自厚而薄责于人”“宽则得众”，要厚爱与众而不求自利，要“成人之美”。孟子主张“君子莫大乎与人为善”。墨子主张“利人乎即为，不利人乎即止”。这些“仁爱”理念为处理人际关系提供原则指导。“仁爱”精神的传承，有利于培养宽厚、仁德的兼容精神；除了强调个人修身养性外，“仁爱”精神还包含了自强不息、“爱国主义”的民族精神。《周易》中讲“自强不息”“厚德载物”，体现的是一种责任与担当。弘扬“仁爱”精神，为培育民族气概提供了价值导向，有利于践行“爱国”“敬业”“诚信”“友善”的公民道德理念。

2. 弘扬“义礼”思想，有利于引导认同“自由”“平等”“公正”“法治”的社会人文精神

儒家尊崇“以义为上”的价值观，强调君子为人处世讲求道义，在功利面

前道义具有至上性。孔子说，“君子义以为上”（《论语·阳货》），“义”是君子高尚的品德和做人的根本，孔子辨别君子和小人的标准就是对义利的态度。孟子强调，“富贵不能淫，贫贱不能移，威武不能屈，此之谓大丈夫”（《孟子·滕文公下》），“义”是大丈夫道德的最高标准。董仲舒主张“夫仁人者，正其义不谋其利，明其道不计其功”（《汉书·董仲舒传》）。这些对培养重义轻利思想产生了深远的影响。

“义礼”问题与“集体主义”相联系。现实社会中有不少人为了蝇头小利不惜损害他人或群体利益，与中华优秀传统文化中“集体主义”的价值趋向相背离。弘扬“义礼”原则，可以培养以集体主义价值观为导向的责任意识，培育以义为先、以义取利的价值观和集体主义价值观。

3. 弘扬“德治”思想，有利于引导坚持“富强”“民主”“文明”“和谐”的国家发展观念

“以人为本”的德治思想是我国优秀传统文化中早期人本主义思想的重要特点。我国向来倡导“德”“法”兼济的治国理念，道德建设是社会发展的助推力。弘扬“德治”思想，将人的价值放在首位，是建设法治社会、民主社会的前提。

“天人合一”的中和理念是道家在自然无为基础上对和谐的人与自然关系的凝练。儒家也讲“天人合一”，以伦理为目标构建和谐世界。所以“天人合一”是中华优秀传统文化中的主导观念。其中的“和”即“贵和持中”，“和谐”是目的。“天人合一”是我国优秀传统文化的精华所在。引导认识“天人合一”的中和思想，从而实现人与自然关系、人与社会关系的和谐；通过个人的人格历练和道德修养，实现社会整体道德水平的提高。个人自身道德修养提高的过程就是人们努力“克己以成人”，使自己的主观思想与客观世界相和谐的过程。

中华优秀传统文化中“德治”思想的弘扬对社会主义核心价值观的培育有积极的作用，不仅在建设中国特色社会主义的过程中能以和为贵，处理好前进过程中的各种矛盾和问题，提高个体修养水平，更有利于社会的安定团结、和谐有序，还有利于向建设“富强”“民主”“文明”“和谐”的国家迈进。

四、以中华优秀传统文化涵养社会主义核心价值观

（一）以中华优秀传统文化涵养社会主义核心价值观的基本原则

社会主义核心价值观是社会主义国家建设的价值引领。为了更好地适应新时代的社会发展，进行文化创新，弘扬新文化，必须与传统文化相结合。这是一项复杂的系统工程，需要进一步明确涵养过程中应当坚持的原则，探求出切实可行的路径和方法。

1. 传统与现代的辩证统一原则

我们必须坚持科学对待传统文化的态度，“汲取其精华，剔除其糟粕”。在涵养社会主义核心价值观的过程中，既不夸大其当代价值，也不能抛弃中华民族数千年沉淀的智慧与精神。夸大与忽视都不是实事求是的态度。社会主义核心价值观是根植于中国特色社会主义伟大实践中的价值观念，能够顺应时代发展需要。如果忽略了涵养过程中的现代性，就意味着以静止的态度去看待价值需求，从而放大传统文化的社会适用性，不利于价值观的构建与践行。故而既要深刻认识中华优秀传统文化的特点，力戒其与当今社会发展和时代精神的不协调、不同步，又要高度重视对传统文化的吸纳、更新，不断突出涵养过程中传统性与现代性的辩证统一；既要尊重我们党近年来探索核心价值观过程中逐渐凝结的价值信念与理想，又不能放弃中华民族几千年来的美德与精神，要坚持将传统与现代紧密结合，促进二者的涵养关系更加深入、契合。

2. 民族性与世界性的辩证统一原则

民族文化是民族的生命。中华民族有着数千年的文化积淀，民族文化中最关键的要素如价值观念、伦理道德、语言文字等依旧稳定、完整，不同地域间的心理、行为、习俗在历史沉淀中逐步趋同，中华传统文化已成为全世界民族性最强的文化之一。

然而，没有任何一种文化价值可以孤立存在，就如同民族性很强的中华传统文化，也是在不断吸收其他文化优秀成果的过程中逐渐完善的，所以有汉代的丝绸之路、唐代开放的民族往来、宋元时期的海上贸易等。只是近代以来闭

关锁国，对外文化的吸纳脚步放慢。改革开放以后，我国与世界各国友好往来，将世界文化带到中国，也使本民族文化走向世界。越来越多的优秀文明进入我们的视野，不同的种族、不同的语言、不同的宗教等诸多文化汇聚成一种流动的、全球的、多样的世界性价值理念。所以，面对世界一体化浪潮，要格外注重民族性与世界性的辩证统一关系。既要珍视自身固有的文化价值，继续弘扬和挖掘优秀的传统文化，善于从优秀传统文化中汲取营养、创新发展，努力保持自身的独特性，也要坚持放眼全球、与时俱进，以海纳百川的气度去吸取世界多元先进的科学、文化、理念，在碰撞交流中融合、进步、发展。

3. 主导性与多样性的辩证统一原则

主导性，即涵养过程中所显示的统一性、明确性、稳定性，发挥着指导、支配和支撑作用。在社会主义核心价值观与中华优秀传统文化二者的关系问题上，社会主义核心价值观是引领发展的价值理念，必须充分发挥其主导功能，才能在更大范围内协调、融入更广泛的各类价值理念，共同促进社会发展。反之，如果丧失了这个主导性，放任多样性价值观无序扩张，势必导致多样性的内核不断远离社会文明进步的初衷，价值理念也终将无法凝聚在一起。多样性，是涵养过程中表现出的差别、变化与可选择性。任何社会都存在多样化的价值取向，它是社会多元发展的必然产物。没有多样性，社会发展就没有生命力。社会主义核心价值观需要有清晰、明确的主导思想，但这不代表不融合其他的优秀思想文化。所以，要正确处理主导性与多样性的关系，确保形成一个以主导为核心，以多样为补充，“主导”与“多样”相互作用、辩证统一的核心价值观。

（二）以优秀传统文化涵养社会主义核心价值观的方法与途径

以中华优秀传统文化涵养社会主义核心价值观的路径选择，是社会主义核心价值观最终得以落地实现的关键。要始终坚持以国民教育、传统文化宣传推广、传统礼仪践行和“中国梦”构建为重点，多措并举，全面打通涵养路径。

1. 抓住主阵地

教育在促进人的全面发展中具有基础性和引导性的重要作用。涵养社会主义核心价值观必须高度重视国民教育工作，从校园抓起，点滴渗透，筑牢思想基础。

2. 营造氛围

通过传统文化宣传推广，营造社会主义核心价值观教育的氛围。如依托新闻媒体的主渠道优势，积极整合文化、媒体、网络等优势资源，激发群众对文化和价值观的共鸣；通过网络新媒体的有效运用，加强信息网络技术的开发和创新，坚持把中华传统文化中的丰富资源与现代化的数字网络技术相结合，充分利用微博、微信等新媒体，让传统文化与核心价值观更快更好地为大众所接受。

3. 抓牛鼻子

习近平总书记在中共中央全面深化改革领导小组会议上强调，改革开放在认识和实践上的每一次的突破和发展，无不来自人民群众的实践和智慧。中华优秀传统文化涵养社会主义核心价值观，无疑是思想上的一场“改革”，因此要在实践中不断加强。

“实践”的关键在于“平台”，搭建“涵养”的社会实践平台是“涵养”的主要途径。如可以借助中国传统节日来搭建中国传统价值观涵养社会主义核心价值观的实践平台。从 2008 年开始，我国将清明、端午和中秋三大中国传统节日定为国家的法定节假日，这是对传统文化的一种“实践”，有利于民众在传统节日开展活动，继承和发扬中华优秀传统文化。同时，在社会实践中开展革命传统教育，利用公共博物馆、纪念馆、爱国主义教育基地、图书馆、美术馆、科技馆等一切可以利用的社会资源，为“涵养”提供一切可以提供的社会实践平台，使民众积极投入“涵养”的社会浪潮当中。

与此同时，开辟“涵养”的多元化传播渠道。信息化时代，新媒体对人们的生活已经产生了深刻的影响，要注重新媒体等现代传播媒介的有效利用，积极展现中华优秀传统文化的魅力，弘扬优秀传统文化的精神，引导民众正确理解传统价值观对社会主义核心价值观的涵养。此外，微博、微信等大众社交平台为人们的交流提供了便捷的场所。在这些平台上定期组织传统价值观文化活动，调动民众的参与热情，集思广益，这对于传统价值观涵养社会主义核心价值观也是非常重要的。

4. 注重引领

实现中国梦是践行社会主义核心价值观教育的重要引领。中国梦是中国人民心中的使命与担当，实现中国梦，贵在实干；弘扬社会主义核心价值观，需要躬行。要注重二者的融合协调、齐步推进。一方面，最大限度地调动社会力量，人人参与。要让每一个人明白，中国梦不仅仅是国家之梦、民族之梦，更是每一个中国人的梦。要通过核心价值观的导向与规范作用，凝聚强大的合力，为实现中国梦增添力量。

中华优秀传统文化是中华民族的财富瑰宝，深深影响着中华民族的价值观念和行为准则。社会主义核心价值观是新时代人民的“呼声”，是中国民众价值观念的集中体现，其被民众所理解、认同和接受的程度将直接影响中国特色社会主义建设的进程。因此，使中华优秀传统文化成为涵养社会主义核心价值观的重要主体，将是我们在世界文化激荡中站稳脚跟的坚实基础，也是中国特色社会主义和中国社会主义现代化建设凝聚更加强大的实践力量的源泉，更是实现“两个一百年”奋斗目标和中华民族伟大复兴中国梦的精神保障。

第九讲　实施国家记忆工程，坚持和弘扬中国精神

“一个国家和民族的文明是一个国家和民族的集体记忆。”① 2014 年 3 月 27 日，习近平主席在联合国教科文组织总部的演讲中指出：“中华文明经历了 5000 多年的历史变迁，但始终一脉相承，积淀着中华民族最深层的精神追求，代表着中华民族独特的精神标识，为中华民族生生不息、发展壮大提供了丰厚滋养。中华文明是在中国大地上产生的文明，也是同其他文明不断交流互鉴而形成的文明。”② 他指出，历史是最好的教科书，并多次强调历史、现实、未来是相通的，历史是过去的现实，现实是未来的历史。他十分重视吸取历史经验，指出治理国家和社会，今天遇到的很多事情都可以在历史上找到影子，历史上发生过的很多事情也都可以作为今天的镜鉴。要治理好今天的中国，需要对我国历史和传统文化有深入的了解，也需要对我国古代治国理政的探索和智慧进行积极总结。

习近平关于文化遗产的重要论述是习近平新时代中国特色社会主义思想的重要组成部分。习近平关于文化遗产的重要论述，是中华优秀传统文化在当代的传承和发展，是中国特色社会主义建设的迫切需要，也是习近平对于历史与现实之间紧密相连关系的深邃思考。中华民族的文明史、近代以来的斗争史、中国共产党的革命史、社会主义建设史、改革开放史，无不给我们留下了宝贵的物质文化遗产、精神文化遗产和制度文化遗产，是中华优秀传统文化的核

① 习近平. 习近平谈治国理政[M]. 北京：外文出版社，2014：258.

② 习近平. 习近平谈治国理政[M]. 北京：外文出版社，2014：260.

心。党的十八大以来，习近平关于文化遗产的重要论述是治国理政理论和实践的组成部分。党的十九大以来，习近平新时代中国特色社会主义思想成为我们党的指导思想，其中，关于文化遗产的思想占有基础性的重要位置。习近平同志高度重视物质文化遗产、精神文化遗产、制度文化遗产和人类文明所创造的一切优秀文化遗产。他明确指出了文物工作“保护为主、抢救第一、合理利用、加强管理”的工作方针，使文物保护成果更多惠及人民群众。党的十九大报告明确指出要“加强文物保护利用和文化遗产保护传承”①。在中央党校2011年秋季学期开学典礼上，习近平同志指出，我们要学习中华民族优秀的传统文化和高尚的精神追求。历经磨难而不衰的中华文明，蕴涵着丰富而宝贵的思想文化遗产。在第十八届中央政治局第十八次集体学习时，他指出，中华传统文化源远流长、博大精深，中华民族形成和发展过程中产生的各种思想文化，记载了中华民族在长期奋斗中开展的精神活动、进行的理性思维、创造的文化成果，反映了中华民族的精神追求，其中最核心的内容已经成为中华民族最基本的文化基因。在哲学社会科学工作座谈会上，他再次指出：“中华民族有着深厚文化传统，形成了富有特色的思想体系，体现了中国人几千年来积累的知识智慧和理性思辨。这是我国的独特优势。”② 习近平同志将中国特色社会主义政治制度的开辟归根于中国的社会土壤，归根于历史传承和文化传统，从而将中国特色社会主义制度与中华优秀制度文化结合在了一起。他高度重视从传统制度文化中吸取有益的经验，指出要治理好今天的中国，需要对我国古代治国理政的探索和智慧进行积极总结。党的十八大以来一系列钩沉致远的治国理政方略，都可以看出习近平总书记借鉴我国历史上优秀制度文化遗产的影子。习近平同志高度重视人类文明所创造的一切优秀文化遗产。他主张吸取和借鉴全人类，包括资本主义国家创造的一切优秀文化成果。党的十八大以来，习近平同志既重视学习借鉴中华优秀传统文化，又始终强调要用人类创造的一切优秀思想文化成果武装自己，倡导我们要虚心学习借鉴人类社会创造的一切

---

① 习近平.决胜全面建成小康社会　夺取新时代中国特色社会主义伟大胜利——在中国共产党第十九次全国代表大会上的报告[M].北京：人民出版社，2017：44.

② 习近平.习近平谈治国理政（第二卷）[M].北京：外文出版社，2017：340.

文明成果，应该从不同文明中寻求智慧、汲取营养，为人们提供精神支撑和心灵慰藉，携手解决人类共同面临的各种挑战。党的十九大将“要尊重世界文明多样性”“推动构建人类命运共同体”等写入报告，正是习近平关于文化遗产的重要论述在新时代中国特色社会主义思想中的体现。

习近平注重继承与发展的文化遗产观，注重历史唯物主义和辩证唯物主义的科学态度，反对文化虚无主义，强调必须要以科学辩证的态度对待传统文化。他将历史文物看作激发爱国热情、凝聚人民力量、培育民族精神的重要载体，多次要求要“让收藏在博物馆里的文物、陈列在广阔大地上的遗产、书写在古籍里的文字都活起来”①，从而为中华民族的伟大复兴提供强大的文化自信。他多次强调物质文化遗产是不可再生的宝贵资源，必须坚持保护第一、开发第二的理念，既坚决禁止破坏性开发，也要防止建设性破坏。保护文物并不是说一点也不能动，把保护和发展对立起来，而是要在坚持保护的前提下进行适度合理的开发和建设，通过适度合理的开发和建设来实现保护与发展的双赢。他强调要坚持古为今用、以古鉴今，坚持有鉴别的对待、有扬弃的继承，而不能搞厚古薄今、以古非今，努力实现传统文化的创造性转化、创新性发展，使之与现实文化相融通，共同服务于以文化人的时代任务。习近平关于文化遗产的重要论述，是对古往今来一切优秀文化遗产思想的继承与发展，坚持以人民为中心的文化遗产观，是科学辩证的文化遗产观，是实现中华民族伟大复兴中国梦的文化遗产观，是新时代做好文化遗产工作的根本遵循。中华民族拥有五千多年连续而不间断的文明历史，创造了辉煌灿烂的中华传统文化，为全人类的文明进步历程作出了不可磨灭的贡献。儒家文化是中华传统文化最重要的组成部分，作为中华传统文化的主流之一，儒家文化博大精深，有其丰富的内涵。儒家文化是公认的世界上历史最悠久、体系最完善、活力最旺盛的文化形态之一。儒家文化学派，代表人物有孔子、颜子、曾子、子思、孟子等。他们的学术思想相通、相融，他们生前的一系列活动以及后世对儒家学说的推崇，使得一批遗址、遗迹、遗物保存至今，为研究儒家文化提供了可资借鉴的

---

① 习近平.出席第三届核安全峰会并访问欧洲四国和联合国教科文组织总部、欧盟总部时的演讲[M].北京：人民出版社，2014：17.

珍贵资料。孔子注重“好古”与“述而不作”，“述”侧重对古代文化的保留、积累与传承。儒家通过对“六经”的不断解释与传承，对中华文化源远流长的发展发挥了根本性的示范和带动作用。儒学不仅是先秦时期的“显学”，而且奠定了中国几千年中华文明的基础，对中华文化的发展演变产生了重要的影响。追根溯源，儒家文化的根基在齐鲁人杰地灵之地。从这里，儒家文化走遍中华大地，走向全世界，泽惠万方。从本质上看，儒家文化积极入世，它倡导乐观向上、积极进取的精神，对中华文化的发展产生了深远的影响。

一、强化国家记忆意识，打造中华民族的生命命脉与精神家园

中华优秀传统文化厚积着中华民族最深沉的精神追求，蕴含着中华民族最根本、最完善的精神基因，代表着中华民族独特而优秀的精神标识，是中华民族生生不息、发展壮大的丰厚滋养，是中华民族的生命命脉和精神家园，是中华民族凝聚力和创造力的不竭源泉。“国家记忆”是中华民族伟大复兴中国梦的内生动力。其根本目的在于，通过讲清楚中华优秀传统文化的历史渊源、发展脉络、基本走向，讲清楚中华文化的独特创造、价值理念、鲜明特色，努力用中华民族的精神财富“以文化人”“以文育人”，增强文化自知、自信和自觉，增强做中国人的底气、骨气和正气，牢固树立和坚守正确的国家观、民族观、历史观、文化观、价值观，培育文明健康美丽的社会风尚和氛围，为实现中华民族伟大复兴的中国梦提供源源不断的内生动力。

（一）国家记忆是实现中华民族伟大复兴中国梦的内生动力

优秀传统文化凝聚着中华民族最深沉的精神追求，是坚持和发展中国特色社会主义的精神来源，是实现中华民族伟大复兴中国梦取之不尽、用之不竭的力量源泉和精神动力。通过弘扬主旋律，人们对传统文化由不自觉地传承上升为自觉地传承。不自觉地传承较为散乱，缺乏坚强的内在支撑。自觉地传承优秀传统文化，就会产生较强的内生动力和向心力。早在 2013 年 11 月 26 日，习近平总书记就视察了孔子研究院，与儒学研究专家座谈并发表重要讲话。2014 年 9 月 24 日，习近平在人民大会堂出席纪念孔子诞辰 2565 周年国际学

术研讨会暨国际儒学联合会第五届会员大会开幕会并发表重要讲话。习近平总书记关于传统文化的系列重要讲话是治国理政指导思想的重大理论突破，是马克思主义历史观和文化观的丰富和发展。习近平总书记“两次重要讲话”具有非常重要的意义。钱穆先生认为：“中国文化，表现在中国已往全部历史过程中，除却历史，无从谈文化。”文化是一个民族的身份象征，失去了传统文化的我们，会随之失去一个国家和民族历史创造的集体记忆和精神寄托。“然中国改进，其事亦不易。使中国人回头认识其以往文化之真相，必然为绝要一项目。”[①] 习近平总书记站在全球“和平与发展”的高度，全面阐述了马克思主义与儒学的关系问题。研究孔子、研究儒学，是认识中国人的民族特性、认识当今中国人精神世界历史来由的一个重要途径。春秋战国时期，儒家和法家、道家、墨家、农家、兵家等各个思想流派相互切磋、相互激荡，形成了百家争鸣的文化大观。虽然后来儒家思想在中国思想文化领域长期居于主导地位，但中国思想文化依然是多向多元发展的。这些思想文化体现着中华民族世世代代在生产生活中形成和传承的世界观、人生观、价值观、审美观等，其中最核心的内容已经成为中华民族最基本的文化基因。这些最基本的文化基因，是中华民族和中国人民在修齐治平、尊时守位、知常达变、开物成务、建功立业过程中逐渐形成的、有别于其他民族的独特标识。

中华民族的伟大复兴，要在现代化的艰难进程中实现，而现代化要靠民族精神的坚实支撑和强力推动。民族精神需要从深厚的文化积淀中重塑。“文化传统”能传下来，就是因为它活在我们的基因里，流淌在我们的血脉中。中华文明不仅对中国的发展产生了深刻影响，而且对人类文明的进步作出了重大贡献。从历史的角度看，包括儒家思想在内的中国传统思想文化中的优秀成分，对中华文明形成并延续发展几千年而从未中断，对形成和维护中国团结统一的政治局面，对形成和巩固中国多民族和合一体的大家庭，对形成和丰富中华民族精神，对激励中华儿女维护民族独立、反抗外来侵略，对推动中国社会发展进步、促进中国社会利益和社会关系平衡，都发挥了十分重要的作用。在带领中国人民进行革命、建设、改革的长期历史实践中，中国共产党人始终是中华

---

① 钱穆.中国文化史导论[M].北京：九州出版社，2011：5.

优秀传统文化的忠实继承者和弘扬者。

（二）国家记忆是优秀传统文化可持续发展的活化基因

2014年5月4日，习近平在北京大学师生座谈会上的讲话中指出："中华文明绵延数千年，有其独特的价值体系。中华优秀传统文化已经成为中华民族的基因，植根在中国人内心，潜移默化影响着中国人的思想方式和行为方式。今天，我们提倡和弘扬社会主义核心价值观，必须从中汲取丰富营养，否则就不会有生命力和影响力。"① 龚自珍说过："灭人之国，必先去其史；隳人之枋，败人之纲纪，必先去其史；绝人之材，湮塞人之教，必先去其史；夷人之祖宗，必先去其史。"② 山东是中华文明的发源地之一，其连绵不断、可持续发展的活化基因在历史发展的长河中汇入国家记忆。在这片历史悠久、文化灿烂的大地上，圣贤迭兴、名家辈出，曾经诞生了许多伟大的思想家、科学家、发明家、政治家、军事家和文学家，多如璀璨明星，不可胜数。尤其值得关注的是，早期文化发展时期这片土地上涌现了一大批贤哲圣人，如孔子、曾子、子思、孟子、墨子等，他们为寻求天下大治、强国富民之道，孜孜以求、积极探索，对当时与后世社会的发展都产生了重大而深远的影响，他们的思想在今天仍然是可资借鉴的宝贵财富。

先秦时期是中国历史发展中一个极其重要的时期，多民族统一国家于此时发轫，多种重要思潮于此时产生，中华民族的发展于此时奠基。这一时期影响最大的历史人物当首推孔子。孔子是儒家思想的奠基者，他"祖述尧舜、宪章文武"，继承五经中的政治理论观念，并关注社会现实，积极与社会现实相结合，以解决社会现实问题为旨归，形成了自己的思想体系。概而言之，孔子主张仁德政治，"仁者爱人""道之以德，齐之以礼""敬事而信，节用爱人，使民以时""富之教之""举贤才""为政在人""帅己正人"，内涵深邃而丰富。他站在前所未有的理论高度将传统思想提升到一个新的境界，也给齐鲁文化注入了新的灵魂。同时，孔子将自己的主张付诸治理邦国

---

① 习近平.习近平谈治国理政[M].北京：外文出版社，2014：170.

② 龚自珍.龚自珍全集[M].北京：中华书局，1959：22.

的实践中，他曾升任中都宰，在他的治理之下，“男女别涂”“路无拾遗”“器不雕伪”，因政绩突出，“西方之诸侯则焉”（《孔子家语·相鲁》）。曾子一生主要是传播孔子之道，授徒讲学，形成了“洙泗学派”。曾子重视自省，他曾经自言：“吾日三省吾身——为人谋而不忠乎？与朋友交而不信乎？传不习乎？”（《论语·学而》）无须外人强制，主动而发自内心的反省，是曾子修养方法最突出之处。这种以注重“内求”为特色的德行修养，成为儒家修身养性的主要方法。据《论语》所记，曾子深悟孔子“一贯之道”，认为“夫子之道，忠恕而已矣”。在孔子逝世后，他成为孔门的支柱和主要传道者。曾子对儒学的传承和发展起到了重要的作用。他上承孔子之道，下启思孟学派，对孔子的儒学思想既有继承，又有发展和建树。曾子及其弟子们所组成的“洙泗学派”，被视为孔门后学中发展孔子学说的重要部分，对儒学的推广传播起到了重要作用。

子思上承孔子“中庸”之学，发挥“中庸”思想并使之系统化，下开孟子“心性”之论，在孔孟道统的发展传承中起着重要的过渡连接作用，被后人尊为“述圣”。近年来，随着地下文献的出土面世，失传的子思著作逐渐呈现于世，为人们重新审视子思带来了契机，为人们进一步深入认识儒学思想提供了机缘。1993 年湖北荆门郭店出土的竹简，经过众多学者的研究，学界基本达成共识，即此竹简基本属于子思门派的作品。由此可知，《孔丛子》中所保存子思问孔子的史料，据南朝梁人沈约所著《隋书·音乐志》载，《礼记》所收《中庸》《表记》《缁衣》《坊记》四篇皆原属子思作品。这些记载都是真实可信的。子思在孔子的基础上，对人性本原、人性特征进行了论述。他说：“性自命出，命自天降。道始于情，情生于性。”（郭店楚墓竹简《性自命出》）他认为，天是人性的根源，人性受天命禀赋而成，认定从“性”到“道”之间有“情”相连接，把人性与天命、天道紧密联系起来。这就使在孔子那里缺乏形而上意味的“性”被提升为具有生命本原的性，将孔子的人道理论建基于人性、人情之上，为儒家教化奠定了坚实的人性论基础。子思注重对“仁”的实现过程和品质的追求，从而使传统的仁学思想获得了突破性发展。《史记·孔子世家》《孔丛子》都说子思作《中庸》。子思最大的思想贡献在于阐扬和发展了中庸学说。孔子思想中包含了丰富的“中”的内容。子思则把“中庸”上升到了“至德”的高度，贯穿于他的全部学说和实践中。子思开创了儒家的“心性”学说，在前承孔子、曾子，后启孟子“内求”的思想理路发展中，起到了至关重要的作用。

此后，荀子倡导“隆礼重法”、德刑并用，赋予儒家思想以新的活力。经过孔子、孟子、荀子等大儒的创立、发展与深化，以“德主刑辅”“仁政”“民本”“用贤”等为核心的较为完整的儒家思想体系得以建构，在中国历史上具有重要的开创意义，对于中华文化的未来走向和思想发展影响深远。

山东地区思想文化的基本理念，渊源于虞、夏、商、西周时代的文化，集中反映在《论语》《国语》、《春秋》三传、《孟子》《荀子》《管子》等经典文献中。春秋战国时期形成了中国历史上第一个思想文化的高峰。山东大地上，齐鲁文化璀璨夺目，是中华古文明的“重心”所在。儒家思想经过孔子及其后学的积极恪守、弘扬与传布，流传广泛，深入人心，也深深影响了齐鲁文化，使齐鲁文化呈现“民为邦本”“选贤与能”“政者正也”的特色，并不断拓展，走出了独特的发展道路，展现出与众不同的超越地域的魅力。经过由秦到汉初八十余年几代儒者的努力，齐鲁大地的儒家学派发展成为当时最具实力与最富生机的学派。在汉武帝“罢黜百家，独尊儒术”的政策下，齐鲁文化实现了由地域文化到主流文化的转变，相伴而来，儒家思想也由区域政治文化发展成中国古代主流政治制度思想，并在以后两千多年的历史发展进程中发挥着巨大的作用。在政治大一统的两汉时期，儒家思想逐步得到统治者认同，并得到广大后儒、循吏、贤哲的发扬与应用，产生了积极而有效的社会作用。

（三）国家记忆是国家和民族历史文化认同的有机载体

儒家经典是国家记忆重要的“根”和“魂”，是培育国家和民族历史文化认同的有机载体。习近平总书记在庆祝中国共产党成立 95 周年大会上的讲话中指出：“中国共产党领导中国人民取得的伟大胜利，使具有 5000 多年文明历史的中华民族全面迈向现代化，让中华文明在现代化进程中焕发出新的蓬勃生机；使具有 500 年历史的社会主义主张在世界上人口最多的国家成功开辟出具有高度现实性和可行性的正确道路，让科学社会主义在 21 世纪焕发出新的蓬勃生机；使具有60多年历史的新中国建设取得举世瞩目的成就，中国这个世界上最大的发展中国家在短短30多年里摆脱贫困并跃升为世界第二大经济体，彻底摆脱被开除球籍的危险，创造了人类社会发展史上惊天动地的发展奇迹，使中华民族焕发出新的蓬勃生机。”[①] 儒家经学作为主流意识形态，为中国社会找到了价值评判的平衡点，成为协调社会关系的价值准则。

原始儒家对上古传统有着异乎寻常的情结，“祖述尧舜，宪章文武”“信而好古”“述而不作”等富含历史感的叙述，展示了他们的思想。儒家学派以积极主动的态度和舍我其谁的气概，坚守传统的“历史基因”。孔子称颂尧舜，渴望仁德之政，神往“老者安之，朋友信之，少者怀之”的理想；他首倡“仁者爱人”，又以“爱亲”为“仁”之本，对上呼应传统，对下符合当时社会实际。传统和现实交相互应，故此，孔子言“礼”论“仁”，纳“仁”入“礼”，把“礼”和“仪”从外在的规范约束提升为生活的自觉理念，把一种宗教性神秘变为人情日用，由“亲”及人，亲亲而仁民，既肯定等级秩序，又强调人道关系。孔子以此为准则开展对典籍的整理、解释和教学。《淮南子·要略》说：“孔子修成、康之道，述周公之训，以教七十子，使服其衣冠，修其篇籍，故儒者之学生焉。”孔子不仅收徒授学，弘扬先王之道，而且整理古代典籍，将载有“圣王之道”的“六经”加以整理，使之更有利于社会教化。中华文化原始儒家之于中华文化发祥之功，如同“洙泗”文脉渊源之于大江大河，孔子学派做了大量拓源、疏浚、导流、规整等工作。“洙泗”合称，开始只是一个地理概念，后来发展成文化记忆的标识。“洙泗”被视为孔子儒学乃至中华传统文化的渊源和“水塔”。所以，“洙泗”一词的含义发生了衍变，成为诸如以上中华文化元典、儒家经典、孔学文脉的代名词，渐次丰富完善着“中华传统文化基因库”。历代官刻经籍、社会读本和乡约村规，其价值观念皆与经学息息相关。西汉时有《诗》《书》《礼》《易》《春秋》“五经”；东汉时“五经”加《孝经》《论语》成为“七经”；唐时《礼》分为《周礼》《仪礼》《礼记》，《春秋》分为《左传》《公羊传》《谷梁传》，再加上《周易》《尚书》《诗经》，成为

---

① 习近平.在庆祝中国共产党成立95周年大会上的讲话[M].北京：人民出版社，2016：4.

“九经”；后又加《论语》《孝经》《尔雅》，成为“十二经”；宋时“十二经”加上《孟子》成为“十三经”。

二、立足国家记忆战略，发掘中华民族凝聚力和创造力的不竭源泉

中华民族凝聚力和创造力的文化特征可以简要概括为“自强不息，厚德载物”，这是儒家理想人格所提倡的自强精神的深刻写照。《中庸》云：“故至诚无息，不息则久，久则征，征则悠远，悠远则博厚，博厚则高明。”《诗经》云：“维天之命，于穆不已。”儒家强调不懈的努力，是有积极意义的。儒家文化强调“天行健，君子以自强不息；地势坤，君子以厚德载物”。在儒家看来，和谐境界的实现，人本精神的高扬，忧患境域的摆脱，道德素养的提升，无一能够离开人们投身现实、奋发进取的努力和作为。在儒家思想中，生命是有限的，生命也是宝贵的，但与此同时，生命又是充满坎坷和艰辛的，君子应该有一往无前的气概和自强不息的精神。儒家强调“积极入世”的实践精神，倡导“富贵不能淫、威武不能屈、贫贱不能移”的个人健康人格，提出了“舍生取义”的人生最高道德标准，从而打造了全民族的强健精神支柱和充满浩然正气的民族性格，完整地构建了全民族的道德体系。此外，儒家“德治爱民”的政治文化、“孝悌和亲”的伦理文化、“文质彬彬”的礼乐文化、“远神近人”的人本取向，渗透在中国社会文化的各个方面，一直是中华民族在人文理想方面的宝贵精神财富。儒家讲的“自强”，就是“反求诸己”，不怕别人不了解自己，自己兢兢业业，持之以恒。

（一）国家记忆有助于中华民族团结凝聚、向上向善

中华民族团结凝聚、向上向善，是一个博大精深的思想体系。儒家道德思想在人与自我、社会和自然的关系上都有一套独特的伦理规范，体现着儒家贵和、尚德的人文特质和禀赋。习近平总书记指出：“中国人民的特质、禀赋不仅铸就了绵延几千年发展至今的中华文明，而且深刻影响着当代中国发展进步，深刻影响着当代中国人的精神世界。……中国人民的伟大创造精神、伟大奋斗精神、伟大团结精神、伟大梦想精神。这种伟大精神是一代一代中华儿女

创造和积淀出来的，也需要一代一代传承下去。”① 儒家文化将道德作为人们的行为准则。儒家道德意识的根本宗旨在于引导人们正确处理人与人、人与社会和人与自然的关系，以使人们更好地适应社会，立身做人。

第一，在处理人与自我的关系上，提倡要正确看待自我，通过修身养性达到理想的人格境界。在生命、道德与人格的关系上，儒家德育思想显然更重视人的道德价值。儒家人性观中，不管是孔子的“性相近，习相远”，还是孟子的“性善论”和荀子的“性恶论”，都强调人可以通过自身努力达到至善的“圣人”境界。因此，个体存心养性的修身思想是儒家德育思想的基础。作为儒家经典的《大学》便是最好的说明，它讲道：“古之欲明明德于天下者，先治其国；欲治其国者，先齐其家；欲齐其家者，先修其身；欲修其身者，先正其心；欲正其心者，先诚其意；欲诚其意者，先致其知；致知在格物，物格而后知至，知至而后意诚，意诚而后心正，心正而后身修，身修而后家齐，家齐而后国治，国治而后天下平。”在修身的方法上，儒家首先强调正心诚意。有了自我修养的诚意与要求，才具备人生修养的基础。其次，强调“好学”。“好学近乎知”“笃信好学，守死善道”，“学”是非常重要的。“好仁不好学，其蔽也愚；好知不好学，其蔽也荡；好信不好学，其蔽也贼；好直不好学，其蔽也绞；好勇不好学，其蔽也乱；好刚不好学，其蔽也狂。”（《论语·阳货》）只有通过努力学习，才能很好地修身养性。再次，强调“践行”。一个人要真正成为一个有良好品格和道德的人，要做到知行合一。儒家这种强调主体的道德修养，这种注重人的自我观照、自我修养、自我实践的道德原则，可以成为治疗现代人精神与道德迷失的一剂良药。

第二，在对个人与社会的思考上，以孔孟为代表的儒家认为，社会安定有序就是道德价值所在。“仁”“义”“礼”“智”“信”等一系列的道德原则都是为了营造社会的安定和谐。儒家强调“礼”，要求人们的一切言行都要符合礼，以使各个社会成员各就其位、各司其职、各安其分、各奉其事、各得其所、毫不错乱，这样社会自然就会秩序井然、和谐稳定。而“仁”作为儒家思想中的

① 习近平.在北京大学师生座谈会上的讲话[EB/OL].(2018-05-03).新华网，http://www.xinhuanet.com/politics/2018-05/03/c_1122774230.htm.

最高道德范畴，主要体现为侍长以“孝”、侍君以“忠”。孝悌是人与人关系的基础，“忠”在某种程度上是对“孝悌”的延伸。作为道德规范的“仁”，还要求人们要以对自己亲人的爱推及对他人的爱，以仁爱之心对待他人，人与人之间要互相关心、互相帮助，以形成一种和谐的人文氛围。

第三，在人与自然的关系问题上，“和谐”仍旧是儒家强调的核心思想。儒家认为，人与自然的关系不是征服与被征服、支配与被支配的关系，人是自然的一部分，与大自然息息相通、和谐一致。因此，人必须学会尊重自然、爱惜自然。在对待自然万物的态度上，儒家把人类放在大自然生态环境中加以考虑，提出“正德、利用、厚生”的原则。“正德”首先是指天地“生生之大德”，即天地生养万物之道。这种天地的大德与人的善良的“仁”性是相通的，而人的“仁”性表现于外，就是“亲亲”“仁民”“爱物”。儒家思想的核心是“仁爱”，即以这种仁爱之心去对待万物，就能促进万物的生长。使万物各得其所、各得其生，使人民各得其养，是儒家“正德”的真实表现。“利用”是在“正德”的基础上的“利用”，即从仁爱之心出发，对万物“取之有时，用之有节”，进行符合道德原则的“利用”，这样既有利于人类的存续，也有利于自然万物的生命。儒家这种从爱人到爱物、天不违人、人不违天的人与自然和谐发展的主张，将人们对生态环境的珍惜上升到人们道德要求的最高层次，对于在现代社会中改善人和自然的关系有着积极的意义。

（二）国家记忆有助于文化创造性继承、创新性发展

我国早期传统文化尤其是儒家文化，在长期实践中展现出的仁义、爱民、廉洁、公正、敬贤等优秀品质，推动了中华民族的文明与进步，在今天仍具有治国理政的应用价值。作为国家记忆的中华文化传统，要实现“扬弃”，其新旧之间的纽带集中体现为“天人合一，以和为贵，以人为本，刚健有为”等方面的创造性继承和创新性发展。

“天人合一”“以和为贵”是指儒家文化中的和谐意识，包含天人关系的和谐、人际关系的和谐。天人关系的和谐主要是人与自然的和谐，可以概括为“天人合一”；人际关系的和谐主要是人与人、人与社会的和谐，可以概括为“以和为贵”“中庸之道”。西周时期的天命观明显地赋予神（即周人的“天”）

以“敬德保民”的道德属性：“天”之好恶与人之好恶一致，“天命”与“人事”息息相通。“皇天无亲，惟德是辅。”周公提出的“以德配天”，更是“天人合一”思想的明确表达。孔子时而认为天是自然的，天不言而四时行，而万物生；时而又认为，人之生死富贵皆决定于天，“天生德于予，桓魋其如予何?”“天之未丧斯文也，匡人其如予何?”道德文章皆天之所予我者，我受命于天，任何大难都无可奈何于我。在这里，“天”是道德权威性的最终根据。但是孔子所讲的道德的核心是“仁”，他在讲“仁”的根源时，很少把“仁”的根源归之于人格神意义的“天”。相反，他所强调的是，孝悌之类的自然感情是“为仁之本”。他认为“仁”出自人天生的“直”，亦即一种自然的本性。也就是说，孔子的“天人合一”思想已由“远”及“迩”，这就为孟子的“天人合一”观开辟了道路。儒家文化的“天人合一”思想是中华传统文化的重要内容，对传统文化的方方面面如科学、伦理道德、审美意识等，都有深远影响。这不但为人伦道德找到了深远的根源，提高了中华文化的道德意蕴，而且为人与自然的和谐相处提供了理论根据。

“以和为贵”，就是儒家文化以“和”为特质，不仅为中华传统文化打上了“和”的烙印，而且成为世界和谐文化的滥觞。贵和、尚中正是儒家文化的本质，而达到人与人、人与社会、人与自然的和谐相处，创造一个和谐的世界，则是儒家文化的终极目的。中国古代以“和”为最高的价值。孔子弟子有若说：“礼之用，和为贵。先王之道，斯为美；小大由之。”孔子亦说：“君子和而不同，小人同而不和。”孔子所谓“和而不同”，也就是保留自己的意见而不人云亦云。“和”的观念，肯定多样性的统一，主张容纳不同的意见，于文化的发展确有积极的促进作用。儒家以和为贵的思想在历史上曾经起了促进民族团结、加强民族凝聚力、促进民族融合、加强民族文化同化力的积极作用。在历史上，得民心者得天下，失民心者失天下，已成为长期起作用的客观规律。中华民族是多元的统一体，中国文化也是多元的统一体。多元的统一，正是中国古代哲学所谓“和”的体现。所谓“和”，不是不承认矛盾对立，而是认为应该解决矛盾而达到更高的统一。

“以人为本”是指儒家文化中的人本意识，尊重人和推崇人，弘扬人的生命存在的意义和主体独立自觉的价值。孔子说“为仁由己”，仁的境界的实现要靠自己的努力。“仁者爱人”，爱人，这是仁的真谛。它包括“忠”“恕”两个方面的要求。“忠”即要求从积极的方面做到“己欲立而立人，己欲达而达人”，“立人”“达人”要以“己立”“己达”为前提。“恕”则要求从消极的方面要做到“己所不欲，勿施于人”。孔子还说“仁者，人也”。人的本质是“仁”，人之为人，不仅在于他具有自然属性，更重要的是他具有社会属性。“人性本善”，都具有“仁”的道德本性；反之，那些丢弃了“仁”的本性，损害人的价值和生命的人，则与禽兽无异。在对个人的主体价值给予充分尊重的基础之上，儒家文化进一步强调人的社会价值，强调人的积极入世精神，强调“民为邦本”“民贵君轻”，由人本意识上升到民本意识，重视民意，与民同乐。

“刚健有为”是指儒家文化中的忧患意识、道德意识和力行意识，是儒家文化积极入世的体现。忧患意识是儒家思想的重要内容，它作为中华民族的优秀文化传统一直被人们尊崇和传承着，并且逐渐内化为中华民族心理的一种向上品格，成为激励历代仁人志士心系国民、奋发有为、积极向上的精神力量。由孔子首先阐发的以对国家、民族和人生的关怀为价值取向的儒家忧患意识，后经历代儒学思想家的发挥，其精华部分成为中华民族优秀文化传统的重要组成部分。孔子指出，“德之不修，学之不讲，闻义不能徙，不善不能改，是吾忧也”，“不患人之不己知，患不知人也”，“人无远虑，必有近忧”。由此出发，孔子将忧患的内容重点放在关注他人、社会和国家上。一方面，把国家和社会的利益放在首位，追求安邦定国、匡济天下的社会理想；另一方面，把个人的命运同整个社会的命运紧密联系起来，强调个人的社会责任感，以完成修身、齐家、治国、平天下的任务。孔子认为，“君子忧道不忧贫”，“君子谋道不谋食”，“朝闻道，夕死可矣”。他把道看得比人的富贵、生命还重要，提倡为道、为仁而牺牲的精神。儒家忧患意识是古代知识分子以道自任、为道献身的忧患意识。儒家忧患意识是历史责任感、民族自信心以及爱国热情的反映，体现的是乐观进取、自强不息的精神。儒家忧患意识作为中国文化的“基本动力”，不仅推动了中国历史的发展，而且铸就了中华文明的辉煌，其价值的永恒性，对我们今天进行中国特色社会主义建设事业仍具有重要的现实意义。

（三）国家记忆有助于促进民众自知自信、自立自强

礼乐教化、人文化成是孔子儒家的重要特质。国家记忆是中华文化文脉渊源的重要标识，深入理解以孔子为代表的原始儒学，对于民众自知自信、自立自强具有重要的导引入门作用。《孝经·广要道》记载："移风易俗，莫善于乐。"礼乐文化兼具天文与人文、典章制度、仪表仪规与文化素养、思想风范，包罗万象，底蕴深厚，是原始儒学赖以生长的深厚肥沃土壤。周代的《诗》《书》《礼》《乐》本来就具备社会教化的功能。据《礼记·王制》记载，"乐正崇四术，立四教，顺先王《诗》《书》《礼》《乐》以造士。春秋教以《礼》《乐》，冬夏教以《诗》《书》"。这里的"四术""四教"都是指《诗》《书》《礼》《乐》。那时，培养人才即所谓"造士"，其职责赋予了在教化之官的司徒之下的"乐正"。孔子"作《春秋》""赞《易》"之后，《诗》《书》《礼》《乐》《易》《春秋》"六经"作为"载道"之典籍成为"邦国之教"的必然依据和根本准则。

"礼"是人应遵循的法则，所以，人应当加强自身修养，以保持善端，健全道德人格。孔子面对当时礼崩乐坏的社会现实，看到许多司空见惯、不以为然的违礼之举，感到非常无奈而又义愤填膺。他说："谁能出不由户？何莫由斯道也？"孟子把"礼"看成"门"，把"义"看成"路"，他说："夫义，路也；礼，门也。惟君子能由是路，出入是门也。"《荀子·乐论》讲到："乐者，圣人之所乐也，而可以善民心，其感人深，其移风易俗，故先王导之以礼乐而民和睦。"荀子认为人之性恶，应当从师而学，效法古圣先贤，强调"明礼义以化之"，主张通过礼义教化，诱导人们"化性起伪"，去"恶"从"善"。教化天下，关键在于教化人心，而人心教化，重点应该从青少年做起。"少成若天性，习惯之为常"，"时过然后学，则勤苦而难成"。《礼记·经解》云："入其国，其教可知也。其为人也，温柔敦厚，《诗》教也。疏通知远，《书》教也。广博易良，《乐》教也。絜静精微，《易》教也。恭俭庄敬，《礼》教也。属辞比事，《春秋》教也。"六艺之教以《诗》为首。《礼记·王制》以"乐正崇四术，立四教"。

孔子成为儒学和儒家学派的开创者，他在春秋末期社会变革时代传承了有

史以来的传统，把源自上古、存留于世的社会习俗转化为思想意识；既依守传统（如其“礼”学），又创发新知（如其“仁”学），更将此二者融为一体，建构起博大精深的思想体系。以“人文”取代了“神文”，乃是时代的进步和历史的进步。以孔子为代表的原始儒学，自其创立之初就以周代及其以前的历史文物、典章制度作为其基本教材和重要来源，进行继往开来的加工改造；当时“周室微，礼乐废，诗书缺”，相传孔子曾经修《诗》《书》《礼》《乐》，序《周易》，撰《春秋》。孔子以此作为重要的思想资源和依据，传道授业解惑，被尊为至圣先师、万世师表。这些历史文物、典章制度，蕴涵和记录着三圣王（尧、舜、禹）和三朝代（夏、商、周）的经验教训；孔子的言行、语录、谈话、思想也被记录下来，收集整理后编撰为《论语》《孔子家语》《孔子三朝记》《礼记》《孔丛子》《孔子集语》等，成为重要的儒家经典文献。集成的丛书，有《四书》《五经》《十三经》《四库全书》等。

三、实施国家记忆工程，为中华民族提供生生不息和发展壮大的丰厚滋养

2018 年 6 月 9 日，习近平主席在上海合作组织青岛峰会上指出：“山东是孔子的故乡和儒家文化发祥地。儒家思想是中华文明的重要组成部分。儒家倡导‘大道之行，天下为公’，主张‘协和万邦，和衷共济，四海一家’。这种‘和合’理念同‘上海精神’有很多相通之处。‘上海精神’坚持互信、互利、平等、协商、尊重多样文明、谋求共同发展，强调求同存异、合作共赢，在国际上获得广泛认同和支持。”① 山东传统思想是以儒家思想为核心，吸收各家思想形成和发展起来的，其最原始、最核心的来源是出生于齐鲁大地的孔子、孟子的政治哲学思想。司马迁在《史记·孔子世家》中首先提出鲁城“孔里”的称谓：庐墓之后，“弟子及鲁人，往从冢而家者，百有余室，因命曰孔里”。这个“孔里”，根据司马迁的实地考证和记载，既是个纪念馆、博物馆，又是孔子文化的体验馆。山东曲阜一带，是孔子儒学的发祥

① 习近平. 在上海合作组织青岛峰会欢迎宴会上的祝酒辞[EB/OL]. (2018-06-09). 新华网. http://www.xinhuanet.com/world/2018-06/09/c_1122962286.htm.

地、定型区，是研究原始儒学的重要地域。“曲阜孔学”或称“微观儒学”，以古鲁曲阜与孔子儒学的关系为研究重点，打通儒家经典和地方历史地理，探赜其中的脉络源流。它在传统文化研究领域具有重要的影响力，逐步发展成“圣域学”。此学肇端乎孔门弟子，《春秋》三传、司马迁、郦道元等汲汲于斯，历朝不乏其人，著作汗牛充栋。习近平总书记的系列讲话为我们正确认识和把握传统文化，尤其是传统文化中的治国理政智慧，提供了正确的理论导向。山东是儒家文化的发源地，儒家学说作为治国理政的重要依据，一直延续了两千多年，对中国人思想观念的影响极其深远。探寻传统文化智慧，必须从中寻找规律、汲取经验，并在此基础上创新发展、指导实践。

（一）实施国家记忆工程，必须统筹规划、分步实施

孔子儒学注重个人修养、家庭教育、社会教化，讲求修齐治平，孔门弟子和孔氏家族成为这一思想的直接见证者和受益者。经过两千多年的风雨考验，孔子思想的价值历久弥新，深刻影响了中华民族的文化基因。实施国家记忆工程，必须在此厚重的基础上继续努力，才能不断守正出新、济古维来。

在形而下层面，孔子儒学圣域文化考证工作应该在以下三个方面展开：一是圣人的超常性、纪念性踪迹，二是经典的关键性、确切性定位，三是圣学的传承性、创造性场域。清康熙二十一年（1682），孔尚任编修《孔子世家谱》，并参与《阙里新志》的编撰工作。孔氏专志，在此之前主要有：四十七代孙孔传编撰的《祖庭杂记》（后改称《东家杂记》），五十一代孙孔元措编撰的《孔氏祖庭广记》，明代陈镐编、六十五代衍圣公孔胤植补之《阙里志》。孔尚任编撰《阙里新志》时，对圣人的超常性、纪念性踪迹进行了系统的梳理，对圣人的关键性、确切性定位进行了认真的考证。如在《阙里新志·游览》之二“乡导”中，他第一次设计了曲阜圣迹五日游的路线图，对圣学的传承性、创造性场域进行了翔实的体验；在《阙里新志·游览》之四“数时”中，他设计了曲阜圣迹时令节气游览的方位图。这种全面、系统的考察对于今天圣域文化的构建仍然具有重要的意义。

在形而上层面，孔子“系《易》”“作《春秋》”是圣域文化构建绕不过去

的问题，尤其是具体落在“石门书院”和“春秋书院”的独特定位和推论上。石门山对孔尚任具有特殊的意义，孔尚任经历了“入山（读书石门山）—出山（异数记）—再入山（终隐石门山）”三个阶段，前后有20余年。孔尚任也通过一系列著述，赋予石门山独立的自然意义和人文意义。石门山的自然意义主要有：石门山“固泰山之肖子”（“仿佛其风规”）；鲁之后土——石门山后土岩（“疑即是”）；石门山——山灵中之高逸也；凡石门山寸草尺木，皆吾乡……威仪容止、奔走天下人士，遇之加礼伟丈夫。石门山的人文意义主要有：“少昊氏：都曲阜，葬云阳。云山有石门，改称石门山。先圣学《易》处，‘全真观’与‘玉泉寺’之上（相传‘享松香、童子之祭’）。子路负米、见晨门吏，古石门即子路下、鲁之间住宿之处。梦寐之间，不忘故山；未卜何年，重扶松桂。石门有灵，其绝我耶？其招我耶？”（《游石门山记》）

关于孔门与石门山的关联地点，重点有子路见晨门吏的“石门祠”和“孔子学《易》处”。

子路见晨门吏于古石门，典出《论语·宪问》：“子路宿于石门。晨门曰：‘奚自？’子路曰：‘自孔氏。’曰：‘是知其不可而为之者与？’”郑玄注：“石门，鲁城外门也。”孔尚任在《阙里新志》中指出，子路宿于石门处，在石门山含珠台上。当时的“石门祠”，“古祠甚隘，刻二像于石壁，题曰‘夜话馆’，今圮，石壁亦碎”。

先圣学《易》处，典出《论语·述而》：“子曰：‘加我数年，五十以学《易》，可以无大过矣。’”《史记》记载：“晚而喜《易》……读《易》，韦编三绝。”孔尚任认为先圣学《易》处地处“全真观”与“玉泉寺”之上。

关于孔子作《春秋》处，历来众说纷纭。孔尚任进行了仔细的甄别后指出：“春秋台，夫子作《春秋》于其上。”“息陬：陬邑，鲁之附庸。叔梁父尝为其邑大夫，先圣从之以居，昌平、尼山在邑东，是其别业也。及壮，筮仕于鲁，乃有阙里之宅，晚年退息于陬，作《息陬操》。今尚有息陬村。”（《孔尚任新阙里志校注》）

附： **圣域文化阐释与依据一览表**

序号	名称（典出）	圣域文化阐释与依据	备注
1	圣贤事迹（斯文在兹）	1. 六经皆载圣言； 2. 六经圣言著于人，显而彰； 3. 诵读圣贤历年事迹，即知“圣之所以为圣者”	孔尚任《圣贤事迹歌序》： 去圣日远，圣道日微。 《出山异数记》：圣踪磨灭
2	尼山书院	圣母颜氏致祷之处 孔子生处 即其地建庙	《孔尚任新阙里志校注》①[93]
3	洙泗书院	我祖设教洙泗之滨	《孔尚任新阙里志校注》[97]：我祖设教洙泗之滨。 《孔尚任新阙里志校注》[105]：昔孔子设教洙泗之上，弟子从者三千。今建书院，为子孙讲习之所
4	杏坛	先圣教授堂遗址。 汉明帝命皇太子说经堂上。 遗杏数株，老干新花，想见圣泽云	《孔尚任新阙里志校注》[99]
5	鲁壁	即金丝堂壁也，乃吾夫子寝处之室，子孙世守之。 壁书，韦编竹简，孔安国诂注	《孔尚任新阙里志校注》[99—100] 《孔尚任新阙里志校注》[110]
6	舞雩坛	鲁祭天祷雨之处 曾点风乎舞雩即其处	《孔尚任新阙里志校注》[101]
7	阙里	孔子故宅 里门。从讲堂至里门，荆棘自除	《孔尚任新阙里志校注》[98]
8	石门祠	1. 在石门山含珠台上，子路宿于石门处； 2. 古祠甚隘，刻二像于石壁，题曰夜话馆，今圮，石壁亦碎	《孔尚任新阙里志校注》[128] 子路宿于石门。晨门曰：“奚自？”子路曰：“自孔氏。”曰：“是知其不可而为之者与？”（《论语·宪问》）
9	夫子系易处	先圣学《易》处地处“全真观”与“玉泉寺”之上（相传“享松香、童子之祭”）	《孔尚任新阙里志校注》[156]

① 徐振贵，孔祥林. 孔尚任新阙里志校注[M]. 长春：吉林人民出版社，2004. 本表中上标六角括号中的数字表示所引内容在该书中的页码，下同。

续表

序号	名称（典出）	圣域文化阐释与依据	备注
10	春秋台	夫子作《春秋》于其上	《孔尚任新阙里志校注》[102] 息陬：陬邑，鲁之附庸。叔梁父尝为其邑大夫，先圣从之以居，昌平、尼山在邑东，是其别业也。及壮，筮仕于鲁，乃有阙里之宅，晚年退息于陬，作《息陬操》。今尚有息陬村。
11	诗礼庭	1. 伯鱼趋过处也； 2. 藏夫子衣冠及车服礼器，诸儒讲礼、饮射于中； 3. 今诗礼堂	《孔尚任新阙里志校注》[100] 陈亢问于伯鱼曰："子亦有异闻乎?"对曰："未也。尝独立，鲤趋而过庭。曰：'学诗乎?'对曰：'未也。''不学诗，无以言。'鲤退而学诗。他日，又独立，鲤趋而过庭。曰：'学礼乎?'对曰：'未也。''不学礼，无以立。'鲤退而学礼。闻斯二者。"陈亢退而喜曰："问一得三：闻诗，闻礼，又闻君子之远其子也。"（《论语·季氏》）

（二）实施国家记忆工程，必须精准施力、蹄疾步稳

2017 年 10 月，习近平同志在党的十九大报告中指出："文化是一个国家、一个民族的灵魂。"① "中国共产党从成立之日起，既是中国先进文化的积极引领者和践行者，又是中华优秀传统文化的忠实传承者和弘扬者。当代中国共产党人和中国人民应该而且一定能够担负起新的文化使命，在实践创造中进行文化创造，在历史进步中实现文化进步！"② 2013 年 11 月 26 日，习近平总书记在孔子研究院同专家学者代表座谈时指出，孔子及儒家思想，是中华民族传统

① 习近平. 决胜全面建成小康社会　夺取新时代中国特色社会主义伟大胜利——在中国共产党第十九次全国代表大会上的报告[M]. 北京：人民出版社，2017：40.

② 习近平. 决胜全面建成小康社会　夺取新时代中国特色社会主义伟大胜利——在中国共产党第十九次全国代表大会上的报告[M]. 北京：人民出版社，2017：44.

文化的重要组成部分，在中国历史上发挥了极为重要的作用。2013 年 11 月 28 日，习近平总书记在山东考察工作结束时的讲话中强调，要在去粗取精、去伪存真的基础上，采取兼收并蓄的态度，坚持古为今用、推陈出新的方法，有鉴别地加以对待，有扬弃地予以继承。2014 年 11 月 14 日，习近平总书记在对山东工作的重要批示中强调，要着力建设社会主义核心价值体系，用好齐鲁文化资源丰富的优势，加强对中华优秀传统文化的挖掘和阐发，为做好改革发展稳定各项工作提供强大精神力量。

国家“十三五”规划纲要明确，“实施国家记忆工程。推进山东曲阜优秀传统文化传承发展示范区建设”。《文化部“十三五”时期文化发展改革规划》指出：“国家记忆工程：依托文物建筑、文化典籍、国家档案等，通过体现中华优秀传统文化、革命文化和社会主义先进文化的代表性文物，分类分批实施国家历史、文化、艺术、科学记忆工程及国家记忆数字化保存行动计划，体现中华民族最深层的精神追求，建立全民共识的国家精神标识。”① 2017 年 12 月 30 日，山东省人民政府下发的《山东省人民政府关于印发曲阜优秀传统文化传承发展示范区建设规划的通知》（鲁政发〔2017〕46 号）指出：建设国家记忆工程先行区，要充分发挥拥有史前文化完整序列和脉络清晰文化谱系的优势，加强文化遗产及大遗址保护，做好古建筑、古遗址的文物本体维修，实施抢救性保护、预防性保护和科学修复工程；加强文物资源系统梳理、典籍文献搜集整理编纂保护，建设儒家文化资源数据库；扩大文物资源对公众的开放度，推动博物馆文创产品开发，建设全国文化遗产保护利用示范区，在实施国家记忆工程进程中走在前列。

---

① 文化部“十三五”时期文化发展改革规划[EB/OL].(2017-02-23).中华人民共和国文化和旅游部网. http://zwgk.mcprc.gov.cn/auto255/201702/t20170223_491392.html.

附：　　　　　　　**国家记忆工程先行区示范进程一览表**

序号	战略要求（展望到 2030 年）	"十三五"重点发展定位建议（2018～2020 年）
1. 建设儒家文化挖掘阐发基地	以"四个讲清楚"为引领，正本清源，旁征博引，清理儒家文化的历史发展进程，对其思想精华进行系统研究，从国家、社会、个人和世界四个层面，深入挖掘阐释儒家文化对中华文化延续发展与国家民族和合一体、社会治理和科技进步、个人道德修养和品行锤炼提供的丰厚滋养，以及儒家文化对世界文明进步的独特贡献，打造一批适合不同层次、不同国家、不同文化背景的人体验和理解的载体，彰显儒家文化跨越时空、超越国度、富有永恒魅力的巨大价值，为创造性转化、创新性发展奠定坚实基础	"三孔"体验基地； "孔子大学"建设
2. 建设全国道德礼仪首善之区	充分发挥儒风浩荡、民风淳朴的优势，以"使孔孟故里成为首善之区"为目标，以儒学让百姓生活更幸福、让社会更和谐为主题，实施弘扬儒家精华思想与社会主义核心价值观和各种文明规范对接工程，构筑传统文化特色与现代文化发展相结合的公共文化服务体系，深入开展全民读圣贤之书、行圣贤之事、扬圣贤之德活动，加快完善推广"儒学治乡"新模式，加强礼乐教化功能，率先形成向上向善、诚信互助的社会风尚，打造道德高地、礼仪之邦、书香社会、友好家园，建设德治法治相辅相成、相互促进的社会治理示范区	儒学治乡； 书香社会； 友好家园； 尼山书院； 洙泗书院； 石门书院； 春秋书院； 孔子书院联盟
3. 建设国家记忆工程先行区	充分发挥拥有史前文化完整序列和脉络清晰文化谱系的优势，加强文化遗产及大遗址保护，做好古建筑、古遗址的文物本体维修，实施抢救性保护、预防性保护和科学修复工程；加强文物资源系统梳理、典籍文献搜集整理编纂保护，建设儒家文化资源数据库；扩大文物资源对公众的开放度，推动博物馆文创产品开发，建设全国文化遗产保护利用示范区，在实施国家记忆工程进程中走在前列	尼山圣境； 孔子博物馆； 博物馆文创产品开发，建设全国文化遗产保护利用示范区； 国家文化公园和体验基地建设； 鲁国故城遗址国家公园； 加强文化遗产及大遗址保护工程

续表

序号	战略要求 （展望到 2030 年）	“十三五” 重点发展定位建议 （2018～2020 年）
4. 建设全国文化经济融合发展示范区	充分发挥文化引领、渗透和支撑作用，系统推进文化资源开发，强化文化品牌载体功能，推进文化与相关产业深度融合，大力发展文化产业，提升文化产业园区、特色基地建设水平，在更高层次上打造享誉国内外、彰显儒家文化永恒魅力的旅游休闲圣地、教育培训基地、健康养生福地和文化创意高地	孔子文化产业园区； 旅游休闲圣地； 教育培训基地； 健康养生福地； 文化创意高地
5. 建设组织引领国际儒学研究创新中心	充分发挥儒家思想发源地、儒学科教人才富集的突出优势，以“建设世界儒学研究交流中心、组织引领国际儒学研究”为目标，整合集成国内外儒家文化科教资源，着力加强儒学文化协同创新平台建设，加大“儒学大家”“尼山学者”等高端人才培养引进力度，聚集一批世界一流的儒学研究创新领军人才，组织实施一批重大理论创新工程，形成一批继往开来的研究成果，保持在儒家文化圈的主动权，提升儒学传承创新的国际话语权	世界儒学研究交流中心； 儒学文化协同创新平台； 儒家文献收藏中心； 儒家文化资源数据库； 重大理论创新工程
6. 建设世界文明交流互鉴高地	以打响世界文明对话的中国品牌为引领，依托世界儒学大会、国际青年儒学论坛、尼山世界文明论坛、孔子文化节、中华母亲文化节、孔子学院总部和孔子学院总部体验基地、孟子研究院、儒家文化研修区等高端平台，坚持政府合作与民间交流并举，引进来与走出去并重，彼此尊重、相互包容，共同探寻全球化背景下儒学思想的时代价值，着力打造儒家思想国际交流中心、儒家文化世界培训与体验中心、儒家文明全球推广传播中心，彰显儒家思想伟大智慧、独特魅力和巨大亲和力，提高中华文化软实力，推动不同文明交流互鉴、和平共处、和谐共生	世界儒学大会； 国际青年儒学论坛； 尼山世界文明论坛； 孔子文化节； 中华母亲文化节； 孔子学院总部和孔子学院总部体验基地； 孟子研究院； 儒家文化研修区

（三）实施国家记忆工程，必须先行先试、示范带动

山东是儒家思想的发源地。儒家思想的核心内容发轫于尧、舜、周公，创立于孔子，发扬于孟子、荀子等。此后，齐鲁大地的政治家、思想家等都孜孜求索、传承不息，或著述阐扬、广而大之，或用于实践、造福一方，通过突出的躬行实践与思想创造，高远深湛的智慧与切近民生的现实运用，奠定了中国传统思想文化的基石，也为中华文明的发展、繁荣作出了不可磨灭的卓越贡

献，在中国文化发展的历史长河中永远绽放着绚丽的光辉。在党的十九大报告中，习近平总书记强调，“中国特色社会主义文化，源自于中华民族五千多年文明历史所孕育的中华优秀传统文化”，“发展中国特色社会主义文化”要“坚守中华文化立场”。[①] 孔子儒家文化是中华优秀传统文化的主体，蕴含着诸多可为现代社会发展服务甚至可转化为现代文明的宝贵精神要素，内涵深刻的儒家政德思想即是其中最突出、最具超越价值的部分。习近平总书记多次强调，国无德不兴，人无德不立。道德对于一个国家、一个人有着举足轻重的意义。党员干部是人民的表率，文化自信是干部的立身之本、为官之魂、从政之基。知古鉴今、以史资政，齐鲁大地历朝历代的那些爱国爱民、清正廉明、修己养德的哲人贤达、良吏清官、学者儒生，不仅为儒家思想文化的创发、传承与实践作出了贡献，更是以活生生的事例为今天的党员干部树立了学习的榜样。孔子思想影响深远，齐鲁大地各代历史人物的思想尤其具有典型性意义。山东古代历史人物的思想与实践，既是弥足珍贵的文化资料，更是今天弘扬优秀传统文化的宝贵教案，更对传承齐鲁优秀文化、塑造山东精神有着十分重要意义。山东地区的历史人物身上所体现的思想文化，是古代社会的精神财富，更是当今社会的宝贵文化遗产，我们应当吸取其中的精华，为社会主义现代化建设提供强劲的精神动力。

国家记忆工程必须精准施力、蹄疾步稳。

第一，加强社会主义核心价值观建设。国家记忆工程是一个复杂的系统工程，培育社会主义核心价值观是其中的灵魂工程。核心价值观是文化软实力的灵魂、文化软实力建设的重点，是决定文化性质和方向的最深层次要素。人们在价值观的指导下去“观世界、虑人生、辨善恶、别曲直、识美丑”，也以价值观为向心凝聚、一体认同、创新创造的依据和向导。文化体系的性质由其内含的价值观决定。任何一种文化体系的魅力，都由其内含的价值观蕴化、彰显；任何一种文化体系的发展，也都由其内含的价值观规约、引导。价值观在文化体系中的这种独特地位与功用，决定了其在文化体系中所具有的核心意

① 习近平. 决胜全面建成小康社会　夺取新时代中国特色社会主义伟大胜利——在中国共产党第十九次全国代表大会上的报告[M]. 北京：人民出版社，2017：41.

义。社会公德是民众在社会交往中最为基本的道德规范，体现了国民整体的道德素质修养。随着市场经济的发展，社会结构发生变动，社会利益分配机制发生改变，社会上出现了一些社会公德意识淡薄和缺失的现象，阻碍了社会主义精神文明建设。这就迫切需要加强社会公德建设，以人们共同认可的道德规范约束人们的行为，维护社会秩序。

第二，党员干部坚持率先垂范、以上率下。国家记忆工程的实施，要坚持以身作则、以上率下，领导干部不仅要作表率，带领普通党员干部遵纪守法、严于律己，更要树立清正廉明的形象，引领人民群众向德向善，形成良好的社会风气。所谓“政者，正也。君为正，则百姓从政矣”（《礼记·哀公问》）。“其身正，不令而行；其身不正，虽令不从。”（《论语·子路》）为政者必须首先正己，百姓才会心悦诚服，遵从政令。为政者立身惟正，发挥榜样作用，正人必先正己，律人必先律己，用良好的道德品质感染人、引导人，群众上行下效，社会自然走向和谐稳定。古代为政者多为深受儒家文化熏陶的士人，他们不仅在从政经历中积极传承和弘扬儒家文化，还以传承“道统”为己任，以自身的道德风范影响民众，引导世人。在当今社会，提高广大党员干部的道德素质，对于营造良好的社会道德环境意义重大。

第三，全面落实“选贤任能、以民为本”的观念和措施。党的十九大报告指出：“人才是实现民族振兴、赢得国际竞争主动的战略资源。”“聚天下英才而用之，加快建设人才强国。”千秋大业，关键在人。选拔了人才就要重用，否则就是政治上的过错；还要做到用之得其所、尽其才，将人才放到适合他、能够最大限度发挥其能量的岗位上去。新时代的人才观不仅要求领导干部具备慧眼、诚意、胆识和雅量，还要为选拔人才构建更加完善的体制机制，重视成功、宽容失败，不拘一格、善用奇才，居高望远、广揽博用，让我们的国家有源源不断的人才优势。通过实施国家记忆工程，精准施力，蹄疾步稳，让人民的美好生活，不仅要富起来，而且要有所教、有所养、有所得、有所居、有所扶，更要公平发展，共享发展成果，拥有更多获得感和幸福感，进而实现中华民族伟大复兴的中国梦。

第四，把孔子故里建设成为首善之区，成为国家记忆工程的先行区。曲阜作为孔子故里，具有其他机构无可比拟的优势，更应该潜心调研，在儒学研究、国际交流这些可做的工作中发挥更大更好的作用。在曲阜建设孔子学院总部体验基地，使国外学生在看了“三孔”后，再到孔子研究院进行深加工、再提升，体验中华文化。发挥曲阜文化的优势，让群众耳濡目染，使孔子故里成为首善之区，彰显孔子文化的影响。孔子创立的儒家学说以及在此基础上发展起来的儒家思想，对中华文明产生了深刻影响，是中国传统文化的重要组成部分。儒家思想同中华民族形成和发展过程中所产生的其他思想文化一道，记载了中华民族自古以来在建设家园的奋斗中开展的精神活动、进行的理性思维、创造的文化成果，反映了中华民族的精神追求，是中华民族生生不息、发展壮大的重要滋养。我们应该积极响应习近平总书记的号召，身体力行、率先垂范，在理论研讨和实践先行两个方面都走在全国的前列，为实现中华民族伟大复兴的中国梦有所作为、作出贡献。针对当代人类面临的突出难题，开展解决突出难题的先行先试活动。分专题研究相关的理论与实践问题，集中攻关、拿出方案、及早试点、尽快见到成效。通过典型引导、以点带面，做好结合的文章，推出孔子学院总部体验基地、示范区、示范村、示范学校等一大批在全国叫得响的国家记忆工程先进典型。

第十讲　传承优秀传统文化，发展现代教育事业

党的十八大以来，习近平总书记关于教育、教师、人才培养的精辟阐述，是习近平新时代中国特色社会主义思想的重要组成部分。习近平关于教育的重要论述源自中华优秀传统文化，形成、发展于中国特色社会主义的伟大实践，在实践中丰富和完善。本讲将围绕习近平关于教育问题的有关论述，从理论和实践两个方面，分三个部分论述。首先从中华优秀传统文化中的教育思想入手，总结、概括传统文化中的教育理念、学习方法和精神追求；接着梳理习近平关于教育事业的重要论述和实践，具体阐述习近平关于教育问题的有关论述的深刻内涵；最后从实践层面出发，重点关注习近平关于教育问题的重要论述的现实表现、实践内容和实践成果。

一、中华优秀传统文化中的教育思想

中华民族上千年的文明史，孕育、积累了丰富的优秀传统文化，滋养着一代代中华儿女。传统文化中蕴含众多的教育思想，诸如尊师、崇学、明辨、笃实的教育理念，温故知新、知行合一的学习方法，家国天下、明德自省的价值观教育等，对整个社会发展产生了深远的影响。

（一）“尊师重教”的文化传统

“尊师重教”“尊师重道”的传统美德，代代相传。古代中国，老师教学生

是托付一生的责任担当。老师称学生为“弟子”，视学生如亲生，学生一生的成长、成就与老师的教诲有莫大的关系。被尊为“唐宋八大家”之首的韩愈在《师说》的开篇指出：“师者，所以传道授业解惑也。”在古人看来，老师对于一个人的成长、成才作用显著：老师既传授技能，又教人道理；既答疑解惑，又塑造人格；既教人成长，又育人成才。可见，老师是人成长的领航员、引路人。古人常说，“师者，人之模范也”“一日为师，终身为父”“人有三尊，君父师是也”，老师以其自身的人格魅力、师德品行、学识技能得到社会的广泛认可与尊重，与君王、父母一起为人所尊敬和爱戴。尊师体现的既是对师者的尊敬，更是对知识、技能的渴求。

中国古代，“道”是最高学问，学子们拜师、尊师以求得到真谛。上至帝王将相，下到黎民百姓，留下了许多“尊师重教”的历史故事。汉明帝敬师，唐太宗教子尊师，被后人传为佳话。孔子弟子的“尊师”传统也广为流传：子贡，为孔子守墓足足六年，堪称尊师孝教的楷模；燕伋办教育传播孔子学说，情系望鲁台，被世人称为“中华尊师第一人”；曾子面对老师的提问，避席恭听，表达对老师的尊重。除此之外，还有不少尊师的典故：杨时程门立雪，只为求得程门理学的真谛；段玉裁尊师，表达的是对老师戴震的景仰、敬重。

近代以来，工商业的发展壮大促使工人、商人的地位上升，为此人们通过设立教师节呼吁社会对教育、教师的重视。新中国成立后，6 月 6 日、5 月 1 日都曾作为教师节并开展过相关庆祝活动。改革开放后，1985 年 1 月全国人大常委会通过了设立教师节的议案，确定每年的 9 月 10 日为教师节。至此，每年的 9 月 10 日，政府、学校等均会举行不同形式的活动，向教师们送上祝福。通过设立教师节，在全社会弘扬尊师重教的美德，爱教、兴教的文化传统得到传承。

（二）“家国天下”的精神追求

中华优秀传统文化，注重对人的精神品质的教化。以天下为己任，以国家兴亡、民族大义为担当，是知识分子、仁人志士的精神追求。范仲淹《岳阳楼记》中的“先天下之忧而忧，后天下之乐而乐”，阐释的是在天下人忧之先忧，在天下人乐之后乐，展现古代志士思想境界的高度。在忧患面前，先国家，后个人；在利益面前，先他人，后自己。张载的“为天地立心，为生民立命，为往圣继绝学，为万世开太平”被视为古代知识分子的崇高理想。心怀天下、心系百姓，是古人的理想抱负。“修身齐家治国平天下”“大道之行，天下为公”“天下兴亡，匹夫有责”，有社会责任、有历史担当的人生才能真正体现价值。“家国天下”的精神还表现在强调国家利益至上，“利于国者爱之，害于国者恶之”。国家危难之际，知识分子关心、担忧的是国家的前途、民族的命运。清末张之洞上书“国势之强由于人，人材之成出于学”，在他看来，学堂、人才对于国家强盛的意义非凡。100 多年前，梁启超写下著名的《少年中国说》，热切地寄望“少年强则国强，少年智则国智，少年富则国富，少年独立则国独立，少年自由则国自由，少年进步则国进步”。青少年的成长、成才与国家的强盛息息相关。青年有志向、有才智，国家才有未来。

中华优秀传统文化倡导重义轻利的价值取向。“义”是对人们行为的正当性所作出的道德判断。传统文化中，义是一种社会担当，也是一种责任和义务。如人为了正义或名节可以牺牲自己的生命，即所谓“舍生取义”。君子不饮盗泉之水，廉者不受嗟来之食，展现的是一种气节和尊严。孔子认为“君子喻于义，小人喻于利”，崇尚大义，乃是君子。民族大义面前，无数仁人志士献出宝贵生命，体现了崇高的价值取向。重义轻利的价值观，教导人们在经商时要处理好经济效益与社会价值的关系，崇义为先；引导人们在国家兴亡、民族大义面前，以国家、民族为先，宁可牺牲小我也要以义为重。

(三)“明德、修身”的自我教育

1. 德行教育先行

《大学》开篇即讲“大学之道，在明明德，在亲民，在止于至善”。德行教育为大学教育的根本所在，有大学问的终极目标即在于德行。可见，明德为育人之根本、核心。以德为先、德才兼备是选人用人的重要标杆。北宋司马光在《资治通鉴·周纪一》中提出“才者，德之资也；德者，才之帅也”，才能是德行的凭借，德行是才能的统帅。在司马光看来，君子、小人之差别在于德行的修养。蔡元培先生说过：“若无德，则虽体魄智力发达，适足助其为恶。”明德，就是要明白个人发展与国家社会需要的结合，正确判断国家与国家的争端，进而把握社会发展、世界变化的规律，做到明大德、守公德、严私德，实现以德立本。

2. 理想信念教育

实现人生的目标需要有远大的志向。诸葛亮在《诫子书》中说："夫君子之行，静以修身，俭以养德。非淡泊无以明志，非宁静无以致远。夫学须静也，才须学也。非学无以广才，非志无以成学。"在诸葛亮看来，修身、养德是君子的品行所在，有志向才能学有所成。明代思想家王阳明说："志不立，天下无可成之事。"成大事，必要立志，立志成才，才能专心致志，排除干扰，一心向前。不论前进的阻力有多大，也会用坚定的意志、坚忍的信念克服困难，向目标前行。北宋文学家苏轼说："古之立大事者，不惟有超世之才，亦必有坚忍不拔之志。"

3. 修身、养性的自省教育

人的教育不仅受外界因素的影响，而且还与自身的不断自省有关。《论语》有记载，曾子曰："吾日三省吾身——为人谋而不忠乎？与朋友交而不信乎？传不习乎？"通过自我的修炼，对自己的为人处事、学习状况进行评价，从而实现自我的提升。"修身"是"齐家、治国、平天下"的基础。从天子至庶民百姓，人人都应以修养品性为根本。修身通过修德、修智，而正己达人，推而教育家人及他人。

（四）"勤学、好学、苦学"的学习方法

如何才能学好，学到真知？一是要好学。好学，表明学习的主观意识，即一个人主观上要认识到学习的重要性，从而有意识地学习需要的本领、技能、知识，向身边的人、事、物学习。"玉不琢，不成器；人不学，不知义"，通过不断地学习，才能懂得大道理、习得大学问。二是要勤奋。勤奋，表明学习的行动得到落实，表现为一个人在学习上花费的时间、精力和持久力。坚持学习、持之以恒，才能学得真本领。孔子读书，勤学苦读，"韦编三绝"，反复求知。"头悬梁""锥刺股""凿壁借光""囊萤映雪"，只为求学求知。"温故知新"，在新与旧、未知与未来的探索中前行。三是要苦学。苦学，表明学习的艰苦历程，既代表学习需要克服的外界艰苦环境，也表示学习过程的艰辛。在

古代，学习是意志品质的磨炼，求得真知需要克服重重困难。学习还需要坚持不懈的努力，“只要功夫深，铁杵磨成针”“滴水穿石，锲而不舍”，才能成功。

学习要勇于实践。“纸上得来终觉浅，绝知此事要躬行。”学习不光是明理晓义，更重要的是将学到的知识用于实践，做到知行合一。《荀子·大略》中提到，“善学者尽其理，善行者究其难”。通过实践，才能将事物的疑难之处探究清楚，做到真学、真懂、真用。通过实践，由易到难，由细到全，再大的困难也能解决。正如老子《道德经》中所言，“天下难事必作于易，天下大事必作于细”，通过实践的积累，伟大的目标就能实现。《刘子·崇学》有言，“凿井者，起于三寸之坎，以就万仞之深”。

“博学之，审问之，慎思之，明辨之，笃行之”，学习不仅要广博，还要不断思考。《论语》有言，“学而不思则罔，思而不学则殆”。学习若只是一味读书、不思考，容易受制于书本，被书本牵制。学有所思，才能在前人研究的基础上有创新、有突破。“读书破万卷，下笔如有神”“读万卷书，行万里路”，读书在于博学、广泛，更在于思考与实践的关系、事物之间的联系，方能有新收获。

二、习近平关于教育问题重要论述的深刻内涵

党的十八大以来，习近平总书记关于教育、教师等有许多精辟的论述，从“尊师重教”的社会氛围营造到师德师风建设、教育队伍建设等，他都有着总体布局和深入思考。他从教育与人类社会发展的关系出发，指出教育决定人类的未来。教育在人类命运共同体的构建中扮演着十分重要的角色。教育优先发展、科技兴国、根植于传统文化、建设中国特色的教育是教育的基本功能和作用。回归教育的根本，就是要以人为本、立德树人。围绕着人的全面发展、品德培养、理想信念、价值观构建，教育活动才得以展开。立德树人是教育工作的基本准则。面对我国社会主要矛盾的转化，教育公平是当下中国教育亟待解决的问题，教育公平关乎社会公平。

（一）倡导“尊师重教”，营造良好社会氛围

倡导“尊师重教”的传统美德，营造“尊重知识、尊重人才”的社会氛围，对于发展教育事业、开展教育工作至关重要。党的十八大以来，每逢教师节、青年节、儿童节等与教育事业相关的时间节点，习近平总书记就会慰问、致信教育工作者，勉励学子求学奋进，树立远大理想。

走进校园，走近教师，与师生交流，是习近平总书记“尊师重教”的生动体现。儿童节，习近平总书记与少年儿童一起庆祝（2013 年、2015 年）。青年节，习近平考察北京大学（2014 年、2018 年）、中国政法大学（2017 年）。教师节，习近平考察北京师范大学（2014 年）、北京市八一学校（2016 年）。除此之外，习近平总书记到过的学校还有：中国科学院大学（2013 年）、中南大学（2013 年）、国防科学技术大学（2013 年）、澳门大学横琴新校区（2014 年）、新疆疏附县托克扎克镇中心小学（2014 年）、北京市海淀区民族小学（2014 年）、中国人民武装警察部队特种警察学院（2014 年）、贵州省机械工业学校（2015 年）、国防大学（2016 年）、中国科技大学（2016 年）等数十所高校、中小学和职业院校。每到一处，他看望教师，寄语青年学子，勉励大家要树立正确的价值观，扣好人生的第一粒扣子，要不辱使命，不负人民期望。他还给青年学生、中小学生、支教生代表、大学生志愿者、教师团体等回信，对大家表示节日慰问，同时勉励青年一代做有理想、有担当、有志向的新青年，将个人的青春梦融入伟大的中国梦的实践中，为国家发展贡献青春。习近平总书记对教师、对青年一代的回信，饱含深情，意味深长。

1. 倡导“尊重知识”“爱好学习”的社会氛围

在全社会树立爱学习、知识有用的求知、求学价值观，让终生学习、不断学习成为学子们的行动指南。2013 年 5 月 29 日，习近平总书记在北京市少年宫参加“快乐童年　放飞希望”主题队日活动，寄语青少年：知识越学越多，知识越多越好。他告诉大家：“你们要像海绵吸水一样学习知识。”[①] 他不仅勉

---

① 习近平在同全国各族少年儿童代表共庆“六一”国际儿童节时强调　让孩子们成长得更好［N］. 人民日报，2013-05-31.

励大家要学习书本知识，还要向品德高尚的人学习。2016年5月30日，习近平总书记给大陈岛老垦荒队员的后代回信，勉励这12名小学生要向自己的爷爷奶奶学习，学习他们爱国、勇于奉献的精神。习近平在讲话、回信中多次提到学习，要“学知识、学本领、学道理”。在他看来，学习是求知的过程，不应局限于书本，道理、品行等都是学习的内容。学习是求知的必经之路，乐于学习、勤于学习、善于学习，才能在求知的境界上越来越高。

2. 做“尊师重教”的践行者、倡导者

习近平总书记不忘恩师，他与自己的中学老师陈秋影、齐荣先等保持联系，每逢过年都会给老师们送上问候和祝福。在中国，有千千万万个教师中的优秀代表，他们受到了总书记的重要批示和点赞。比如，放弃国外优厚待遇，回国在地球探测领域作出重大贡献，奋斗至生命最后一刻的吉林大学教授黄大年。习近平总书记号召大家向黄大年学习，“学习他心有大我、至诚报国的爱国情怀，学习他教书育人、敢为人先的敬业精神，学习他淡泊名利、甘于奉献的高尚情操”。再比如，河北农业大学教授李保国将“讲台”与“地头”相结合，以“农民需求找课题”，把“科研成果留在农民家”。习近平总书记称他是“新时期共产党人的楷模，知识分子的优秀代表，太行山上的新愚公”。优秀教师将人间大爱融入国家的教育事业，将有限的精力、财力投入到学生身上，彰显了教育工作者的高尚品德。习近平总书记指出，要“在广大教师中、在全社会大力宣传和弘扬优秀教师的先进事迹和高尚品德”。

3. 使教师成为最受社会尊重的职业

2014年9月9日，习近平来到北京师范大学考察，提出“使教师成为最受社会尊重的职业”。2016年9月9日，习近平到北京市八一学校考察，强调“各级党委和政府要满腔热情关心教师，让广大教师安心从教、热心从教、舒心从教、静心从教，让广大教师在岗位上有幸福感、事业上有成就感、社会上有荣誉感，让教师成为让人羡慕的职业”。习近平总书记抓住教师这一教育事业的核心元素，通过提高待遇、回归本位、崇尚师风和教育自律等方面的行动计划，通过政府、社会和教师自身的共同努力，重塑教师职业的社会影响和职业吸引力。

（二）教育的功能和作用：传承历史与引领未来

教育作为人类社会的一项重要活动，连接历史、现在和未来，要通过人才培养，实现历史传承和引领未来的双向功能。从社会发展的视角看，教育是面向未来的事业，担负着为适应未来社会发展培养合格人才的重任；从人类文明的视角看，教育是历史传承的发展，担负着保存人类优秀历史文化、传承文明的重任。一个国家、一个民族的文化传承、技术发展和科技引领，都源自于对教育的重视、对教师的尊重和对人才的渴求。

习近平总书记站在人类社会发展的高度，提出“教育决定着人类的今天，也决定着人类的未来”这一重要论断。2013 年 4 月，他在致清华大学苏世民学者项目启动仪式的贺信中，深刻地论述了教育对人类社会发展的重要作用：“教育决定着人类的今天，也决定着人类的未来。人类社会需要通过教育不断培养社会需要的人才，需要通过教育来传授已知、更新旧知、开掘新知、探索未知，从而使人们能够更好认识世界和改造世界、更好创造人类的美好未来。”① “百年大计，教育为本。教育是人类传承文明和知识、培养年轻一代、创造美好生活的根本途径。”②在他看来，人类通过教育所秉持的真、善、美，以及自由、平等、公正的交往原则是互通的，它超越国界、种族的限定，跨越性别、语言的划分，具有同一性、普世性。

习近平总书记始终坚持把教育放在优先发展的战略地位。百年大计，教育为本。教育强则国强，“两个一百年”奋斗目标的实现、中华民族伟大复兴中国梦的实现，归根到底要靠人才、靠教育。从人类发展的高度看，国家教育的优先发展对于人类文明的传承具有积极推动作用。2014 年 3 月 27 日，习近平总书记在联合国教科文组织总部演讲时指出：“我们要积极发展教育事业，通过普及教育，启迪心智，传承知识，陶冶情操，使人们在持续的格物致知中更好认识各种文明的价值，让教育为文明传承和创造服务。”③ 从我国社会主义

---

① 赵婀娜. 清华大学苏世民学者项目启动仪式在京举行[N]. 人民日报，2013-04-22.

② 习近平主席在联合国“教育第一”全球倡议行动一周年纪念活动上发表视频贺词[N]. 人民日报，2013-09-27.

③ 习近平. 在联合国教科文组织总部的演讲[N]. 人民日报，2014-03-28.

事业建设发展的实际出发，教育优先发展对于解决国家长远发展具有现实意义。目前我国的经济总量已经跃居世界第二位，但教育发展不均衡，教育总体水平与经济发展不相对称。因此，习近平总书记在2014年教师节前夕与北京师范大学师生代表座谈时指出："这就要求我们坚持科教兴国战略和人才强国战略，坚持把教育放在优先发展的战略位置，继续大力推动教育改革发展，使我国教育越办越好、越办越强。"①党的十九大报告中提出要"优先发展教育事业"，强调"建设教育强国是中华民族伟大复兴的基础工程，必须把教育事业放在优先位置，深化教育改革，加快教育现代化，办好人民满意的教育"。②在习近平总书记看来，优先发展教育事业，加快教育现代化建设，事关人类命运发展、国家长远发展，立足现在，着眼未来，意义深远。

立足自身、传承发展是教育对于国家建设、自我发展应有的功能和作用。教育在发挥传承历史的功能方面，要求将体现国家、民族特色的文化因素融入教育的全过程。那份源于优秀传统的"美"，那份独特的民族精神，深深根植于人们的内心，在新的时代不断焕发出时代光芒。党的十八大以来，习近平总书记多次强调要大力弘扬传统文化教育，他要求社会主义核心价值观教育和传统文化教育"要从娃娃抓起、从学校抓起，做到进教材、进课堂、进头脑"③。2014年3月，教育部研究制定了《完善中华优秀传统文化教育指导纲要》，要求中华传统文化走进课堂、走进学校。2016年12月，习近平总书记在全国高校思想政治工作会议上提出："高等教育应当具备为人民、为中国共产党治国理政、为巩固和发展中国特色社会主义制度、为改革开放和社会主义现代化建设服务。"④ 高等教育建设要扎根中国，办出独具特色的高等教育。他强调，"我国有独特的历史、独特的文化、独特的国情，决定了我国必须走自己的高

---

① 习近平.做党和人民满意的好老师——同北京师范大学师生代表座谈时的讲话[N].人民日报，2014-09-10.

② 习近平.决胜全面建成小康社会　夺取新时代中国特色社会主义伟大胜利——在中国共产党第十九次全国代表大会上的报告[M].北京：人民出版社，2017：45.

③ 习近平.把培育和弘扬社会主义核心价值观　作为凝魂聚气强基固本的基础工程[N].人民日报，2014-02-26.

④ 习近平在全国高校思想政治工作会议上强调　坚持立德树人　实现全程育人[N].人民日报海外版，2016-12-09.

等教育发展道路，扎实办好中国特色社会主义高校”①。我们要扎根中国、融通中外，立足时代、面向未来，坚定不移走自己的路。扎根中国大地办高等教育同建设世界一流大学是统一的，只有扎根中国才能更好地走向世界，“世界上不会有第二个哈佛、牛津、斯坦福、麻省理工、剑桥，但会有第一个北大、清华、浙大、复旦、南大等中国著名学府”②。在他看来，不论是高等教育，还是基础教育，传承文化的教育功能都要始终坚持。

教育是面向未来的事业，创新引领对教育、人才的驱动作用，习近平总书记一直挂在心上。2015 年 3 月，习近平总书记在参加十二届全国人大三次会议上海代表团审议时的讲话中提出“创新是引领发展的第一动力”。在 2018 年两院院士大会上，习近平总书记指出：“我们坚持创新驱动实质是人才驱动，强调人才是创新的第一资源，不断改善人才发展环境、激发人才创造活力，大力培养造就一大批具有全球视野和国际水平的战略科技人才、科技领军人才、青年科技人才和高水平创新团队。”③ 各类高科技人才的培养归根到底需要教育，习近平总书记突出强调教育对培养具有国际竞争力人才的先导性作用。他指出：“当今世界的综合国力竞争，说到底是人才竞争，人才越来越成为推动经济社会发展的战略性资源，教育的基础性、先导性、全局性地位和作用更加突显。‘两个一百年’奋斗目标的实现、中华民族伟大复兴中国梦的实现，归根到底靠人才、靠教育。源源不断的人才资源是我国在激烈的国际竞争中的重要潜在力量和后发优势。”④

（三）教育的本质：以人为本和立德树人

坚持以人民为中心的发展思想，是党的十九大报告中“新时代中国特色社

① 习近平在全国高校思想政治工作会议上强调　把思想政治工作贯穿教育教学全过程　开创我国高等教育事业发展新局面[N]. 人民日报，2016-12-09.

② 习近平. 青年要自觉践行社会主义核心价值观——在北京大学师生座谈会上的讲话 [N]. 人民日报，2014-05-05 .

③ 习近平. 在中国科学院第十九次院士大会、中国工程院第十四次院士大会上的讲话[N]. 人民日报，2018-05-29.

④ 习近平. 做党和人民满意的好老师——同北京师范大学师生代表座谈时的讲话[N]. 人民日报，2014-09-10.

会主义思想”的重要方略之一。教育连接着教师和学生，从施教者和受教者两个方面看，它是人与人的连接，是人与人的交往，说到底是人与人之间的活动。因此，教育的本质就是解决“为什么培养人，如何培养人，怎么样培养人”的问题，归根到底是要以人为本和立德树人。以人为本即以人的需求为本，实现受教者求知、成才、明理、技能的提升；以人为本还应使个体社会化，使个体参与社会生活的方方面面，在社会交往中遵循尊重、平等、包容、理解等价值准则。同时，施教者需要兼备专业技能和德行修养，加强专业学习、明理处理、礼仪交往等方面的传授、学习，做好学生成长的引航员和引路人。

1. 教育以人的全面发展为目标展开

具体来说，要实施素质教育，促进学生全面成才。习近平经常鼓励孩子们，要德、智、体、美全面发展，要锻炼身体，健康成长。他指出：“身体是人生一切奋斗成功的本钱，少年儿童要注意加强体育锻炼。”① 劳动最光荣，习近平总书记寄语小朋友，“生活靠劳动创造，人生也靠劳动创造。你们从小就要树立劳动光荣的观念，自己的事自己做，他人的事帮着做，公益的事争着做”②。他希望同学们“从小树立保护环境、爱绿护绿的意识，既要懂道理，又要做道理的实践者，积极培育劳动意识和劳动能力，用自己的双手为祖国播种绿色，美化我们共同生活的世界”③。他强调中小学生要“立志成才，必须勤奋学习、提高综合素质，努力做到修身立德、志存高远，勤学上进、追求卓越，强健体魄、健康身心，锤炼意志、砥砺坚韧”④。在他看来，儿童、青少年是祖国的花朵、未来的希望，应在日常的教育中提高综合素质，将全面育人、育心和精神、品质、毅力的培养融入个人成长成才中去。

---

① 习近平总书记在参加首都义务植树活动时强调　把义务植树深入持久开展下去　为建设美丽中国创造更好生态条件[N]. 人民日报，2013-04-03.

② 习近平在同全国各族少年儿童代表共庆“六一”国际儿童节时强调　让孩子们成长得更好[N]. 人民日报，2013-05-31.

③ 习近平：培养热爱自然珍爱生命的生态意识[EB/OL]. (2017-03-29). 中国共产党新闻网，http://cpc.people.com.cn/n1/2017/0329/c64094-29178009.html.

④ 刘奕湛，吴晶. 努力培养出更多更好的人才——习近平总书记在北京市八一学校考察时的讲话引起热烈反响[N]. 人民日报，2016-9-11.

2. 教育需要建立现在与未来的关系

远大的理想、志向激励着人向前奋进，而脚踏实地、不断进取，才能实现梦想。青少年是祖国的未来、民族的希望，习近平总书记在与青少年交谈时，鼓励他们要有梦想，立远大志向。习近平总书记在会见中国少年先锋队代表时，激励大家要“从小学习立志”，志向是确保人生成就的航标，他强调“人生最重要的志向应该同祖国和人民联系在一起”，将人生志向与国家命运紧密相连，挑起建设国家的大梁。美好、幸福的生活需要通过自己的努力、劳动得来，他告诉小朋友们：“幸福不是毛毛雨，幸福不是免费午餐，幸福不会从天而降。人世间的一切成就、一切幸福都源于劳动和创造。”① 2013 年 5 月 21 日，他在四川芦山地震灾区看望慰问受灾群众期间，曾鼓励当地的孩子们要敢于有梦，“有梦想，还要脚踏实地，好好读书，才能梦想成真”。2018 年 5 月，他在与北京大学师生座谈时，激励广大青年学子既要追梦，也要圆梦，要为梦想奋斗。他强调“追梦需要激情和理想，圆梦需要奋斗和奉献”，同时，他希望广大青年“要励志，立鸿鹄志，做奋斗者”，“要求真，求真学问，练真本领”，“要力行，知行合一，做实干家”。② 在习近平看来，有梦想、有志向是求学的方向；有梦想、去执行，知行合一，是事业成就的动力。二者相辅相成，互为影响，互为补充。

以人为本，还体现在教育的整个过程中。首先，从教育的过程、教育的实践看，以人为本就是要尊重个体、因材施教。习近平总书记提到“教育要注重以人为本、因材施教，注重学用相长、知行合一”③，教师要“有教无类，因材施教，教也多术”④，让每个个体在成长中受到尊重，得到关爱和理解。同时，面对不同性格、脾气的学生个体，老师应用平等的眼光，理解、包容的精神，尊重个性，发现学生的闪光点，让每个个体都能成才。其次，从教育管

---

① 习近平在会见中国少年先锋队第七次全国代表大会代表时寄语全国各族少年儿童强调 美好的生活属于你们 美丽的中国梦属于你们[N]. 人民日报，2015-06-02.

② 习近平. 在北京大学师生座谈会上的讲话[N]. 人民日报，2018-05-03.

③ 习近平在北京市八一学校考察时强调 全面贯彻落实党的教育方针 努力把我国基础教育越办越好[N]. 人民日报，2016-09-10.

④ 习近平. 做党和人民满意的好老师——同北京师范大学师生代表座谈时的讲话[N]. 人民日报，2014-09-10.

理、教学内容等方面看，以人为本就是要设置符合人才成长、满足人才成长的教育体系。习近平提出要深化教育教学改革，使“各级各类教育更加符合教育规律、更加符合人才成长规律”。2018年5月，习近平总书记在北京大学考察时强调，要“形成高水平人才培养体系”。大学的人才培养体系与学生学什么、能学到什么和学得怎么样密不可分。高水平人才培养体系建设是我国建设世界一流大学内涵发展的要求，是学生有真才实学的基本保障。同时，高水平人才培养体系，“要培养造就一大批具有国际水平的战略科技人才、科技领军人才、青年科技人才和高水平创新团队”①，为杰出人才成长搭建舞台。

立德树人是培养人才的根本，要将立德树人作为学校工作成效的根本标准。一方面，围绕着人的全面发展，学校在育人、成才方面要将培养人才与国家需要、社会发展相结合，培养独具中国特色、世界领先的教育人才。习近平提出要将“中国特色社会主义道路自信、理论自信、制度自信、文化自信转化为办好中国特色世界一流大学的自信”。在教育实践过程中，始终“以文化人、以德育人”，从而提升学生“思想水平、政治觉悟、道德品质、文化素养”，最终做到“明大德、守公德、严私德”。② 另一方面，围绕着立德树人的教育根本，教师素养应重视道德风尚的建设。习近平在与北京师范大学师生代表座谈时强调，一个好老师要“有理想信念”“有道德情操”“有扎实学识”“有仁爱之心”③。在与北京大学师生座谈时强调，要将“师德师风”建设作为评价教师队伍素质的第一标准。他提请广大教师应将教书育人与自我修养结合起来，做到“以德立身、以德立学、以德施教”④。

（四）重视教育公平，让每个孩子都有出彩的机会

党的十九大报告指出：“我国社会主要矛盾已经转化为人民日益增长的美好生活需要和不平衡不充分的发展之间的矛盾。”具体到教育领域，教育发展

---

① 习近平.在北京大学师生座谈会上的讲话[N].人民日报，2018-05-03.

② 习近平.在北京大学师生座谈会上的讲话[N].人民日报，2018-05-03.

③ 习近平.做党和人民满意的好老师——同北京师范大学师生代表座谈时的讲话[N].人民日报，2014-09-10.

④ 习近平.在北京大学师生座谈会上的讲话[N].人民日报，2018-05-03.

的地区不平衡、城乡差异等现象还相当普遍，制约着教育整体化水平的提高，影响国民整体素质、文明水平的提升。因此，从国家层面进行总体布局，解决教育发展的不平衡问题，实现教育公平，是社会公平的体现，是人人都能成才的重要保证。

教育公平是社会公平的重要组成部分，是实现社会公平的重要手段和途径，也是构建社会主义和谐社会的基石。2013 年 9 月 25 日，习近平主席在联合国“教育第一”全球倡议行动一周年纪念活动上发表视频贺词提出：“中国有 2.6 亿名在校学生和 1500 万名教师，发展教育任务繁重。中国将坚定实施科教兴国战略，始终把教育摆在优先发展的战略位置，不断扩大投入，努力发展全民教育、终身教育，建设学习型社会，努力让每个孩子享有受教育的机会，努力让 13 亿人民享有更好更公平的教育，获得发展自身、奉献社会、造福人民的能力。”① 教育公平倡导人人享有平等的受教育权，在习近平看来，享有更好、更平等的受教育权，对人的自我发展、价值实现具有良好的保障作用，是社会公平的直接体现。

教育均衡发展是教育公平的发展基础。通过学前教育、基础教育、职业教育和义务教育的全面、有效供给，促进教育发展成果让全体人民共享。相对于义务教育和高等教育，职业教育一直是我国教育的软肋。职业教育工作者、技能人才是技能传承、“中国制造”和“优质制造”的实施者、接班人，是国家人力资源的重要组成部分。认识并处理好职业教育与成长成才的关系，就是要在全社会营造发展职业教育的氛围、环境。2014 年 6 月，全国职业教育工作会议召开。习近平就加快发展职业教育作出指示：“要树立正确人才观，培育和践行社会主义核心价值观，着力提高人才培养质量，弘扬劳动光荣、技能宝贵、创造伟大的时代风尚，营造人人皆可成才、人人尽展其才的良好环境，努力培养数以亿计的高素质劳动者和技术技能人才。”② 在习近平看来，教育特别是职业技能人才是国民教育体系的重要构成部分，职业教育对于社会经济发

---

① 习近平主席在联合国“教育第一”全球倡议行动一周年纪念活动上发表视频贺词[N]. 人民日报，2013-09-27.

② 习近平就加快发展职业教育作出重要指示　更好支持和帮助职业教育发展　为实现“两个一百年”奋斗目标提供人才保障[N]. 人民日报，2014-06-24.

展具有支撑作用。

加大贫困地区教育投入是实现教育公平的有力保障。中国的教育受区域经济和社会发展等因素的影响，教育发展的不均衡问题突出。越是经济落后的地区，越无法接受良好的教育；越是无知识、无技能的人群，越是难以找到谋生的好工作。广大西部地区、贫困地区、边境地区的教育投入、教育程度普遍较低。对于贫困地区教育投入、教育发展的问题，习近平在全国的扶贫工作、职业教育、教育工作等多个方面均有提及。2014 年 6 月，习近平就加快发展职业教育作出指示，他强调，“要加大对农村地区、民族地区、贫困地区职业教育支持力度，努力让每个人都有人生出彩的机会”。2016 年 9 月 9 日，习近平在北京市八一学校考察时的讲话中强调，“要优化教育资源配置，逐步缩小区域、城乡、校际差距，特别是要加大对革命老区、民族地区、边远地区、贫困地区基础教育的投入力度，保障贫困地区办学经费，健全家庭困难学生资助体系。要推进精准脱贫，重点帮助贫困人口子女接受教育，阻断贫困代际传递，让每一个孩子都对自己有信心，对未来有希望”①。2017 年 2 月，习近平总书记提出要落实好教育扶贫，切断贫困的代际相传。“扶贫先扶智”决定了教育扶贫的基础性地位，“脱贫防返贫”决定了教育扶贫的根本性作用。在他看来，在贫困地区实施教育精准脱贫，要重塑“知识改变命运”的理念，为贫困地区的孩子支撑起“读书有用论”的信念，燃起他们追求人生价值的希望，努力改变命运的同时，阻断贫困代际传递，实现物质生活和人生价值的双重提升。

三、习近平关于教育问题重要论述的实践成果

党的十八大以来，以习近平同志为核心的党中央高度重视教育事业，将教育摆在优先发展的位置。通过一系列体制机制建设、政策支持和改革措施，教育投入持续稳定，教育发展水平提升，教育的均衡发展、内涵发展、质量发

---

① 习近平在北京市八一学校考察时强调 全面贯彻落实党的教育方针 努力把我国基础教育越办越好[N]. 人民日报，2016-9-10.

展、全面发展稳步推进，教育公平、教育改革深入开展，教育现代化实践成果丰硕。

（一）教育优先发展的顶层设计

1. 教育优先发展的体制机制保障

面对国内外教育形势的新变化、新要求，教育的发展、改革进入新的历史机遇期。党的十八届三中全会以来，习近平总书记任组长的中央全面深化改革领导小组研究、决策和部署了一系列重大战略性议题，其中教育方面的文件直指教育改革的关键。2017 年 1 月，国务院印发《国家教育事业发展“十三五”规划》。2017 年 9 月，经中央全面深化改革领导小组第三十五次会议审议通过，中共中央办公厅、国务院办公厅印发《关于深化教育体制机制改革的意见》。教育事业发展的“十三五”规划明确指出，我国教育进入提高质量、优化结构、促进公平的新发展阶段。深化教育体制机制改革的意见明确了当前及今后一个时期，我国教育改革的思想、原则和目标是要围绕着人的全面发展，构建完备的教育基础体系，创新管理体制和保障机制。教育要扎根中国、融通中外，既要有中国特色，还要有世界水准。要构建政府、社会、教育的新型关系，切实增强政府的治理能力，激发学校的办学活力，提升教师的内在动力，扩大学生的选择权利，挖掘社会的参与潜力。这两份教育领域的规划性、指导性文件，对教育事业的全面开展、教育体系的科学化建设、教育管理的创新提高、教师队伍的稳定、教育质量的全面提升无疑具有决定性作用。

2. 教育优先发展的法制保障

教育的法制化建设保证教育事业的依法、合法，是法制化社会的重要体现。党的十八大以来，教育的法制化建设稳步进行。适应时代变化，重新修订了涉及高等教育、民办教育、职业教育等领域的一系列法律法规。这些法律、法规在促进教育公平、健全教育社会化运作、保障教育事业发展方面发挥了重要的功能。2015 年，《中华人民共和国教育法》《中华人民共和国高等教育法》重新修订；2016 年，《中华人民共和国民办教育促进法》重新修订。2015 年，政府工作报告首次提出实施“中国制造 2025”，加快中国从制造大国向制造强国的迈进。随后，“大国工匠”“工匠精神”成为社会关注热点，与之而来的职业教育的发展引发社会、媒体热议。职业教育的顶层设计、《中华人民共和国职业教育法》修订工作有序进行。通过解决职业教育与普通教育的分离问题，提升职业教育的社会认知度；通过产校融合、校企合作以及技能脱贫，改善职业教育的针对性、有效性和可操作性，使职业教育培养的人才肩负起“智能制造”“制造强国”的“大国工匠”使命。总之，教育法律法规的修订完善，为教育优先发展、教育体系的完善、教育社会化参与、教育人员和经费保障等提供了有力的法律支持，是教育改革、教育现代化的法律支撑。

3. 教育优先发展的资金保障

教育的发展离不开经费的投入，而教育经费的保障已经有了制度规定。2017 年 1 月，国务院印发了《国家教育事业发展“十三五”规划》。9 月，中共中央办公厅、国务院办公厅又印发了《关于深化教育体制机制改革的意见》，明确提出教育投入的“一个不低于、两个只增不减”：保障国家财政性教育经费支出占国内生产总值的比例一般不低于 4%，确保财政一般公共预算教育支出逐年只增不减，确保按在校学生人数平均的一般公共预算教育支出逐年只增不减。这为今后我国教育事业的快速发展提供资金支撑。党的十八大以来，教育经费的投入持续增长。2017 年，全国教育经费总投入为4.26万亿元，其中财政性教育经费达到3.42万亿元，占 GDP 的比例连续 6 年超过 4%。2012～2016 年 5 年间，全国财政性教育经费累计投入13.5万亿元，超过 1952～2011 年累计投入的总和。教育经费实现学前教育、义务教育、高中教育、高等教育和其他教育的全覆盖，支出类别上的支出体现了“保基本、守底线、补短板、促质量”的原则，其中一半以上用于义务教育，一半以上用于中西部地区，一半以上用于教师工资和学生资助，充分体现了党中央、国务院坚定实施教育优先发展战略的决心。

（二）国家战略：人才强国、文化交流的教育担当

1. 推进世界一流大学和一流学科建设

当今世界的综合国力竞争，说到底是人才竞争，人才越来越成为推动经济社会发展的战略性资源，教育的基础性、先导性、全局性地位和作用更加突显。高等教育是培养高素质专门人才的教育机构，代表着一个国家科技创新、

高端产业、前沿技术的能力和水平。2015 年 10 月，国务院印发《统筹推进世界一流大学和一流学科建设总体方案》，要推动一批高水平大学和学科进入世界一流行列或前列，发挥高等教育人才库、思想库和智能库的重任。2017 年 1 月，教育部、财政部等联合印发了《统筹推进世界一流大学和一流学科建设实施办法（暂行）》，谋划“一流大学”和“一流学科”高校建设。同年 9 月，教育部等三个部委公布世界一流大学和一流学科（简称“双一流”）建设高校及建设学科名单。“双一流”建设入选高校共计 137 所，其中一流高校 42 所，一流学科建设高校 95 所。

对接国家“两个一百年”战略目标，“双一流”建设将以学科为基础，以改革为动力，以绩效为杠杆，以一流为目标，坚持中国特色，建设走向世界一流的中国高等教育。在“双一流”建设的推动下，我国高等教育的国际影响力在逐步提升。一方面，高水平大学的国际学术排名不断前移，有影响力的学科不断增多，2012～2016 年，进入 ESI 前 1%的学科数从 279 个增加到 770 个，有学科进入 ESI 前 1%的高校从 91 所增加到 192 所。另一方面，高校科技论文数量、质量同步提升，数量占到全球的 1/8。高水平的师资队伍是双一流建设的支撑，2012 年以来中组部、人力资源和社会保障部等 11 个部门启动实施的“国家万人计划”，高校系统有 1357 名专家入选，占创新类人才总数的近 64%。瞄准一流人才培养计划，高校的协同育人机制不断加强。教育部与工信部、中宣部、中央政法委、中科院、中国工程院等紧密合作，实施了医教协同、科教协同、产教协同、部委协同的育人机制。在工程、医学、新闻传播、法学、农林、教师教育等领域实施了系列“六卓越、一拔尖”计划，覆盖了千余所高校，惠及 140 余万名学生。

2. 推进“一带一路”教育行动

2013 年，习近平总书记提出“一带一路”合作倡议，发展与沿线国家的合作伙伴关系，共同构建人类命运共同体。“一带一路”合作框架下，教育的对外开放、文化传播作用日益显现。2016 年 4 月 29 日，中共中央办公厅、国务院办公厅印发《关于做好新时期教育对外开放工作的若干意见》，提出要设立“丝绸之路”中国政府奖学金，每年资助 1 万名沿线国家新生来华学习或研修。7 月，教育部制定《推进共建“一带一路”教育行动》，“一带一路”的教育交流、文化传播正式实施。教育服务“一带一路”建设取得新进展：通过构建全国“一带一路”教育行动网，打造合作推进平台；通过学历互认、师生交流、高校联盟等项目，提供“一带一路”人才支撑，2017年“丝绸之路”中国奖学金达到61%；教育部已设立42家国别和区域研究培育基地，开设新专业，实现国别和区域研究以及“一带一路”沿线国家官方语言的全覆盖，提升“一带一路”建设智力支撑。推进语言合作，“一带一路”沿线国家共有46万人通过孔子学院、孔子课堂学习汉语，同时还接收了17万人来华学习汉语，加深了我国与沿线国家的语言互通。2016年，国家公派了42个非通用语种的1036名学生出国学习培训，填补了国内9个非通用语种的空白。“一带一路”教育行动在构建新时代“一带一路”倡议中发挥了交流、互通、开放、共享的传播功能。

（三）全面育人、立德树人的教育措施

1. 实施校园足球计划，增强青少年体质

良好的身体素质对人的生活、工作至关重要。党的十八大以来，教育部在中小学实施了一系列特色体育项目，以提升在校学生特别是中小学生的身体素质。2014年年底，教育部正式推进“中国青少年校园足球发展计划”（校园足球）工作，倡导快乐足球进校园，培养足球人才。经过3年的发展，到2017年年底，全国已有2万多所校园足球特色学校，102个校园足球试点县（区），12个校园足球改革试验区。这些校园足球学校坚持每周一节足球课，坚持进行课余训练，坚持组织校内比赛。北京市十八中、武汉市万松园路小学等足球特色学校在足球训练、竞赛、国际交流等方面作出了积极的探索。不仅如此，校园篮球计划也列入发展计划。2017年，教育部组织公布第一批全国青少年校园篮球特色学校，全国1976所中小学名列其中，将深入推进校园篮球教学改革，以此加强体育教育，提高学生身体素质。

2. 将优秀传统文化、社会主义核心价值观融入学校教育工作

加强中华优秀传统文化的教育，对于学生认识历史国情、文化传统，落实立德树人、全面育人要求，具有十分重要的意义。2014年3月，教育部印发《完善中华优秀传统文化教育指导纲要》，要求在各级各类学校教育中大力开展

优秀传统文化教育，创新教育方式方法，将中华优秀传统文化发扬光大。围绕着优秀传统文化，一系列活动落地实施，“少年传承中华传统美德”“礼敬中华优秀传统文化”“高雅艺术进校园”等有关中华优秀文化艺术传承的实践落地。开展社会主义核心价值观教育，夯实立德树人。2014 年 11 月，中共教育部党组、共青团中央联合印发了《关于在各级各类学校推动培育和践行社会主义核心价值观长效机制建设的意见》，要求社会主义核心价值观教育进校园、进课堂，做到内化于心、外化于行。

3. 加强高校思想政治教育，引导青年树立正确人生观

青年时期的价值观培养对人的一生影响深远，在高校开展思想政治教育，加强价值观引导，坚持马克思主义，树立正确的世界观、人生观、价值观是非常必要的。党的十八大以来，高校的思想政治教育与人才培养高度融合，高校在校大学生党员总数超过 211 万人，成效显著。党的十九大召开后，面对新时代，高校思想政治工作以新理念、新思维打造高校育人的新高度。2017 年 12 月，教育部发布《高校思想政治工作质量提升工程实施纲要》，从体制机制、育人理念、方式方法等方面创新改革，构建高校全员全过程全方位育人格局。2018 年 4 月，教育部印发《新时代高校思想政治理论课教学工作基本要求》，指引中国大学“扎根中国大地办教育”。高校思想政治理论课不断改进，做到入耳、入脑、入心。通过创新机制、夯实过程、突出导向，将高校思想政治教育工作落到实处。通过思想政治教育，提高学生的思想水平、政治觉悟、道德品质、文化素养，培养具有远大理想、意志坚定、勇于实践、全面发展的人才。

（四）彰显教育公平的惠民举措

1. 教师为先，保障教育公平

首先，将乡村教师队伍建设摆在优先发展的战略地位，确保乡村教师队伍的稳定。2015 年，党中央、国务院出台第一部专门指向乡村教师队伍建设的政策文件——《乡村教师支持计划（2015—2020 年）》。2016 年，国务院下发了《关于统筹推进县域内城乡义务教育一体化改革发展的若干意见》，加强乡村教师队伍建设。实施乡村教师生活补助政策，惠及 130 多万名教师，人均补助标准将近 300 元/月。推进农村教师特岗计划，国家层面招聘 28 万名特岗教

师，成为农村教师队伍的新生力量。实施部属师范大学生公费教育，5 年已有 6.3 万名免费师范生走上教师岗位，90.5%到中西部任教。实施中小学教师国家级培训计划，已经形成大中、小、幼、职、特的中小学教师国家级培训体系，完成对全部乡村教师的轮训。其次，提升教师地位，保障教师待遇。教育大计，教师为本。面对教师队伍建设的新环境、新问题，2018 年 1 月，《中共中央 国务院关于全面深化新时代教师队伍建设改革的意见》发布，再次聚焦教师队伍建设，出台政策，要求提高教师待遇，增加教师收入，提升教师职业社会吸引力，弘扬“尊师重教”的中华传统美德。

2. 改革招生考试制度，保障考生受教育公平

2014 年 9 月，《国务院关于深化考试招生制度改革的实施意见》发布，开启招生考试制度新征程。高考改革是改革的重中之重，事关千百万学生及家庭切身利益。教育部发布了减少奖励性加分、完善扶持性加分、自主招生学校在高考后测试招生等文件，连续增加“985”和“211”高校在连片贫困地区的招生名额，将高考招生向贫困地区、贫困生倾斜。通过实施重点高校招收农村和贫困地区学生的国家专项计划、地方专项计划和高校专项计划，确保贫困生在同等条件下优先录取，2012 年以来累计招生 27.4 万人。从 2013 年起，国家陆续推出了各种保障弱势群体的计划，以确保农村基层的孩子上好大学，包括清华、北大在内的名校都需要拿出一定的名额录取县以下学校的中学学生，各省也配套了相关政策，如陕西还有农村专项的医学专业计划。高考给予了那些家庭贫困但意志坚定的寒门学子改变人生轨迹的公平机会。

3. 高等教育公平的国家保障

在国家层面，通过实施“一省一校”高水平大学建设项目，共有 14 所高校获得 56 亿元的中央财政支持；通过实施中西部高校基础能力建设工程，共有 24 个中西部省份的 100 所高校获得 100 亿元中央财政支持；通过实施“千名中西部大学校长研修计划”，支持了 1012 名中西部高校领导人员赴世界高水平大学进行专题研修；通过实施面向中西部高校教师学历提升的优惠政策，每年单独划拨 400 名左右定向培养博士研究生计划；通过实施对口支援西部高校工作，已有 100 所东部的高校对口支援中西部的 75 所高校，累计支持 73 所医学院校为中西部招收培养 4.2 万余名定向本科全科医学人才。

结　语

总之，习近平关于教育问题的重要论述，是中国优秀传统文化中教育思想在当代的生动体现和深入发展。“尊师重教”传统美德的倡导，教育优先发展的资金保障，“双一流”高校建设、“一带一路”教育行动、校园足球计划等一系列教育战略、计划的实施，将推动中国由教育大国向教育强国迈进。与此同时，城乡一体化、区域协调发展等促进教育公平、保障教育均衡发展的教育改革方案、教师队伍建设计划正在有序推进，将大力提升人民群众对教育的获得感、幸福感和满足感。中华文化源远流长，中华文明薪火相传。习近平关于教育问题的重要论述，传承优秀传统文化，立足中国现实，聚焦中国问题，面向人类发展，必将对当前及今后一段时期中国教育事业的发展产生深远影响。

第十一讲　弘扬新时代背景下的家风家训文化

中国自古就有家风家训文化，优良的家风家训文化代代相传，是中华传统文化的重要组成部分，是中华民族文化自信的力量源泉。家风家训文化至今仍保有中华民族特有的文化基因，启迪着现代家庭文化建设，为培育新时代中国特色社会主义文化发挥着极为重要的作用。在新时代背景下，应该将家风家训文化建设提升到文化自觉的高度，使其成为社会主义核心价值观在家庭实践中的重要抓手和入门途径。

一、家风家训文化溯源

（一）家风家训文化是中华民族的优良传统

家风家训是家族或家庭在繁衍生息过程中形成的法理及规则，具体由生产生活方式、家族习惯、道德风貌等因素构成。它是家庭生存范式的一种自我教化，是家庭建设所追求的精神风貌。家族或宗族便成为根植于这种文化传统中的社会关系形态。培育良好的家风家训，既是家庭自我发展的需要，也是国家进行社会治理的需要。随着中国特色社会主义建设的深入发展，弘扬新时代家风家训，成为国家对家庭文化建设的总体规划，以及切实贯彻社会主义核心价值观的有效举措。

家族与宗族文化在中国有着几千年的历史，作为特定的文化基因从未被隔断过。良好的家风对家庭成员的成长与发展起着至关重要的作用，家风的优劣在某种程度上又是一个家庭兴衰的内在因素。纵观中国历史，无论古代还是近代、现代，正反两方面的事例比比皆是，它们相互映衬，成为中国传统家风的历史标本。所以，传统文化的现代化，需要将家风从传统文化内涵提升到文化自觉的高度，而达到这一目的的有效路径，就是构建新时代家风家训文化体系，培育新时代“家国价值”观念。

改革开放以来，随着思想的开放，人们对历史知识的认知也越来越深刻，这使人们更多地反省当前商品经济对传统文化价值的冲击，尤其是对家风家训文化的历史传承给予时代的体悟。传统文化的现代化，要求现代家风建设决不能背离传统的优秀基因，更不能沦为工业社会“泛工具主义”的牺牲品。但当前家庭教育“重智轻德，重教轻养”的功利化导向某种程度上引发了家风失衡，这迫切要求建立既具有传统文化精髓、又符合新时代的家风家训文化体系。

培育新时代家风家训文化，关键在于实现传统家风向新时代家风的转化。这仅靠马克思主义指导或其他文化影响是不够的，还需要政府力量的强力推动，适当给予行政强力以推进新时代家风建设。这是一场文化领域的家风文化变革，变革的中心点是血缘家族权威向行政权威转变，通过政府开明政策的指引，移风易俗的阻力慢慢消解，新的家风也就悄然形成，这也是我国“家国同构”历史文化的现代版。

（二）儒家传统家风家训文化及其本质

新时代家风家训文化的根基，是中国优良的家风文化传统，而中国优良的家风文化传统根植于以“孝悌”为本的家族伦理思想，这是孔子“仁学”体系和“德治”思想的出发点，也是中国“家国同构”社会治理观念的基石。“孝弟也者，其为仁之本与!”（《论语·学而》）遵孝悌之道，然后顺达王道，进而实现“自下而上”的社会层级管理，所谓“君子务本，本立而道生”（《论语·学而》）。人际关系通畅、社会和谐，都要求从“孝悌”之情向外辐射，因为这种情感属于“血情”，是最真挚的自然亲情。因此，“孝悌”家庭伦理便成为“儒式家风”的核心要义。

儒家思想阐释的家风家训是由家长传承的，这是“家长制”作风形成的文化渊源。父亲、兄长的为人处世方式，直接成为儿女、弟妹效仿的标杆，会深刻影响家风的走向。儒家思想倡导，“齐家”的首要践行者便是父亲和兄长。儒家文化的传统特别强调“修身、齐家、治国、平天下”，始终把家庭文化作为立世立人的基础。封建时代的农业和手工业生产以家庭为单位，便于形成大家族聚居的生活方式，通过家训、家规去影响、规范每一个人。因此，保持大家族的和睦显得尤为重要。

儒学兴起与社会政治发展等各种因素，促成了封建社会儒家“尽伦”（即强化家族的伦理秩序、强调家族成员的伦理职责）礼教文化体系的建构。其基本路径虽是多元并举，核心却是突出儒家的“孝悌”思想，大体沿着如此理路——构建伦理秩序（礼教）→倡导家学风范（诗礼）→明确家国同构（忠孝）→践履尊贤奉祖（祭祀），完成了家风文化的整体塑造。

可见，传统家风家训文化彰显了儒家礼教文化的体系建设，诸如家庭教育、祭祀制度、管理组织、礼仪文化、惩戒制度、族规祖训、饮食起居等方面，其运用与实施都体现着“尽伦”礼教文化的本质特征。从礼教看家教，或从家教看礼教，都是儒家文化“家国同构”的手段而已。中国在改革开放这一社会转型过程中，角色伦理文化（包括家庭角色伦理文化）建设尤显重要，儒家文化构建起的“尽伦”礼教理论体系，虽历经两千余年，其中的文化精髓仍能超越时空，在当前我国道德秩序与法律秩序建设中发挥着重要作用。

传统家风文化中的“尽伦”，可以看作今天家庭生活中的“尽责”，但又比普通意义上的家庭责任深刻得多，因为“尽伦”礼教早已成为“中国式家庭”的文化品质和传承精神。新时代背景下的家族伦理，虽然经过了演绎，仍可作为维持家庭秩序的有效手段。“家族活动对于农民个人以及部分城市居民来讲，则为扩大谋生手段，维持简单再生产和扩大再生产提供了一种保障。”①

（三）红色经典家风家训文化及其先进性

中国社会历经新文化运动，尤其是经过新民主主义革命的洗礼，带有封建色彩的传统家风已逐渐向现代转向。红色家风，是老一辈无产阶级革命家等优秀共产党人，在长期的革命实践、社会主义建设和改革开放历史进程中形成的

① 冯尔康. 18 世纪以来中国家族的现代转向[M]. 上海：上海人民出版社，2005：363.

家庭文明，体现为信仰、理想信念、道德品行、廉洁自律、亲情友情等方面的精神风貌、群体意识和政治品格。红色家风是优秀共产党人为家人、后世和社会留下的弥足珍贵的精神财富，已经成为中国共产党人精神和优良传统的重要组成部分。红色家风是中国现代革命历史培育的家庭价值文化，是马克思主义理论同中国优秀传统文化相结合的产物，是中国共产党在长期斗争和实践中总结、提炼并在革命家庭中传承的价值系统、德育导向和行为规范。①

红色家风由各个历史时期的优秀共产党人，尤其是老一辈无产阶级革命家创建，一旦形成将产生极为广泛的社会影响。继承和弘扬红色经典家风，已经成为新时代共产党人优化家风建设、密切党群关系的切入点之一。

习近平总书记在会见第一届全国文明家庭代表时的讲话中指出："继承和弘扬革命前辈的红色家风，向焦裕禄、谷文昌、杨善洲等同志学习，做家风建设的表率，把修身、齐家落到实处。"红色家风这一文明标识已融进政治意识形态，成为中国特色社会主义文化的有机组成部分，同时也被作为新时代从严管党治党的辅助策略。

习近平在党的第十八届中央纪律检查委员会第六次会议上强调，"领导干部要把家风建设摆在重要位置，廉洁修身、廉洁齐家"。就政治管理而言，红色家风与当前的普通家庭风气相比，又带有"先进性家风文化"的意味，无论其内涵还是方法，都具有典型的革命理想化意蕴。

中华优秀传统文化特别是优良家风传统是红色家风家训的重要渊源，这是由民族文化基因决定的，是文化传承的必然要求。

以老一辈无产阶级革命家为代表的优秀共产党人，不管他们出身如何，受教育经历怎样，他们的理想和信仰都是马克思主义的，他们的文化气质和禀赋以及心理素养、思维方式又带有深刻的中华优秀传统文化的烙印。红色家风的创建得益于老一辈无产阶级革命家的主观意志，也得益于传统文化现代化和马克思主义中国化的双向交融。中国近现代社会的革命历史，就是红色家风家训形成的逻辑与动力，显示了共产党人代表的中国文化的先进性。

正因为如此，红色家风与传统优良家风相比，具有明显的超越性，不仅仅

---

① 周良书．继承和弘扬革命前辈的红色家风[N]．中国社会科学报，2017-10-20．

是质的飞跃，更诠释出社会主义和共产主义的信仰。具体表现为以下几个方面：

首先，红色家风文化的创建者，是拥有共产主义信仰的革命家或优秀共产党人群体，他们基本上脱离了中国旧有文化的羁绊，是中国近现代以来最具革命性的先锋战士，这为红色家风的纯粹性提供了强力保障。

其次，红色家风的内涵与方向，已与中国共产党的宗旨与任务相契合，并且置于社会主义和共产主义事业的伟大奋斗之中，基本脱离了传统家风的功利私性，“为公为民”成为红色家风的特有品格，这为红色家风的先进性提供了保障。

再次，红色家风的传承已超越“自家文化”的狭隘，成为革命家庭的群体文化和大众家庭效仿的时代文化，促成了中国特色社会主义家风文化的核心价值体系。总之，红色家风是以往中国革命与社会建设的宝贵精神财富，又是新时代中国特色社会主义文化的有机组成部分，其发扬与传承正是源于时代的召唤。“无论时代如何变化，无论经济社会如何发展，对一个社会来说，家庭的生活依托都不可替代，家庭的社会功能都不可替代，家庭的文明作用都不可替代。”①

就中国当前社会发展而言，红色家风文化在新时代的重要作用不可替代，在优化当前政治生态方面更是如此。

二、新时代背景下的家风家训文化

家庭是社会的细胞，家庭文明状况不仅是社会文明的缩影，而且可以影响和改变社会风气，营造社会新风尚。所以，良好家风的构建与传承不是小事私事，好的家风利家利民利国，不好的家风则害己害人害社会。习近平在多种场合强调家风，认为“家风是一个家庭的精神内核，也是一个社会的价值缩影”。

（一）新时代家风家训文化建设呈现多元化

新时代家风家训文化的载体是中国当代家庭，中国当代家庭结构深刻影响着家风文化的基本形式和内容。但是，中国社会已经或正在发生着深刻变革，

① 习近平．习近平谈治国理政（第二卷）［M］．北京：外文出版社，2017：353.

中国式相对稳定的族群结构正经历着前所未有的嬗变，不同类型家庭的生存条件和社会关系正发生着相应的变化。

不过，我国总的家庭结构状况则是趋同的："我国的家庭结构仍保持以核心家庭为主，直系家庭占相当比例，复合家庭逐渐减少的模式。同时，也顺应时代变化表现出夫妇核心家庭、隔代直系家庭、再婚家庭及单人家庭比例升高的新特点。"①

可见，核心家庭、直系家庭是中国当前最基本的家庭类型，而标准核心家庭（未婚子女为户主，与其父母及未婚兄弟姐妹组成的家庭）又作为核心家庭的主体；直系家庭中三代直系家庭（指夫妇同一个已婚子女及孙子女组成的家庭，或者户主夫妇与父母及其子女组成的家庭）较为普遍，复合家庭又以三代复合家庭居多，但复合家庭数总体在减少。这样的家庭结构现状已凸显中国族群结构正朝着简单、直接的"小家庭"形式改变。家庭虽然小型化了，依然需要优良家风的传承。因为不同类型家庭的形成方式和制约因素有所区别，所以每种类型家庭的道德风貌也不尽相同。因此，家风文化建设的多元化已成为稳定当代家庭结构的"多彩精神纽带"。

在社会管理上，应跟上或适应这种形势的变化，创造有利于各种类型家庭存在的外部文化环境，满足家庭及其成员的基本精神需求并予以核心价值的正确引导，从而有利于家风文化建设的多元化和社会的健康发展。

随着家风文化传承的全面拓展，新时代带有普遍意义的家风家训文化逐渐兴起，增强了家风文化的开放性。

（二）不忘传统，着眼现代，顺应新时代家风家训文化的发展趋向

党的十八大报告提出，要"坚持走中国特色新型工业化、信息化、城镇化、农业现代化道路，推动信息化和工业化深度融合、工业化和城镇化良性互动、城镇化和农业现代化相互协调，促进工业化、信息化、城镇化、农业现代化同步发展"。这就是"新四化"建设。我们已经取得伟大的进步，也促进了文化建设事业的全面发展，其中，中国新时代家风家训文化体系的建构过程和

---

① 童辉杰，黄成毅. 当代中国家庭结构的变迁及其社会影响[J]. 西北人口，2015(6).

切实的生活实践就是在社会现代化建设这一主题支配下进行的。

习近平总书记在党的十九大报告中强调："中国特色社会主义进入了新时代，这是我国发展新的历史方位。"当前家风文化建设必须依据这个历史方位推陈出新，进行理论方面的创新和实践水平的提升。

首先，新型工业化作为一个"发展经济学"概念，倡导知识经济形态下的生态伦理，其细密的专业化分工衍生出繁杂的职业道德文化体系。这些职业道德规范顺应国家立法，迅速转化为从业者必备的作风素养。从国家生态战略到家庭环保习惯，都要求将生态伦理贯彻到人们的日常生活，与新型工业化相适应，新时代家风需要建设生态文明家风。习近平总书记"绿水青山就是金山银山"的理念已进入千家万户，深入人心。

其次，信息化的主旨是创造以智能化工具为代表的新的生产力，引领人类进入智能化时代。同时，网络技术以及机器人的应用，正在冲击着原有的社会伦理规范（包括家庭伦理规范）。社会转型期信息化背景下的伦理重建已经悄然进行，网络道德伦理作为伦理重建的主要领域，基本颠覆了人们固有的传统习俗和礼仪。每一个网民都身处其中，无论自觉或不自觉，网络道德伦理都已作为家风文化的重要组成部分，并规范着每一个人。

再次，城镇化即通常所说的城市化，要求以农业（第一产业）为主的乡村型社会，向以工业（第二产业）和服务业（第三产业）等为主的城市型社会转变，是我国当前社会现代化的基础路径，是由传统向现代的转变。在这个过程中，我国城乡"二元制"结构还将持续较长一段时间，与之相应的家风家训文化，必然带有多元文化冲突的特征。农民与市民角色在家庭内外的差异，直接影响着不同类型家风文化的融洽程度，甚至会出现"市民对农民强行改造"的现象。我国当前市民社会虽然不同于马克思所论的"市民社会"，但市场经济环境带来的金钱意识，却和马克思所指的"市民社会"的资本性有一定共性，"对市民社会的解剖应该到政治经济学中去寻求"①，因此，加强对新时代背景下"市民社会"家风文化的正确引导非常紧迫。

最后，农业现代化要求实现农业生产力的巨大提升，这从根本上改变了

① 马克思恩格斯选集（第二卷）[M]. 北京：人民出版社，1999：32.

“三农”问题，农民的思维方式和乡村的生活方式都有了全面改观。大量农村劳动力被解放出来，他们涌向城市，造成乡村老人、妇女与儿童留守的问题。旧有的族群或家庭伦理逐渐淡漠，虽然“新农村”建设已取得重要经验与成就，但新时代乡村家风文化尚未真正形成。总而言之，以“新四化”为代表的社会现代化，对新时代家风家训文化建设具有根本的推动作用，我们应紧密围绕“新四化”建设，积极构建新时代中国特色社会主义家风文化体系。

三、新时代家风家训文化的新境界

今天的中国已经进入了新时代中国特色社会主义阶段，习近平总书记重视并提倡新时代家风建设，新时代家风家训文化正在形成。

（一）固守优良，传承精华，培育民族文化自信

重视家庭，重视家族传承，重视家规家训文化建设，是中国社会长期发展、推陈出新的文化原因。家族文化、家规家训正是中华民族最为独特的精神标识，包含着中华民族的深层精神追求，也是中华民族在长期历史发展进程中独特的文化创造和文化成果。重视发展优良家风家训文化是中华民族建立文化自信的重要一环。

中华民族历来重视家风的养成，家训的制定。在漫长的民族发展史上，出现过很多著名的家族群体，这些家族群体无一例外地拥有独特的家规家训，这些家规家训大多又受到整个民族的关注，成为中华文化的重要组成部分。可见，一家之训终不止于一家，一族之规会影响整个民族。

进入现代社会后，传统社会的“家国同构”社会政治模式在中国也已经发生了根本性的改变。家庭成员之间的关系由大家长制逐渐转变为家庭成员之间享有平等、公平的权利，建立起人民利益服从国家利益、国家保护人民合法权益的新型家国关系，形成了个人、家庭和国家紧密相连的政治关系体，实现了家庭与国家在根本利益诉求方面的一致性，这种家国利益的一致性使家国关系更加密切。

习近平总书记说：“千千万万个家庭的家风好，子女教育得好，社会风气

好才有基础。”① 习近平总书记的话深刻揭示了培育良好家风和治理好国家之间的辩证关系，是建设新时代中国特色社会主义精神文明和提升文化自信的重要理论支撑。

习近平新时代中国特色社会主义思想，浸润了传统文化的优秀基因，实现了和中华五千年文化的深度结合，将国家的发展带往更高境界，这一新境界便是中华民族的伟大复兴。

（二）立足家庭，面向社会，完善公民道德建设工程

社会主义道德建设是发展社会主义先进文化的重要内容，夯实国内文化建设根基，一个很重要的工作就是从思想道德抓起，从社会风气抓起，从每一个人抓起，这涉及每一个家庭的道德建设问题。可见，积极的、向善的、向上的家庭道德建设正是中国特色社会主义文化建设不可或缺的组成部分。中华民族由无数普通百姓组成，无数的百姓又属于无数普通家庭。传统儒家思想讲究“修身、齐家、治国、平天下”，现代文明引导人们爱国、敬业、诚信、友善。那么，一个个体或者一个家族的根基到底在哪里？答案很明确：在家庭。在家庭里向上向善、孝老爱亲，在家庭之外，方能讲究诚信、建功立业！

习近平总书记深刻指出：“家庭是社会的基本细胞，是人生的第一所学校。不论时代发生多大变化，不论生活格局发生多大变化，我们都要重视家庭建设，注重家庭、注重家教、注重家风，紧密结合培育和弘扬社会主义核心价值观，发扬光大中华民族传统家庭美德，……使千千万万个家庭成为国家发展、民族进步、社会和谐的重要基点。”② 习近平总书记特别强调了家庭建设在国家发展、民族进步和社会和谐中的“基点”作用。“基点”相当于信号传输的“基站”，无论一个个体走得多远，你的成长信号、奋斗信号、建功立业的信息源，都来自这个基站。习近平总书记的重要论断真正体现了“以人为本”，既能言其小，又能成其大。“小”能小到一个个体，“大”则能把个体成长和个体发展与国家、民族的命运前途相契合。

---

① 南方日报评论员. 以千万家庭好家风支撑全社会好风气[N]. 南方日报，2016-12-13.

② 习近平. 在2015年春节团拜会上的讲话[N]. 人民日报，2015-02-18.

宏大的公民道德建设工程应起于家庭美德的培养。高尚品德必须从小开始培养，从娃娃抓起。家庭是人们最早接受道德教育的地方。孩子懂事以后，家长应进行道德启蒙教育，引导其分清是非、辨别善恶。家庭生活中的每个成员相互影响，共同提高，形成家庭美德，包括处理好夫妻、长幼、邻里等各种关系。家庭生活与社会生活有着密切的联系，应正确对待和处理家庭问题，大力倡导以尊老爱幼、男女平等、夫妻和睦、勤俭持家、邻里团结为主要内容的家庭美德和良好家风。

中国传统社会中“家国同构”的组织结构关系，使得人们自觉遵守家法族规，注重个人德行的培养，重视家庭成员品格的塑造，由家庭扩大到社会，在整个社会形成一套完整而严密的行为规范体系。传统的“家国同构”思想在规范人们言行举止、保持家族良好秩序以及维护社会稳定方面起着至关重要的作用。先辈们早就意识到：只有不断加强自己的道德修养，养成良好的道德品质，才能教育好家庭成员，才能使家庭和谐、家族兴旺，才能治理好国家。

传承优良家风，有利于提高公民的道德修养水平。公民道德修养水平的提高是一项宏大的系统工程，它要求我们把社会的道德要求融于家庭生活中，从日常小事、琐事做起，使家庭成员在潜移默化中接受道德教育。如前所述，家风是家庭价值观的体现，它根植于每个人的日常生活中，对每个家庭成员都具有潜移默化的影响。从内容上讲，传统优良家风主要包括：以培育良好品行和人格为主要内容的个人道德教育（修身），以兴家立业为主要内容的家庭道德教育（齐家），以忠君报国为主要内容的道德理想教育（治国）。其主要载体形式既包括家规、家训、家书等可见材料，还包括日常生活中家长的言传身教等。

家庭拥有良好家风，家庭成员才会养成良好的道德人格，才能提高公民道德修养水平，营造良好社会风气，更好地涵养社会主义核心价值观。

（三）优化家风，注重实践，培育社会主义核心价值观

中国特色社会主义文化，以中华优秀传统文化为根基，以社会主义核心价值观为灵魂。培育社会主义核心价值观，必须立足中华优秀传统文化，从中汲取丰富营养。社会主义核心价值观有其固有的根本和血脉来源，家风就是其中

重要的一环，传承优良家风是培育社会主义核心价值观的重要途径。

家风是人成长的环境，为家庭成员的成长提供精神动力和智力支持。父母之教对子女成长具有基础性影响。颜之推在《颜氏家训》中说："吾见世间，无教而有爱，每不能然。饮食运为，恣其所欲，宜诫翻奖，应诃反笑，至有识知，谓法当尔。骄慢已习，方复制之，捶挞至死而无威，忿怒日隆而增怨，逮于成长，终为败德。孔子云'少成若天性，习惯如自然'是也。"优良家风对每个家庭成员的世界观和人生观塑造都有重要作用。

家规家训传承良好家风，有利于培育社会主义核心价值观。国有国法，家有家规；无规矩，不成方圆。通过学习家规家训，家庭成员不仅可以逐渐养成良好的道德品质，也可以代代传承优良家风。作为家风的主要形式载体，家规家训的内容涉及家风家教的各个方面，对于家庭和家族的影响可谓深远。被誉为"古今家训之祖"的《颜氏家训》，王夫之的《耐园家训跋》《家世节录》，以及《庭训格言》《治家格言》《庞氏家训》《诫子书》《曾国藩家训》《袁氏世范》《放翁家训》《药言》等经典家训，都是中华优秀传统文化中的瑰宝。家风一方面关系着个人，另一方面关系着国家和天下。我们应当充分挖掘传统家规家训中的积极因素，培育社会主义核心价值观。优良的家风可以使社会主义核心价值观的价值理念转化为自觉的道德追求，并最终成为家庭成员的自觉行动。

言传身教传承良好家风，有利于培养社会主义核心价值观。习近平总书记提出："一种价值观要真正发挥作用，必须融入社会生活，让人们在实践中感知它、领悟它。要注意把我们所提倡的与人们日常生活紧密联系起来，在落细、落小、落实上下功夫。"① 家风作为一种载体，它从细微之处、日常生活引导家庭成员，使他们逐渐形成对社会主义核心价值观的自觉认同，有利于营造良好社会风尚，有利于培育和践行社会主义核心价值观。

以身作则传承良好家风，有利于培育社会主义核心价值观。传承优良家风需要一代代家庭成员的共同努力。家长就是榜样，一言一行都对子女起着至关重要的作用。家长不仅要立家训、明家礼，而且要以身作则，帮助孩子

---

① 习近平. 习近平谈治国理政[M]. 北京：外文出版社，2014：165.

树立正确的“三观”，把整个家庭引向正途、坦途。父母长辈作为教育者必须要修身正己，为子女后代做道德的楷模。当今社会正处于复杂的转型期，价值取向日趋多元化，父母长辈也要认真学习，形成励志进取的精神力量和正确的价值导向，自觉追求社会主义核心价值观，成为孩子学习的榜样。

（四）整肃“吏风”，以官正民，突出公务人员家风的示范性

治理体系和治理能力，是一个国家的制度和执行力的集中体现，两者相辅相成。一个国家选择什么样的治理体系，是由这个国家的历史传承、文化传统、经济社会发展水平决定的，也是由这个国家的人民决定的。我国今天的国家治理体系，是在历史传承、文化传统、经济社会发展的基础上长期发展、渐进改进的结果。我们的国家治理体系和治理能力总体上是好的，有着独特的优势，能够适应我国国情和发展要求。

2014 年 10 月 13 日，在中共中央政治局就我国历史上的国家治理进行第十八次集体学习时，习近平总书记提到的十句治国名言中，有一句是“治国先治吏”。这在韩非子和诸葛亮的治国思想里都有论述。《韩非子·有度》中说：“当今之时，能去私曲，就公法者，则民安国治。”《三国志·蜀志·诸葛亮传》中记载：“至于吏不容奸，人怀自厉，道不拾遗，强不侵弱，风化肃然也。”习近平在《在全国组织工作会议上的讲话》中指出：“党要管党，首先是管好干部；从严治党，关键是从严治吏。要把从严管理干部贯彻落实到干部队伍建设全过程，要坚持从严教育、从严管理、从严监督，让每一个干部都深刻懂得，当干部就必须付出更多辛劳、接受更严格的约束。”

进入新时代，党管干部和治国治吏的任务更加艰巨，只有以提高党的执政能力为重点，尽快提高各级干部、各方面管理者的思想政治素质、科学文化素质，尽快提高党和国家机关、企事业单位、人民团体、社会组织等的工作人员的工作能力，国家治理体系才能更加有效地运转。

习近平指出，推进国家治理体系和治理能力现代化，要大力培育和弘扬社会主义核心价值体系和核心价值观，加快构建充分反映中国特色、民族特性、时代特征的价值体系。坚守我们的价值体系，必须发挥文化的作用，加强对中

华优秀传统文化的挖掘和阐发，努力实现中华传统美德的创造性转化、创新性发展，弘扬传统文化精神。只要一代代人都追求美好崇高的道德境界，我们的民族就永远充满希望。可见，推进国家治理体系和治理能力现代化，除了要使各方面制度更加科学完善，实现事务治理制度化、规范化、程序化，还要特别重视以文化背景为支撑，提升官员的个人素养。

如何从根本上提升“官吏”（即公务人员）的修养和执政能力呢？一个重要的途径就是“回归家庭”——从家风抓起，以家风带动和引领个体素质的提高。

中国古代有很多关于治世能臣成长的故事，其中总能看到其家族、家庭或者父母训诫的影子。这不是孤例，而是具有普遍性的历史文化现象。唐代即出现了数量较大的“母训典范”。这些典范事件和典范人物给我们后人最大的启示之一，就是家庭教育和训导不仅能够帮助一个人成长，也能够帮助一个人成才，从而实现“治国平天下”的最高理想。梁启超，又将这种现象归纳为“上可相夫，下可教子，近可宜家，远可善种”。

这种“典范”的核心价值不仅在于“贤妻良母”，更在于家庭以训导的方式，培养和传递了优良品性、道义感和社会责任感。这些高尚的品性代代传递，就形成了历史上的耕读世家，甚至豪门望族。这足见家庭教育的重要和良好家风的关键作用。

唐代有尚书李景让，“少孤，母夫人性严明”，曾戒之曰：“吾闻不勤而获犹谓之灾，士君子所慎者，非常之得也。”其三子皆进士擢第，“并有重名，位至方镇”。而景让最为刚正，“奏弹无所避”。崔玄時母亲卢氏常诫之曰：“儿子从宦者，有人来云贫乏不能存，此是好消息。若闻资货充足，衣马轻肥，此恶消息。”“仕宦者，多将钱物上其父母，父母但知喜悦，竟不问此物从何而来。必是禄俸余资，诚亦善事。如其非理所得，此与贼何别?”

这些母亲往往性格刚强，深明大义，孩子年幼时悉心调教，始终勉励孩子一心向学，鞭策其学有所成，孩子成人并步入仕途后，依然对他们施加有益的影响，那么这些人成才之后自然会给社会增添正能量。

可以肯定的是，李景让等人的家庭教育中肯定不会缺少“天下兴亡，匹夫有责”，不会缺少“家事国事天下事，事事关心”，肯定也少不了与“精忠报国”相似的伟大情怀。如果我们的家庭里多一些“孟母三迁”“岳母刺字”的故事和精神，如果我们的家庭能够少一些“事不关己，高高挂起”“当一天和尚撞一天钟”的思想观念，那我们的“吏治”水平一定会大大提高，国家治理的法制化水平和现代化水平也会大大提高。

在党的十九大报告中，习近平总书记用相当大的篇幅对中华文化进行了诠释，深刻揭示了其中的精神内涵和对现实生活的示范引领作用，并且提到要坚持全民行动、干部带头，从家庭做起，从娃娃抓起。这是基于深刻领悟中国传统优秀家风文化重要作用所作出的论断。

结　语

习近平总书记能够国而忘家、公而忘私，以伟岸人格承接复兴使命，能够把个人价值寄托在对国家和人民的大爱与奋斗中，这既和他个人的抱负、壮志以及担当意识有关，更与他良好的家风背景有关。因此，习近平总书记的优良家风思想，对全体干部和群众都具有巨大的示范和引领作用。

习近平总书记的家庭是一个与众不同的家庭，也是千千万万普通中国家庭中的一个。习家有着从严教子、勤俭持家的家风。习仲勋同志认为，作为党的高级干部，端正党风，首先要从自己做起，从自己的家属做起。在最后的日子里，习仲勋多次对儿女说：“我没给你们留下什么财富，但给你们留了个好名声！”

注重家风是习近平和他的家庭的底色，也已经深深烙印在习近平治国理政的思想和实践中。他担任领导干部后，每到一处工作，都会告诫亲朋好友，不能在我工作的地方从事任何商业活动。

“家风好，就能家道兴盛、和顺美满；家风差，难免殃及子孙、贻害社会。”[①] 习近平曾痛心地说：“从近年来查处的腐败案件看，家风败坏往往是领

① 习近平出席第一届全国文明家庭表彰大会并发表重要讲话[EB/OL].(2016-12-12).新华社，http://www.gov.cn/xinwen/2016-12/12/content_5147050.htm.

导干部走向严重违纪违法的重要原因。”① 因此，在他看来，领导干部的家风，不是个人小事、家庭私事，而是领导干部作风的重要表现。

“每一位领导干部都要把家风建设摆在重要位置，”习近平语重心长地说，“要留留神，防微杜渐，不要护犊子。干部子弟也要遵纪守法，不要以为是干部子弟就谁都奈何不了了。触犯了党纪国法都要处理，而且要从严处理，做给老百姓看。”②

家是最小国，国是千万家，家国两相依。千万家庭的好家风，才能支撑起全社会的好风气。

以正心诚意、修身齐家为基础，以治国平天下为旨归，把远大理想与个人抱负、家国情怀与人生追求熔融合一，是古人的宏愿，亦是今人传承家风和家教的本分。在传承优良家风中筑牢责任意识和担当精神，在正家风、齐家规中砥砺道德追求和理想抱负，在履行家庭义务中知晓责重山岳、公而忘私的大义，正是家风传承中所蕴藏的时代课题。

弘扬新时代家风家训文化，要以中华优秀传统文化为根基，以马克思主义为指导，以社会主义核心价值观为灵魂，以社会主义先进文化为主体内容和本质特征，充分吸收人类文化的优秀成果，使之成为中华民族伟大复兴的强大精神动力。

弘扬新时代家风家训文化，既要辩证地对待传统中国家风家训文化成果，对传统家风家训文化进行合理借鉴和重塑，对传统家风家训文化典籍进行充分挖掘和整理，又要使之在新时代发挥新的作用，突显当代中国精神，全面发挥它在特色社会主义文化建设中的推动作用。

弘扬新时代家风家训文化，要发扬多民族多元文化特色，重视搜集整理各民族家风家训文化理论和实践成果，形成文化多样和谐的健康局面，使古老的中华文明在新时代焕发新的光彩。

弘扬新时代家风家训文化，要突出区域性特色文化，推进建立新时代的乡

---

① 习近平. 在第十八届中央纪律检查委员会第六次全体会议上的讲话[N]. 人民日报，2016-05-03.

② 习近平. 在第十八届中央纪律检查委员会第六次全体会议上的讲话[N]. 人民日报，2016-05-03.

贤文化，结合乡村振兴战略，形成新的村规民约，提升城乡家庭文化建设水平和家庭道德建设水平。

新时代家风家训文化是新时代中国特色社会主义发展进步的重要推动力量之一，是社会主义核心价值观的重要组成部分。深入贯彻习近平总书记倡导的新时代优良家风思想，推广新时代优秀家风家训文化，有利于核心价值观的推广和传播，更有利于推动新时代社会主义文化建设向更新更高处发展，从而推动实现中华民族伟大复兴的中国梦！

第十二讲　人类命运共同体理念的文化基因与现实图谱

从 2008 年开始，由美国次贷危机引发的波及世界范围内的金融危机，动摇了二战以来形成的世界格局，由此引发的世界范围内的经济失衡、政治失序和文化失范至今仍在影响着各国的国内政治和国际关系。2016 年以来，从英国脱欧公投的“意外”通过，到次年事先不被精英层看好的特朗普在美国“涉险”走入白宫，再到最近两年发生的贸易摩擦、文明冲突、局部战争……逆全球化在一些国家渐成潮流。世界充满了“黑天鹅”与“灰犀牛”等风险与不确定性，所有负责任的大国和有使命感的政治家，都必须面对“人类身在何处，又应该走向何方?”这一终极性的哲学命题。构建人类命运共同体的理念正是在这样的时代背景下产生并不断升华，从而赢得越来越多的国家和政治精英的认同的。本讲重点探析构建人类命运共同体理念的深刻内涵及其对中华优秀传统文化的创造性传承、开创性实践和时代性超越。

一、人类命运共同体的核心内涵与哲学意蕴

面对全人类遭遇的共同挑战，作为负责任的大国领袖，习近平提出的构建人类命运共同体的理念，可谓高屋建瓴。以此凝聚共识，促进共享，推动互通，扩大开放，正是把握住了时代的脉搏。据统计，党的十八大以来，习近平在各类讲话和报告中提及“人类命运共同体”有 80 多次，充分显示出这一理念在习近平新时代中国特色社会主义思想中所具有的重要地位。

特别是在党的十九大报告中，习近平就推进中国特色大国外交、推动构建人类命运共同体问题进行了精辟的论述："坚持正确义利观，树立共同、综合、合作、可持续的新安全观，谋求开放创新、包容互惠的发展前景，促进和而不同、兼收并蓄的文明交流，构筑尊崇自然、绿色发展的生态体系。"① 这段论述清晰地阐述了人类命运共同体理念的完整内涵。第十三届全国人大第一次会议通过的《中华人民共和国宪法》（2018 年修正）在序言中规定，"中国的前途是同世界的前途紧密地联系在一起的。中国坚持独立自主的对外政策，坚持互相尊重主权和领土完整、互不侵犯、互不干涉内政、平等互利、和平共处的五项原则，坚持和平发展道路，坚持互利共赢开放战略，发展同各国的外交关系和经济、文化交流，推动构建人类命运共同体"。推动构建人类命运共同体的理念，由此上升为神圣的国家意志。

2018 年 5 月 4 日，在纪念马克思诞辰 200 周年大会上，习近平说："万物并育而不相害，道并行而不相悖。我们要站在世界历史的高度审视当今世界发展趋势和面临的重大问题，坚持和平发展道路，坚持独立自主的和平外交政策，坚持互利共赢的开放战略，不断拓展同世界各国的合作，积极参与全球治理，在更多领域、更高层面上实现合作共赢、共同发展，不依附别人、更不掠夺别人，同各国人民一道努力构建人类命运共同体，把世界建设得更加美好。"这是习近平对人类命运共同体理念的最新阐发，从这段论述中，人们可以充分感知到这一思想对中华优秀传统文化的创造性传承，对人类面临的重大挑战的深刻思考和从容应对，对人类美好未来的强烈责任感。仔细分析习近平在多种场合对构建人类命运共同体理念的阐释和说明，可以发现这是一个内涵丰富且精深的系统范畴。

正如 2017 年 12 月 1 日习近平在《携手建设更加美好的世界》演讲中所说的："人类命运共同体，顾名思义，就是每个民族、每个国家的前途命运都紧紧联系在一起，应该风雨同舟，荣辱与共，努力把我们生于斯、长于斯的这个星球建成一个和睦的大家庭，把世界各国人民对美好生活的向往变成现实。"

---

① 习近平. 决胜全面建成小康社会　夺取新时代中国特色社会主义伟大胜利——在中国共产党第十九次全国代表大会上的报告[M]. 北京：人民出版社，2017：25.

概而言之，人类命运共同体理念以全人类美好生活作为价值追求，倡导合作、可持续的安全观，谋求开放创新、包容互惠的发展观，促进和而不同、文明互鉴的交往观，构筑尊崇自然、绿色发展的生态观，坚持对话协商，建设一个持久和平的世界。这也正是习近平近年来在国际社会中多次倡导的世界治理“中国方案”，也就是坚持共建共享，建设一个普遍安全的世界；坚持合作共赢，建设一个共同繁荣的世界；坚持交流互鉴，建设一个开放包容的世界；坚持绿色低碳，建设一个清洁美丽的世界。

事实上，最朴素的价值观背后有着最深厚的人类共同哲思，人类命运共同体理念凝聚着深厚的发端于“轴心时代”的中国哲学意蕴。一方面，它与“天人合一”的哲学理念相通。“天人合一”蕴含着对三重关系的终极认知：一是以和谐为根本特征的天地运行的原初秩序。“天地之大德曰生。”天地间生生不息的生命勃发和展开的历程，正是各种生命体之间相互渗透、相互感应、相互贯通且和谐相处的有机勾连并共同进化的过程。二是人类自我生命秩序的和谐是顺应天地运行规律的理性选择。因为本质上，个体生命的运行规律，即“人之道”，与天地运行的规律，即“天之道”是一致的。因此，孟子认为，遵循自身生命秩序的和谐只需要遵循“本心”和“本性”的指引就可以实现。孟子所谓的“本心”就是恻隐之心、羞恶之心、辞让之心、是非之心。人类理性自觉的过程，正是寻回遗失的本心的过程，“学问之道无他，求其放心而已矣”。三是人类生命的最高价值就是对宇宙整体规律（即“道”）的彰显。“人能弘道，非道弘人”，人类实践活动的最高价值是对天地规律的无障碍表达。也就是《中庸》所谓“唯天下至诚，为能尽其性；能尽其性，则能尽人之性；能尽人之性，则能尽物之性；能尽物之性，则可以赞天地之化育；赞天地之化育，则可以与天地参矣”。总之，“天人合一”充满对万物前途与人类命运的深刻关切，有“民吾同胞，物吾与也”的包容胸怀。而这一点，正是人类命运共同体理念的根本出发点和价值追求，它将不同国家自身的发展、国家与国家的“双赢”与“多赢”、人类与自然生态的和谐共生当作全球治理的核心问题，它超越了一时一地一事的利益纠葛，蕴含着对人类命运的终极关怀。

另一方面，人类命运共同体理念与中国儒、道、释三家都主张的“和而不同”价值追求一脉相承。传统儒家认为，万物并育而不相害，道并行而不悖。

道家以清醒的辩证思维看待世界，认为事物的多样性有时以对立的方式存在，而对立之间存在着相互转化的可能性，因此，这种对立中显示出事物统一的深刻性。佛教则认为，就缘起意义而言，事物总是相互依存的，一即一切，一切即一，皆为真如显现。从某种意义上说，正是“和而不同”的底层价值让中国的儒、道、释之间和谐共处，并从不同侧面塑造了中国传统文化的基本色调。人类命运共同体理念正是在文化基因上接续了“和而不同”的性格，在肯定自我价值的同时，对与自己不同的文化方式抱有欣赏和肯定态度，从而为人类共同的未来奠定最底层的观念基础。这也是人类命运共同体理念在国际社会上的认同度不断提升的根本原因。

二、人类命运共同体理念诞生的文化基础

习近平关于构建人类命运共同体的理念并不是无源之水、无本之木。恰恰相反，它是与一代代中国共产党人对于中华优秀传统文化的创造性传承以及对人类命运的深切关注一脉相承的。

早在 1956 年，毛泽东就曾说过：“辛亥革命，到今年，不过四十五年，中国的面目完全变了。再过四十五年，就是二千零一年，也就是进到二十一世纪的时候，中国的面目更要大变。中国将变为一个强大的社会主义工业国。中国应当这样。因为中国是一个具有九百六十万平方公里土地和六万万人口的国家，中国应当对于人类有较大的贡献。而这种贡献，在过去一个长时期内，则是太少了。这使我们感到惭愧。”[①] 毛泽东把中国要对人类有较大的贡献作为中华民族应当自觉承担的责任。1978 年 6 月 10 日，邓小平在会见卢旺达总统哈比亚利马纳时说：“衡量我们是不是真正的社会主义国家，不但要使我们自己发展起来，实现四个现代化，而且要能够随着自己的发展，对人类作更多的贡献。”[②]1985 年，邓小平同志再次讲道：“到下世纪中叶……社会主义中国的

---

① 中共中央文献研究室，编. 毛泽东文集(第七卷)[M]. 北京：人民出版社，1996：156-157.

② 转引自记者温宪. 以负责任的担当自立于世界民族之林[N]. 人民日报，2015-10-02.

分量和作用就不同了，我们就可以对人类有较大的贡献。”① 2012年以来，以习近平同志为核心的中国共产党人，带领中国从对世界经济增长贡献率超过30%，到提出共建“一带一路”倡议、共建人类命运共同体的理念，中国在履行一个负责任大国的历史使命，始终把为人类作出更大贡献作为中华民族的责任担当。

可以说，中国共产党人提出的构建人类命运共同体的理念，凝聚了中国历代先贤和思想大家的天下大局观、使命意识和知行合一的价值追求，也是为人类作出更大贡献的使命意识的自然延展。

在漫长的中国古代历史中，“修身、齐家、治国、平天下”被当作有使命感的士人实现自身价值的基本路径。与之相对应的是中华文化中源远流长的“天下为公”的政治理念。值得注意的是，中华文化中的“天下”观念与西方文化中的“国家”概念有很大差异。中华文化中的“天下”是一个以“民心”为凭借、可以无限延伸扩大而连续展开的文化空间。荀子说“取天下者，非负其土地而从之之谓也，道足以壹人而已矣”，深刻地阐释了中国文化系统中天下的核心内涵。换言之，得到天下，不是夺取他人的土地并使之臣服，而是在根本的价值理念，即在“道”的层面上得到了认同，足以起到凝聚人心的作用。所以，在中国传统的政治思想中，没有什么敌人不可化解，因为秉持“己所不欲、勿施于人”和“己欲立而立人、己欲达而达人”的处世之道，“仁义教化”“以德服人”“柔以怀远”，就能够最终实现“协和万邦”、兼济天下的“王”道。

与“天下”意识相连接的是“责任”意识。中华传统文化中，每个个体都应该对“天下”担责，顾炎武所说的“天下兴亡，匹夫有责”，指的正是这一点。进一步推演，一个团体也好，一个阶层也好，对于人类共同生存的世界都负有天然的责任。而承担社会治理责任的士大夫，更是以“先天下之忧而忧，后天下之乐而乐”作为自身生命价值的实现方式。正因为如此，曾子说：“士不可以不弘毅，任重而道远。仁以为己任，不亦重乎？死而后已，不亦远乎？”这也是中国共产党人即便是在中国整体国力还不够强大的情况下，依然心系全球，不忘“为人类作出更多贡献”的文化动因。

---

① 邓小平.邓小平文选(第三卷)[M].北京：人民出版社，1993：143.

与“天下”意识和“责任”意识相连接的是知行合一思想。中国传统文化一向对纸上谈兵式的坐而论道评价不高，对于在实践中“弘道”持有充分的价值认同。特别是经明朝大思想家王阳明的倡导，“知行合一”成为众多政治人物的自觉意识。构建人类命运共同体的理念绝不是玄虚的概念，更不是以意识形态画线的空头理论，它是在实践中不断丰富，也不断丰满生动起来的对于全球治理和人类共同未来深度关切的“操作系统”。

三、人类命运共同体理念对中华优秀传统文化的创造性传承

习近平人类命运共同体理念是中国智慧对现代西方国际关系理念的一次超越，植根于源远流长的中华文明，蕴含着博大精深的中华优秀传统文化因子。

陈来教授在《中华文明的核心价值——国学流变与传统价值观》一书中，针对西方现代性所显露的问题，对中华传统文化的核心价值进行了深入探讨。在他看来，中华文明中存在着“另一种可供选择的普遍主义原理”，“仁爱原则、礼性精神、责任意识、社群本位都是与个人主义相反的价值立场，导向对协同社群、礼教文化、合作政治、王道世界的理性肯定，应该成为普遍性原理”。在实践意义上，这种“普遍性原理”可以实现“协同社群突出社群的意义，以对治个人主义；礼教文化突出道德意识，以区别律法主义；合作政治突出合作的政治沟通，以有异于冲突的政治；最后，王道世界是一种与霸权主义不同的天下秩序”。“轴心时代中华文明形成的基本价值成为主导中华文明后来发展的核心价值”，而这种核心价值就是“责任先于自由，义务先于权利，群体高于个人，和谐高于冲突”。① 构建人类命运共同体的理念正是在创造性传承中华优秀传统文化基础上形成的，我们从如下几个方面追溯其渊源：

第一，人类命运共同体理念将中华优秀传统文化中“贵利尚义、以义制利”的价值立场创造性地转化为经济上合作共赢、互惠互利的基本原则。

“义利之辨”是中国传统文化中一个非常关键的命题。中华优秀传统文化

① 陈来.中华文明的核心价值——国学流变与传统价值观[M].北京：生活·读书·新知三联书店，2015：51-57.

向来不否认人们对于物质利益的正当欲求。孔子的“富而可求也，虽执鞭之士，吾亦为之”，孟子的“明君治民之产，必使仰足以事父母，俯足以畜妻子，乐岁终身饱，凶年免于死亡”，都是对物质利益的充分肯定。当然，中华优秀传统文化还进一步提出“义利之辨”。《论语·里仁》中有一段精彩的阐述：“富与贵，是人之所欲也，不以其道得之，不处也。贫与贱，是人之所恶也；不以其道得之，不去也。”孔子更强烈的情感表达是“不义而富且贵，于我如浮云”。汉代董仲舒则这样辨析义利之间的关系：“天之生人也，使人生义与利。利以养其体，义以养其心。心不得义不能乐，体不得利不能安。”但是，有德行承担社会治理责任的君子，在义与利之间，更强调“以义制利”，也就是“君子喻于义，小人喻于利”。而从社会治理层面上看，“义胜利者为治世，利克义者为乱世”，社会与人一样，一味追求获利的结果必然导致众恶的产生，最终导致社会危机。这种“贵义尚利”，甚至进一步“以义制利”的思想，在人类命运共同体理念中创造性地转化为中国与世界各国合作共赢的深厚文化基础。

第二，人类命运共同体理念将中华优秀传统文化“讲信修睦、协和万邦”的理念转化为政治上平等相待、互商互谅的交往原则。

人类命运共同体理念倡导国家之间要构建对话不对抗、结伴不结盟的伙伴关系，其核心价值诉求正是来源于优秀的中国传统文化。《礼记·礼运》提出：“大道之行也，天下为公，选贤与能，讲信修睦。”在处理人与人之间关系时，要求“己所不欲，勿施于人”，不将自己的观点强加于人。在处理国与国之间的关系时，主张“远人不服，则修文德以来之”，不提倡使用武力。兵家经典《孙子兵法》中一再强调，“上兵伐谋，其次伐交，其次伐兵，其下攻城。攻城之法为不得已”。《墨子》则要求“处大国不攻小国”，不恃强凌弱。古人还认为，“和”是最可贵的状态，《礼记·中庸》中提出：“和也者，天下之达道也。”对于如何实现国与国之间的和平共处，《尚书·尧典》给出的方案是，“克明俊德，以亲九族。九族既睦，平章百姓。百姓昭明，协和万邦”。

远在春秋战国时期，有诸侯国在处理外部关系时就曾提出，“亲仁善邻，国之宝也”，将与邻国亲近视如瑰宝。其实，在我国漫长的历史上，大多数封建王朝在处理国与国之间的关系时均秉持“厚往薄来”的传统，尽管其中含有

“怀柔远人”的大国意识，却也基本呈现中国传统外交中的交往理念。

总之，以优秀的文化和共同的价值让不同利益基础的人群和邦国和平相处，正是中国文化的价值追求，也是人类命运共同体倡导的多国相处的基本原则。

第三，人类命运共同体理念将中华优秀传统文化“与邻为善、亲仁善邻”的理念创造性地转化为“守望相助、共建共享”的安全原则。

《孟子·滕文公上》提出“出入相友，守望相助，疾病相扶持，则百姓亲睦”的理想生活情境，《孟子·公孙丑上》还提出“取诸人以为善，是与人为善者也。故君子莫大乎与人为善”的主张。这些人际关系处理准则，也被一代代政治家推而广之，从而成为中国古代外交的重要传统。在这样的理念支撑下，国与国之间谋求的不是强力下的竞争优势，而是基于亲睦理想的合作共赢。

第四，人类命运共同体理念将中华优秀传统文化中“求同存异、和而不同”的思想转化为国与国之间文化互鉴、求同存异的文化交流原则。

在中华优秀传统文化对世界的总体认知图谱中，万事万物的差异性是世界的本来面目，“物之不齐，物之情也”，正是因为这种差异性的存在，才成就了丰富而生动的世界。这其中有万物运行的规律存在，即“万物并育而不相害，道并行而不相悖”。更进一步说，这种差异性和多样性正是万物生生不息的根源，“和实生物，同则不继”，更进一步，在人际交往中，“和而不同”是更为理想的境界，“君子和而不同，小人同而不和”。对于差异性，中华优秀传统文化提倡给予足够的包容，“海纳百川，有容乃大”“和羹之美，在于合异”“一花独放不是春，百花齐放春满园”。

第五，人类命运共同体理念创造性地将中华优秀传统文化的“天人合一、道法自然”的思想转化为天人合一、绿色低碳的生态发展原则。

中国古人认为，天地万物与人的生命息息相关，人可以达到与自然和谐相处的境界。老子最早提出：“人法地，地法天，天法道，道法自然。”他认为“自然”才是真正意义上的大道。庄子认为，“人与天一也”“天地与我并生，万物与我为一”。孟子认为，只有遵从自然规律，人们才有望收获硕果，即“不违农时，谷不可胜食也；数罟不入洿池，鱼鳖不可胜食也；斧斤以时入山林，材木不可胜用也”。张载则首次使用了“天人合一”的表述，并提出了“民吾同胞，物吾与也”的命题。这些探讨人与自然、人与万物、人与天地关系的思想，蕴含着质朴睿智的生态保护意识，鲜明地体现出“道法自然”“天人合一”的生态观。

综上所述，人类命运共同体理念的提出不是偶然的，它是对中华优秀传统文化及其精神价值进行创造性转化而形成的与时代精神相契合的全新理念。

四、人类命运共同体理念对中国传统文化的超越

人类命运共同体理念创造性地传承了中华优秀传统文化的核心要素，同时，结合马克思主义唯物史观和马克思关于“命运共同体”的相关论述，这一理念成为马克思主义中国化的新时代典范。可以说，人类命运共同体理念传承了中国传统文化的重要元素，同时抛弃了其中与时代精神背离的内容，实现了对中国传统文化的超越。

马克思主义唯物史观认为，人类文明是人类对于自然、社会以及自身不断改造的实践过程以及在这个过程中所创造出来的积极成果的总和。在世界进入“地球村”时代后，不同国家之间的关系比以往任何时候都更紧密，人类面临的挑战需要世界各国共同面对方能解决，人类未来美好愿景的达成需要全世界人民共同努力方能实现。以习近平同志为核心的党中央，深刻认识到人类文明发展的新特点，指出：“一个强劲增长的世界经济来源于各国共同增长。各国要树立命运共同体意识，真正认清‘一荣俱荣、一损俱损’的连带效应，在竞争中合作，在合作中共赢。”①

从更长的历史尺度看，“命运共同体”思想与人类文明最高阶段——共产主义阶段的价值追求相一致。马克思主义认为，共产主义“只有作为‘世界历史性的’存在才有可能实现”。同时，“命运共同体”思想是马克思主义人自由而全面发展的最高命题的新拓展。在马克思看来，共产主义社会“将是这样一

① 习近平. 共同维护和发展开放型世界经济——在二十国集团领导人峰会第一阶段会议上关于世界经济形势的发言[N]. 人民日报，2013-09-06.

个联合体，在那里，每个人的自由发展是一切人的自由发展的条件”[①]。共产主义是以世界范围内人类文明的普遍交往为前提的，只有在文明的普遍交往下成立的共同体中，“个人才能获得全面发展其才能的手段，也就是说，只是在共同体中才可能有个人自由”。习近平多次指出构建“人类命运共同体”的重要目标在于“共同造福于本地区人民和世界各国人民”。人类命运共同体理念正是以马克思主义中国化作为行动指南的中国共产党人对于中国传统文化的创造性超越。

（一）人类命运共同体理念超越了中国传统文化的天下观

许倬云教授在《说中国：一个不断变化的复杂共同体》一书的“自序”中提到，从“我们究竟是谁”这个问题出发，中国文明这个复杂共同体和希腊、罗马教廷以及伊斯兰共同体、南亚的印度共同体相比，“中国”这个共同体“延续之长久，而且一直有一个相当坚实的核心，在同一个地区继长增高，其内容却不断地改变，不断地调适”，在这种不断地调适的情势下，“‘中国’这个共同体，与其说是国家，毋宁说是个‘天下’，它没有边界，可是周边对中央王朝有不同程度的归属”。[②]

正如前文所述，“天下”在中国传统文化中更多的是一个文化概念，而非国家概念。然而，传统文化中的天下观是建立在“中国”这一中央之国的认知上的。换言之，传统的天下观虽有包容不同文明的和谐理念，但中国传统社会本身是等级社会，政治和文化上表现为专制主义盛行并长期存在，民主意识缺乏，其平等观念与当代国家平等观念有着本质区别。习近平人类命运共同体理念以国际社会共同面对人类面临的挑战为核心诉求，与时俱进地超越了中国传统文化中的“天下观”，具有鲜明的现代国际关系的平等性。

（二）人类命运共同体理念超越了中国传统文化的义利观

关于义利观，前文已有论述，中国传统文化中不乏相关的讨论。其中，孔

① 马克思恩格斯文集(第二卷)[M].北京：人民出版社，2009：53.

② 许倬云.说中国：一个不断变化的复杂共同体[M].桂林：广西师范大学出版社，2015：自序.

子说得最直接："君子喻于义，小人喻于利。"事实上，中国在不同历史时期有着不同的义利观，比如，"义利两有""义者，利之和也"等。然而，我国传统的义利观是建立在儒家思想基础上的，其核心价值是维护封建伦理意义上的利益格局，具有鲜明的历史局限性和封建意识形态烙印。而"人类命运共同体"理念将马克思主义理论与现代国际政治相结合，超越了传统文化中的"义利"判断尺度和价值底色，体现了社会主义义利观。这种义利观将国家和人民利益放在首位，把世界各国人民的共同利益与各个国家的利益以及个人利益辩证地统一起来。

（三）人类命运共同体理念超越了中国传统文化的价值观

以儒家思想作为内核的中国传统文化，在强调修身、齐家、治国、平天下的时候，背后有一个清晰的价值诉求，就是个人身份的改变以及随之而来的利益格局的变化。这一价值观最通俗也是最庸俗的表述是宋真宗赵恒的名言——"书中自有千钟粟，书中自有黄金屋，书中自有颜如玉"。人类命运共同体理念坚持用历史唯物主义和辩证唯物主义观看待世界和人类，它的价值诉求是全人类共同的利益，因而显著地超越了中国传统文化的价值观念。这使得人类命运共同体理念既具有鲜明的中国特色，又具有普适价值的世界共识。习近平总书记围绕打造人类命运共同体提出了"秉持普惠原则""打造平衡普惠的发展模式"等重要理念，超越了中国传统文化的价值追求。换言之，人类命运共同体理念归根结底是要构建世界各国平衡发展、利益共享的新型国际社会发展模式。

（四）人类命运共同体理念超越了中国传统文化的交往观

在国际交往观意义上，中国古代由于长期处于政治、经济、文化相对发达的超稳定状态，逐渐形成并不断强化了"中国文化中心论"。这一情形发展到封建社会末期，特别是清代末年，形成了"天朝上国"的盲目自大心态。再后来，在多次与西方帝国主义交锋的过程中，我国不断处于弱势，又形成了崇洋的弱者心态。改革开放以来，在追求现代化的道路上，中国共产党人越来越清晰地认识到，中国发展的正确道路应该是对现代潮流的拥抱而不是拒绝和排斥。正如习近平所强调的："中国发展的根本出路在于改革，中国开放的大门永远不会关上。"人类命运共同体理念提倡各国不分大小、强弱、贫富都能够平等相待，这是中国这一日益走向复兴的发展中大国总结自身发展道路之后贡献给世界的交往智慧。当前，中国正在依托"一带一路"倡议形成的巨大动能，推动经济全球化朝更加"共赢"和"平衡"的方向发展，这正是对中国传统文化中国际交往理念的历史性超越。

（五）人类命运共同体理念超越了中国传统文化的发展观

我国传统文化的生成与发展受制于中国传统的地理环境。因为有多重天然屏障的隔离，长期以来，中国多注重自身的发展，不太关注域外世界，具有一定的封闭性。而习近平的人类命运共同体理念已经远远超越了国界，是"促进和而不同、兼收并蓄的文明交流"，是关乎全人类共同命运和发展的宏大倡议。换句话说，人类命运共同体需要全人类这个文明大家庭共同构建才能形成。正如习近平 2014 年 8 月在蒙古国国家大呼拉尔的演讲中所说："中国愿意为包括蒙古国在内的周边国家提供共同发展的机遇和空间，欢迎大家搭乘中国发展的列车，搭快车也好，搭便车也好，我们都欢迎，正所谓'独行快，众行远'。"① 中国欢迎周边国家及亚欧非等其他国家积极参与到合作发展中来，欢迎各国搭乘中国发展的"顺风车"，从而实现和平发展的共同愿景，这一体现人类命运共同体理念核心价值的设想，超越了中国传统文化的孤立、封闭的发展观，表明中国愿意始终做世界和平的建设者、全球发展的贡献者的大国胸怀。

五、人类命运共同体理念是应对世界现实挑战的中国智慧

构建人类命运共同体的理念，之所以能够超越中国传统文化中的诸多不足，又能超越现代国际政治中的一系列天然缺陷，其根本原因就在于，这一理

① 习近平.守望相助，共创中蒙关系发展新时代——在蒙古国国家大呼拉尔的演讲[N].人民日报，2014-08-23.

念是在马克思主义指导下对于人类社会当今面临的重大问题进行深刻思考、寻求应对策略的过程中诞生的。

2017 年 1 月 18 日，习近平主席在联合国日内瓦总部演讲中指出，从 360 多年前《威斯特伐利亚和约》确立的平等和主权原则，到 150 多年前《日内瓦公约》确立的国际人道主义精神；从 70 多年前《联合国宪章》明确的四大宗旨和七项原则，到 60 多年前万隆会议倡导的和平共处五项原则，国际关系演变过程中积累了一系列公认的原则。这些原则应该成为构建人类命运共同体的基本遵循。这表明，中国提出人类命运共同体理念，继承了人类社会孜孜以求的优良传统，并在 21 世纪应对人类社会面临的共同挑战中使之升华。

回顾世界现代化的历程，随着文艺复兴和工业革命推动欧洲资本主义的崛起，特别是在所谓的“世界地理大发现”后，整个世界开始随着西欧工业文明的不断推进而逐步向一体化发展，工业化与帝国主义的发展促使欧洲建立可控的全球性秩序。马克思、恩格斯在《德意志意识形态》中指出 ：“它（工业）首次开创了世界历史，因为它使每个文明国家以及这些国家中的每一个人的需要的满足都依赖于整个世界，因为它消灭了以往自然形成的各国的孤立状态。”① 在《共产党宣言》等著作中，马克思又进一步描述了人类历史由“地方历史”向“世界历史”的过渡。

实际上，现代世界秩序的形成是与资本主义的全球扩张相辅相成的：一方面，资本的全球扩张需要有与之相适应的全球治理秩序，以保护资本利益的最大化；另一方面，现代全球治理秩序的不断强化为资本的全球化扩张提供了深厚的理念和制度基础。从本质上来讲，现代西方文明在资本主义生产方式建立之后，在经济领域遵从资本逻辑，讲究优胜劣汰；在政治领域，推进“民族国家”建构，奉行弱肉强食的社会达尔文主义；在文化领域，通过文化侵略，不断消灭人类文明的多样性和丰富性。换言之，建立在工具理性和功利价值观之上的西方文明体系，造成经济领域不间断的经济危机、政治领域的意识形态冲突和局部战争、环境领域的生态危机等，是具有其内在的必然性的。从这个意义上说，西方文明从其精神实质上来说具有其内在缺陷，存在某种不可持

① 马克思恩格斯全集(第三卷)[M].北京：人民出版社，1965：68.

续性。

因此，可以说，虽然资本主义的全球扩张在某种意义上客观地将有利于生产力发展的要素带到落后地区，但由于资本的掠夺本性，它更多的是将资本主义社会的矛盾困境转移到世界各地。正如阿明所指出的，在全球化过程中，“资本主义生产方式的基本矛盾……从中心地区转移到外围地区，并从中心地区的国家形态转换成世界资本主义体系的范围”①。这种矛盾困境的全球渗透不断催化并刺激世界的无序状态，这也是这些年全球经济动荡、地缘政治冲突、资源环境危机等突出问题让国际社会深感不安的深层原因。构建人类命运共同体的思想正是对当今世界性矛盾问题给予直接回应的“中国方案”。

首先，全球经济动荡，贸易争端时有发生，两极分化不断加剧。据联合国开发计划署发布的2016年《人类发展报告》的相关统计，世界1%的富有地区占有了46%的世界财富。另外，西方发达国家内部的贫富差距也日益严重。2011年10月，美国爆发的“占领华尔街”抗议活动逐渐演变为席卷全美的群众性社会运动。运动组织者的核心诉求就是反对美国政治的权钱交易、两党政争以及社会不公正。不管是发达资本主义国家内部，还是在全球范围内的市场格局，所谓“双赢”都不过是一厢情愿的幻想，是富有者对贫困者的剥削，是发达国家对不发达地区的掠夺，最终都会引向全球的经济和社会动荡与贫富之间的两极分化。构建人类命运共同体理念的提出，正是要推进世界贸易秩序的公平，使不同国家均有“包容性发展”的机会。

其次，地缘政治冲突不断，冷战意识依然保有市场，全球安全遭遇严重危机。在现代资本主义发展过程中，资本出于逐利的本性，不断向世界各地扩张和渗透，这就是全球化的初始动因。也正因为如此，资本在世界范围内积累和扩张的不平衡，导致了国家和地区在地理空间上的发展不平衡，同时，也将资本主义的内在矛盾引入受资本冲击的地区，引起发达国家对发展中国家和地区的权力支配，即《共产党宣言》所指出的“使未开化和半开化的国家从属于文

① 阿明.不平等的发展：论外围资本主义的社会形态[M].高铦，译，北京：商务印书馆，1990：157.

明的国家，使农民的民族从属于资产阶级的民族，使东方从属于西方”①。总之，资本主义通过在全球的扩张将民族国家的内部矛盾复制到民族国家之间，另外由于冷战思维的意识形态对立的存在，必然导致局部地区的冲突和战争，甚至形成严重的人道主义灾难，威胁全球的和平与安全。构建人类命运共同体理念的提出，正是要国际社会形成共识，超越意识形态之争，以最有利于世界和平发展的方式处理地区冲突、缓解安全危机、寻求共处之道。

再次，资本的贪婪本性导致全球生态危机，人类可持续发展遭遇严峻挑战。资本主义在全球化扩张过程中，也将资本主义的生产与消费方式推向全球，这对全球可持续发展造成严重威胁。正如马克思所指出的那样：“资本主义生产使它汇集在各大中心的城市人口越来越占优势，这样一来……破坏着人和土地之间的物质变换……破坏土地持久肥力的永恒的自然条件。”② 其实，随着现代资本主义的不断发展，其对欠发达国家和地区资源的掠夺性开发越来越严重，由此产生的世界范围内的资本主义商业危机也让资源和环境变得不可持续。这些年，无数绿色环保组织对全球生态危机的调查和担忧让人警醒。构建人类命运共同体理念的提出，就是要推动国际社会对不健康的发展方式保持警惕，通过国际合作赢得人类发展的美好未来。

六、人类命运共同体理念的实践与升华

构建人类命运共同体的理念，不是一个抽象的概念，而是一个在实践中不断拓展内涵、赢取共识并不断升华的思想。梳理中国政府 2012 年以来的国际关系布局，我们就会发现，通过在不同区域范围内的合作中推进命运共同体意识形成共识，在“一带一路”倡议下开展多维度合作，以及全方位推进人类命运共同体理念的实践，人类命运共同体理念不断升华并赢得国际社会越来越多的支持和认同。

党的十八大明确提出人类命运共同体这一概念，并主要用于解释“合作共

① 马克思恩格斯文集(第二卷)[M].北京：人民出版社，2009：36.

② 马克思恩格斯文集(第五卷)[M].北京：人民出版社，2009：579.

赢”的内涵。习近平总书记多次在不同场合阐释人类命运共同体理念，从双边利益和命运共同体到合作组织命运共同体再到构建全球范围的人类命运共同体。2015 年 9 月，在纪念联合国成立 70 周年大会上，习近平强调要将构建合作共赢的新型国际关系与人类命运共同体思想紧密相连，提出“五位一体”布局。2017 年 1 月，在日内瓦万国宫习近平全面概括“五位一体”行动方略，提出“五个世界”的构思。人类命运共同体理念在实践中不断发展、完善并得到升华。

人类命运共同体的逻辑起点和实践起点首先是民族命运共同体。习近平在 2016 年纪念孙中山先生诞辰 150 周年大会上的讲话中说，两岸同胞是血脉相连的骨肉兄弟，两岸是割舍不断的命运共同体，两岸关系和平发展是维护两岸和平、促进共同发展、造福两岸同胞的正确道路。在 2017 年《致全国台湾同胞投资企业联谊会成立 10 周年的贺信》中，他再次强调，两岸是割舍不断的命运共同体，两岸经济同属中华民族经济。增进同胞福祉和亲情，把民族命运牢牢掌握在自己手中，是两岸同胞的共同心愿。

在双边关系方面，习近平多次提到共同打造命运共同体的努力。2016 年 6 月 22 日，在乌兹别克斯坦最高会议立法院的演讲中，习近平说：“中国始终从战略高度和长远角度看待中乌关系。……中乌是平等互利、安危与共、合作共赢的利益共同体和命运共同体。”① 同年 6 月 7 日，习近平在哈萨克斯坦媒体发表署名文章时指出：“在这四分之一世纪里，中哈关系经受住时间和国际风云变幻考验，从建立睦邻友好关系到发展全面战略伙伴关系，再到打造利益共同体和命运共同体，实现了跨越式发展，达到历史最高水平。”②

同样，在不同场合谈及中国与越南、白俄罗斯、巴基斯坦等国的关系时，习近平多次强调国与国之间共同打造利益相融、目标相同的命运共同体的重要性。

正如中国传统文化中对于人生进阶以“修身、齐家、治国、平天下”的顺序渐次推进一样，人类命运共同体的构建不可能一蹴而就。在推进人类命运共

---

① 习近平. 谱写中乌友好新华章[N]. 人民日报海外版，2016-06-22.

② 习近平. 为中哈关系插上梦想的翅膀[N]. 新华每日电讯，2017-06-08.

同体构建的道路上，习近平以中国智慧从民族命运共同体到双边利益共同体再到区域命运共同体，渐次推进，从理念到实践，不断赢得国际社会的认同。

在区域命运共同体的构建方面，中国也一直是积极的倡导者和推动者。2015 年 11 月 6 日，习近平在新加坡媒体发表署名文章时说，中国致力于维护和发展同周边国家的睦邻友好和互利合作，秉持亲诚惠容的周边外交理念，深入推进“一带一路”建设，推动建设更为紧密的中国-东盟命运共同体和亚洲命运共同体。同年 11 月，在北京同利比里亚总统瑟利夫会谈时，习近平说，中国和非洲历来是休戚与共的命运共同体，是合作共赢的利益共同体。中非传统友好深得人心，发展同非洲国家的团结合作始终是中国对外政策的基石。同样，在拉美和阿拉伯国家的相关关系上，习近平在不同场合提出了共同努力构建利益共同体和命运共同体的倡议。

此前，在二十国集团领导人第九次峰会第一阶段会议上发言时，习近平呼吁：“面对世界经济面临的各种风险和挑战，二十国集团成员要树立利益共同体和命运共同体意识，坚持做好朋友、好伙伴，积极协调宏观经济政策，努力形成各国增长相互促进、相得益彰的合作共赢格局。”① 2018 年 6 月 10 日，在上海合作组织青岛峰会上，习近平指出，“上海精神”是我们共同的财富，上海合作组织是我们共同的家园。我们要继续在“上海精神”的指引下，同舟共济，精诚合作，齐心协力构建上海合作组织命运共同体，推动建设新型国际关系，携手迈向持久和平、普遍安全、共同繁荣、开放包容、清洁美丽的世界。

在事关全人类共同利益的重大问题上，命运共同体理念也得到进一步延展。2016 年，习近平在华盛顿核安全峰会上讲话时指出，在尊重各国主权的前提下，所有国家都要参与到核安全事务中来，以开放包容的精神，努力打造核安全命运共同体。同年，在第三届世界互联网大会开幕式上的视频讲话中，习近平强调，互联网发展是无国界、无边界的，利用好、发展好、治理好互联网必须深化网络空间国际合作，携手构建网络空间命运共同体。

---

① 习近平. 推动创新发展　实现联动增长——在二十国集团领导人第九次峰会第一阶段会议上的发言[EB/OL].（2014-11-15）. 新华网，http://www. xinhuanet. com/world/2014-11/15/c_1113263795. htm.

中国在推进人类命运共同体理念不断成为国际社会共识的同时，以“知行合一”的精神提出“一带一路”倡议，并以此作为推进人类命运共同体理念走向实践的务实之举。习近平在 2017 年中国共产党与世界政党高层对话会上曾明确表示，中国提出“一带一路”倡议，就是要实践人类命运共同体理念。

“一带一路”倡议之所以有力地推进了人类命运共同体理念的实践，首先是因为“一带一路”倡议所蕴含的丝路精神与人类命运共同体理念高度契合。不用战马和长矛，不靠船坚与炮利，而是用商船与驼队、商品和善意架构起世界不同国家间商品和知识交流的桥梁、观念和文明互鉴的通途。今天的“一带一路”建设根植于丝绸之路的历史土壤，能唤醒各国人民美好的文化记忆，共同致力于共享发展成果、共建美好未来的伟大事业，这一点也正是中国倡议共建人类命运共同体的重要目标。换言之，今天的“一带一路”倡议不以文明和意识形态画线，不是中国版的“马歇尔计划”，也不谋求强化地缘博弈的老套路。正如习近平所指出的那样，推进“一带一路”建设，就是要实现各国战略对接、优势互补，共同应对世界经济当前面临的挑战，符合各国的共同利益。

几年来，“一带一路”倡议在世界范围内得到响应。在中国与沿线国家的共同努力下，“一带一路”倡议聚焦政策沟通、设施联通、贸易畅通、资金融通和民心相通，在实践中赢得信任，在探索中发现机会，不断为构建人类命运共同体理念提供坚实的实践支持。

一方面，相关国家的政策沟通为构建人类命运共同体奠定了互信的政治基础。自 2013 年“一带一路”倡议提出以来，在中外各方的共同努力下，国际上关于“一带一路”建设的共识和响应越来越多，许多国家经历了从观望到参与、从被动感受到积极推动的转变。公开数据显示，截至 2017 年年底，中国已累计与 86 个国家和国际组织签署了 100 份“一带一路”合作文件。① 联合国大会、联合国安理会、亚太经合组织、亚欧会议的有关决议或文件，都纳入或体现了“一带一路”建设的内容。充分依托中国与沿线国家和地区之间既有的双多边合作机制，努力寻求“一带一路”倡议与沿线国家和国际组织的战略对接、规划对接和平台对接，遵循整体推进（面）和重点突破（点）相结合的推进节奏，从利

---

①　安蓓.“一带一路”签署百份国际合作文件[N].人民日报海外版，2017-12-25.

益共同体到命运共同体，从事务对接到理念相通，“一带一路”重大项目的推进正不断夯实中国与相关国家共同构建人类命运共同体的政治互信基础。

另一方面，设施联通为构建人类命运共同体构筑了坚实的物质载体。多年来，在“六廊六路多国多港”框架下，以重点国家、重点项目为突破口，中国与沿线国家的设施联通进一步加速，包括公路、铁路、油气管道、港口、电网、光缆、航空在内的各种跨境基础设施正在成为“一带一路”建设最具有实质性的载体。通过设施联通，为发展中国家改善民生，直接惠及各国居民；通过为沿线国家改善经贸、投资、产业环境，助推相关国家的经济发展；通过为相关国家创造新的经贸投资机会，为全球经济复苏贡献力量。这些具有区域和国际公共产品功能的基础设施，为人类命运共同体建设构筑了坚实的物质基础。

同时，贸易畅通为构建人类命运共同体扩展利益交集。来自商务部的数据显示，2014～2017年，中国同“一带一路”沿线国家的贸易总额超过4万亿美元[①]，占同期外贸总额的1/4以上。截至2017年年底，中国企业在24个沿线国家合作建立初具规模的合作区75个，入区企业3879家，累计投资254.5亿美元，上缴东道国税费超过16.8亿美元，为当地创造21.9万个就业岗位。[②] 可以说，“一带一路”的贸易畅通为中国与沿线国家从利益共同体迈向命运共同体创造了条件，也刺激了资金融通的需求。自2013年以来，中国与“一带一路”沿线国家及有关机构开展了多种形式的金融合作。金融合作机制的强化、新型合作平台和创新融资机制的构建、金融机构及金融市场的合作、本币互换与跨境结算的扩大、金融监管合作的加强等，为全球金融治理体系提供了重要的公共产品。

更重要的是，民心相通为构建人类命运共同体铸就了宽厚且长久的民心基础。“一带一路”建设也为民众友好交往和商贸、文化、教育、旅游等活动带来了便利和机遇。几年来，中国与相关国家在文化、教育、艺术、旅游、体

① 金辉.商务部政策研究室主任沈丹阳：“一带一路”新起点要有新重点[N].经济参考报，2018-04-11.

② 商务部：在建99个境外经贸合作区八成在亚欧　东部地区企业投资建设38个[N].21世纪经济报道，2018-01-29.

育、卫生、妇女、青年、智库、科技、环保等各领域的交流频繁。可以说，“一带一路”相关国家间的人文交流合作，推动了文明互学互鉴，使人类命运共同体的理念得以通过普通人的实践成为日常生活智慧的一部分。

总之，“一带一路”国际合作是实践构建人类命运共同体理念的平台，也是通向人类命运共同体的重要桥梁和纽带，而构建人类命运共同体的宏伟目标也赋予了“一带一路”倡议以高度的历史使命感。“一带一路”倡议植根于历史，但面向未来；源自中国，但属于世界。“一带一路”建设继承了古丝路精神，其初衷和最高目标正是构建人类命运共同体。

七、结语：作为全球治理中国方案的人类命运共同体

“大道之行也，天下为公。”构建人类命运共同体理念的提出，是中国共产党人坚持马克思主义唯物史观，创造性继承并在实践中超越了中国优秀传统文化后的智慧结晶。人类命运共同体理念是习近平新时代中国特色社会主义思想的重要组成部分，它充分表明中国将坚定不移地维护好国家主权和民族尊严，坚定不移站在国际正义和人类进步一边，坚定不移做世界和平的建设者、全球发展的贡献者、国际秩序的维护者的坚定决心。作为全球治理中国方案的人类命运共同体理念，正在国际合作中赢得越来越多有识之士的理解与认同。历史终将证明，中华民族应该而且能够为人类发展作出更大的贡献。

第十三讲　互鉴与融通：新时代中华优秀传统文化传播的探索与创新

文化是民族生存和发展的重要力量，人类的每一次变革无不伴随着文化的传承、发展与进步。中华优秀传统文化是中华民族的“根”和“魂”，是中华文明发展进步的精神力量。习近平总书记高度重视中华优秀传统文化，并将其作为治国理政的重要思想文化资源，他指出：“中华优秀传统文化是中华民族的突出优势，是我们最深厚的文化软实力……中华民族创造了源远流长的中华文化，中华民族也一定能够创造出中华文化新的辉煌。”① 中华优秀传统文化的传承与弘扬、转化与创新，既是坚定文化自信的内生动力，也是建设社会主义文化强国的精神标识。然而，在媒介化社会中，谁具备了较强的传播能力，谁就获得传播的主动。因此，新时代中华优秀传统文化的传承与弘扬、转化与发展需要坚持正确方向，高度重视传播手段建设和创新，唯此才能实现传播的互鉴与创新融通。

一、新时代对外传播思想与“文明交流互鉴”新文明观

随着中国综合国力的快速提升，中国与世界的关系正在发生着深刻的变化。如何科学有效地向世界讲述中国，掌握国际话语权，提升国家影响力，将成为新时代中国对外传播的新任务。党的十八大、十九大以来，以习近平同志

---

① 习近平. 习近平谈治国理政[M]. 北京：外文出版社，2014：155-156.

为核心的党中央深刻洞察人类前途命运和时代发展趋势，准确把握中国与世界关系的战略走向，在对外传播方面形成了一系列新思想、新战略，其中，“文明交流互鉴”作为“构建人类命运共同体”的重要内涵已经成为国际社会的共识。

（一）开放包容是中华优秀传统文化的思想内核和生成逻辑

2014 年 3 月，习近平主席对联合国教科文组织进行了历史性访问，在发表的重要演讲中指出：“第一，文明是多彩的，人类文明因多样才有交流互鉴的价值。”“第二，文明是平等的，人类文明因平等才有交流互鉴的前提。”“第三，文明是包容的，人类文明因包容才有交流互鉴的动力。”“文明因交流而多彩，文明因互鉴而丰富。文明交流互鉴，是推动人类文明进步和世界和平发展的重要动力。”2015 年 3 月，在博鳌亚洲论坛 2015 年年会上，习近平主席再次指出，“不同文明没有优劣之分，只有特色之别。要促进不同文明不同发展模式交流对话，在竞争比较中取长补短，在交流互鉴中共同发展，让文明交流互鉴成为增进各国人民友谊的桥梁、推动人类社会进步的动力、维护世界和平的纽带”。习近平同志提出的关于“文明交流互鉴”的新文明观，既体现了中华优秀传统文化开放包容的思想特质，也融通了东西方智慧、新时代中国对外传播思想的重要内容。

开放包容既是中华优秀传统文化的思想内核，也是中华优秀传统文化的生成逻辑。回顾历史，5000 多年博大精深的中华文化积淀着中华民族最深沉的精神追求，包含着中华民族最根本的精神基因，这是中华传统文化在与外来文明交流、互鉴、融合中不断丰富发展的结果，既有中国本土的民族文明，也有与其他文明不断包容互鉴而形成的世界文明。西汉张骞出使西域后，西方商旅纷至沓来，中国的丝绸与西方的物品进行交换，既传播了中华文化，也吸纳了西域的文明成果。唐代对外交流更为频繁、活跃，当时唐都长安聚集了数十个国家的使节、商旅、留学生等人群。随着明代郑和下西洋，中华文化的交流延伸到非洲东海岸，互通有无、互学互鉴、开放包容、合作共赢，既改变了人们的生产、生活方式，也促进了世界文明的交流、融通。佛教东传后，形成以禅宗为代表的中国化的佛教，儒、释、道互补。历史上，开放包容的丝绸之路，开启了东西方文明的钥匙，连接了世界文明；如今，“一带一路”更是秉承开放包容的精神，与各国紧密联系，包容互鉴、共同发展。

（二）习近平的新文明观是对中华优秀传统文化开放包容思想的转化创新

时代在不断向前发展，中华优秀传统文化在秉承开放包容思想的同时也需要与时俱进，处理好继承和创造性发展的关系，实现中华文化的创造性转化和创新性发展。在新的时代条件下，习近平同志提出了“一带一路”倡议，这是一个跨越时空的宏伟构想，它从历史的丝绸之路走来，顺应时代发展大势，承载着沿途各国发展繁荣的梦想，赋予古代丝绸之路以新的时代内涵。“一带一路”倡议，主张文明宽容，尊重各国发展道路和模式的选择，促进不同文明之间的对话，求同存异、兼容并蓄、和平共处、共生共荣。“一带一路”，是一条互尊互信之路，一条合作共赢之路，一条文明互鉴之路。只要沿线各国和衷共济、同向而行，就能把沿线各国人民的梦想融通起来，谱写“一带一路”的新篇章；只要沿线不同文明加强交流互鉴，就能再续人类文明整体的辉煌灿烂。习近平同志提出：要讲清楚每个国家和民族的历史传统、文化积淀、基本国情不同，其发展道路必然有着自己的特色；讲清楚中华文化积淀着中华民族最深沉的精神追求，是中华民族生生不息、发展壮大的丰厚滋养；讲清楚中华优秀传统文化是中华民族的突出优势，是我们最深厚的文化软实力；讲清楚中国特色社会主义植根于中华文化沃土、反映中国人民意愿、适应中国和时代发展进步要求，有着深厚历史渊源和广泛现实基础。

中华优秀传统文化是中华民族的“根”和“魂”，是中华文明发展进步的精神力量。习近平同志在纪念孔子诞辰 2565 周年国际学术研讨会暨国际儒学联合会第五届会员大会开幕会上的讲话中指出：“儒家思想同中华民族形成和发展过程中所产生的其他思想文化一道，记载了中华民族自古以来在建设家园的奋斗中开展的精神活动、进行的理性思维、创造的文化成果，反映了中华民族的精神追求，是中华民族生生不息、发展壮大的重要滋养。中华文明，不仅对中国发展产生了深刻影响，而且对人类文明进步作出了重大贡献。”因此，习近平同志高度重视以儒家文化为重要内容的中华优秀传统文化，重视其在文明交流互鉴中的重要作用，他反复强调：结合新的时代条件传承和弘扬好中华优秀传统文化。因此，文化的传承与弘扬、互鉴与融通都离不开新时代传播的探索与创新。

二、中华优秀传统文化传播在新时代面临的新挑战

互联网时代，谁具备战略高效的传播能力、科学有效的传播方法，谁的思想文化和价值观念就能产生更广泛、更有效、更深远的传播力、引导力、影响力。互联网技术的迅猛发展、中国综合国力的整体提升以及复杂环境之下的国内外舆论，成为我国新时代中华优秀传统文化传播探索创新面临的新挑战。

（一）移动网络传播的新生态

“‘互联网’作为以信息技术为中心的新传播科技，不仅改变了信息的传播，网民之间的沟通，也重塑了现代社会的结构和社会关系。”① 以报纸、广播、电视为主体的传统媒体由于自身传播技术的限制和媒介的规制，可以在较大的空间内进行限定，实现对内传播与对外传播的差异化管理。但是，以互联网为主体的新媒体技术变革了以往的技术，突破了时间与空间的界限，推进了信息传递的深度和广度，原本封闭或半封闭的内部环境已经变得内外互通互联，网民可以通过多种渠道直接获取跨国界的信息。以移动互联网为基础的网络传播不仅是一种媒介形态，更是一种信息场域和媒介生态，共同构成了网络传播的新语境。因此，在新一轮的技术信息传播竞争中，信息资源丰富、传播技术先进和能够实现精准信息传递的国家将占据先机。

（二）重塑大国形象的新战略

中国的GDP已经跻身世界第二位，尽管我国的经济实力和国际地位不断提升，中国的国家形象和传播影响力却没有像GDP那样快速增长。一方面，这里既有我们自身的问题，如埃及神庙“到此一游”事件。在互联网时代，每一位中国公民都是国家形象的传播者，每一位网民向世界讲述自己的故事就是在讲中国故事。另一方面，也存在中国崛起过程中境外媒体出于不同利益而采取的报道

---

① 刘新传，等. 语境、演进、范式：网络研究的想象力[J]. 新闻大学，2018(6).

“框架”。中国在“一带一路”倡议下，越来越多的地方政府、企业组织走出去，迫切需要新的传播战略，重塑新崛起的大国形象。中华传统文化中丰富的哲学思想、人文精神、教化思想、道德理念等，也蕴藏着解决当代人类面临的难题的重要启示，文明交流互鉴，是推动人类文明进步和世界和平发展的重要动力。

（三）统合多元主体的新思维

在当前互联网众声喧哗、媒介融合的时代背景之下，需要多方主体共同作用的合力，在相关部门共同构成的统一系统内锁定目标、相互配合、言行一致，从而发挥最优的传播效果。例如，在“9·11”事件发生后，美国面对日益严峻的舆论环境，在发动反恐行动后同时进行战略传播，向国内外的受众传递反恐行动针对所有恐怖主义活动的信息。他们通过信息宣传，希望其他国家在行动上配合美国，从而有利于实现美国自身的战略目标。因此，国内外良好的舆论环境对事件的处置具有重要的作用，这些都依赖于战略传播在协调多元主体、整合信息方面的沟通效果。面对中国转型期风险社会的来临，突发性事件的频次已经逐步从偶然向高发扩展，统合多元主体的新的传播思维显得愈加重要。

三、新文明观与共同体的传播探索

（一）从“文明交流互鉴”到“构建人类命运共同体”的中国智慧与世界共识

从2014年3月习近平同志提出的“文明交流互鉴”，到习近平同志在党的十九大报告中明确提出“推动构建人类命运共同体”，并将其列为新时代中国特色社会主义发展的基本方略之一，联合国决议也频频写入“构建人类命运共同体”的相关内容，彰显了中国智慧对全球治理的贡献，形成了世界共识，同时也展现出中国建设美好世界的决心与担当。习近平主席于2017年1月18日在联合国日内瓦总部发表了题为《共同构建人类命运共同体》的主旨演讲，他结合中国哲学、中国理念、中国实践，从伙伴关系、安全格局、经济发展、文明交流、生态建设等五个方面，深刻、全面、系统阐述人类命运共同体理念，认为构建人类命运共同体应该包括以下五个方面的内容：第一，坚持对话协商，建设一个持久和平的世界。第二，坚持共建共享，建设一个普遍安全的世界。第三，坚持合作共赢，建设一个共同繁荣的世界。第四，坚持交流互鉴，建设一个开放包容的世界。第五，坚持绿色低碳，建设一个清洁美丽的世界。这五个方面构成了人类命运共同体的主要维度，即和平、安全、发展、包容、环保。[①] 这五个维度是中国在吸收借鉴自身传统思想资源后，提出的引领当代世界潮流的新世界主义的理念与话语，是中国崛起过程中的一种内在要求和外在呈现。[②] 人类命运共同体的构建需要在全世界范围内推广这五个维度，力争使全世界更多的人接受并认同这五个主要维度。在此基础上，全世界人民才有可能更紧密地联系在一起，从而形成真正意义上的命运共同体。

（二）“共同体”传播的发展演进与优秀传统文化传播

人类命运共同体作为一个全新提出的概念，虽然在以往的学术研究中涉及比较少，但在新闻传播学的文献中，有关“共同体”的研究，特别是关于“媒介与共同体”之间关系的研究已有相当长的历史。早在20世纪初期，芝加哥学派就指出了报刊对城市社区中身份形成的作用[③]；随着20世纪30年代广播的出现，50年代电视的出现以及近年来人们对互联网和手机的大量使用，“共同体”被广泛讨论。一般认为，媒介技术的出现瓦解了传统的礼俗共同体，同时创造了现代性的新型共同体。现代共同体围绕城市、国家和全球组织而形成[④]，拥有大量的参与者[⑤]。依靠媒介技术，生活在不同地理位置的人们得以跨越时空来重组他们的关系，并参与到本地的、国家的、全球的多种共同体之中。人们逐渐形成了对共同体的归属感并构建起各自的身份认同，包括本地、国家以及世界的。人们对共同体的认同首先以其群体成员身份为基础，同时强

① 邵培仁.作为全球战略和现实考量的新世界主义[J].当代传播，2017(3).

② 荆学民.国际政治传播中政治文明的共振机制及中国战略[J].国际新闻界，2015(8).

③ 帕克.移民报刊及其控制[M].陈静静，展江，译.北京：中国人民大学出版社，2011.

④ 安东尼·吉登斯.现代性的后果[M].田禾，译.南京：译林出版社，2000.

⑤ 汤林森.文化帝国主义[M].冯建三，译.上海：上海人民出版社，1999.

调与该身份相关的价值观和情感①。共同体认同通常是一种认知协议，这种协议以群体共享的属性、价值观和经验作为基础。来自同一群体的人们更有可能以相同方式行事，并以整个群体的视角来看待事物。媒介在构建共同体认同中扮演了重要角色。一方面，媒介强化了群体的独特性，也为其他人提供了参考，通过对抗另一群体，某一群体的形象得以构建起来；另一方面，人们主动在媒体上寻找可以增强其群体身份的信息，尤其是那些能将他们与其他群体区别开来的有利信息。

在诸多群体认同中，国家共同体的认同最为重要，也是研究最多的领域。国家共同体的观念来自于安德森想象中的共同体②。该观点认为，国家共同体由人们的想象构筑而成并由共同的文化实践活动紧紧连接在一起，这些文化实践活动主要由政治机构利用大众传播系统发起和组织。在这些活动中，人们逐渐形成对国家共同体的归属感。经典文献反复指出，媒介在国家建构过程中发挥关键作用。安德森认为，印刷技术促进了近代欧洲民族主义的兴起。国家的观念是人们通过想象自己与其他民众一同参与每天的报纸阅读仪式而形成的。在电子媒介上，一系列研究表明，电视和广播常常被用于塑造国家意识，呈现国家利益，保护国家语言和文化③。除了媒体的构建作用外，Madianou 指出对国家共同体的认同还普遍根植于民众的日常生活中，经由普通人的言行构建④。Billig 关注普通人对于国家的日常讨论⑤，发现这些讨论往往包含某种固有的语言习惯，如日常使用的“我们”“你们”“他们”“我国”“外国”等。日常交谈最终不断增强人们的国家归属感并在潜移默化中发挥作用。随着全球化的不断深入，麦克卢汉提出的“地球村”概念逐渐变为现实，人们越来越清晰

---

① Tajfel，H. *Human Groups and Social Categories*[M]. Cambridge：Cambridge University Press，1981.

② 安德森. 想象的共同体——民族主义的起源与散布[M]. 吴叡人，译. 上海：上海人民出版社，2003.

③ 波斯特. 福柯、马克思主义与历史生产方式与信息方式[M]. 张金鹏，译. 南京：南京大学出版社，2015.

④ Madianou，M. *Meditating the Nation：News，Audiences and the Politics of Identity*[M]. London：UCL Press，2005.

⑤ Billig，M. *Banal Nationalism*[M]. London：Sage Publications，1995.

地意识到一个世界范围内的人类共同体的存在与意义，新世界主义的思潮应运而生[①]。以互联网为代表的新媒介技术对世界共同体的形成起到了至关重要的作用。从其诞生时起，互联网就一直被视为促进全球化的重要工具[②]。互联网使全球传播变得更加流行，它不仅为人们享受更多的服务和产品创造了机会，同时还根据跨国流通的文化产品塑造了一种全球身份意识。

四、优秀传统文化转化创新的传播策略

习近平同志指出：传承和弘扬传统文化的思想精华，要讲清楚中华优秀传统文化的历史渊源、发展脉络、基本走向，讲清楚中华文化的独特创造、价值理念、鲜明特色，增强文化自信和价值观自信。面对新时代、新挑战，从传播学的视角来看，优秀传统文化转化创新的传播应主要以受众为核心，综合互通现代情景、共通国际话语、融通情感体验和贯通网络思维的“四通”视角，这样才能达到互鉴与融通的效果。

（一）优秀传统文化传播与互通现代情景结合

“以信息技术为中心的技术革命，正在加速重塑我们的社会和世界。”[③] 优秀传统文化的内容若想穿越时空获得网络时代人们的接受与认同，需要与现代生活情景互通，尤其需要用现代影像叙事情景讲述中华优秀传统文化故事。在“文明交流互鉴”的跨文化传播中，影像类作品因易于接受、观赏性强而具有很大的优势，因此科学有效地运用画面传播是重要的方式。

面对互联网的情景化发展，用画面叙述需要与现代技术相结合，在融合中创新。对于过去的事件，不再只停留在讲述的层面，创作者可以充分利用扮演重现或者三维数字动画技术等手段，以突破时空障碍，使画面结构更形象、生动。优秀传统文化的历史情景与当下现实的生活情景差距较大，这需要在画面

---

① 邵培仁，沈珺．构建基于新世界主义的媒介尺度与传播张力[J]．现代传播．2017(10)．

② 卡斯特利斯．认同的力量[M]．夏铸九，等译．北京：社会科学文献出版社，2003．

③ 刘新传．网络时代国家战略传播的新模式[J]．广西师范学院学报，2016(3)．

的叙述过程中运用新的形式重构历史，以获得较好的传播效果。例如，中央电视台制作的纪录片《故宫》中近80分钟的CG（Computer Graphics）镜头，创造了纪录片中动画创作的新纪录；大型史诗纪录片《圆明园》对中国古建筑进行了最真实的数字化还原，这对于开创纪录片三维特效的制作体系具有里程碑意义。另外，影像在画面叙述的过程中，应注重运用巧设悬念、逐层深入等重要的叙事策略。纪录影像画面讲求客观真实，但是真实的呈现需要吸引观众的兴趣点，避免因为观众的审美疲劳而降低其传播效果。西方纪录片的表达通常比较深入，而中国的纪录片则比较注重传达资讯，致使中国传统的纪录影像难以满足国际化受众的审美需要。这在“文明交流互鉴”的跨文化传播中将会产生“文化折扣”①。因此，在纪录影像的叙述中贯穿悬念、设置兴奋点，一步步地揭开谜底，在“考验”观众智力的过程中让观众逐步完成对纪录影像的欣赏，效果极佳。例如，在东西方主流媒体都获得好评的《西藏一年》从开篇便设置悬念，展现八位普通的藏族人在西藏生活的曲折经历。刘新传主创的在2007卡塔尔国际电影节获奖的作品《油菜花开》也是采用三个悬念进行了巧妙设置。

（二）优秀传统文化传播与共通国际话语结合

话语是优秀传统文化传播的重要载体。程曼丽教授认为：“从话语理论的角度讲，话语是一种权力，是对社会认知与行为进行引导和规范的力量。历史经验告诉我们，谁拥有话语权，谁就拥有了主导舆论、影响大众的权力；反之则会被主导、被影响。话语来源于社会生产生活，又具有某种建构性。……人类历史的本质，就是通过权力斗争生成知识，进而建构知识体系和话语体系。从这个意义上说，话语和权力是相辅相成的，权力使话语具有了合法性，话语使权力具有了合理性。”② 因此，用共通的国际话语讲述中华优秀传统文化中的民族故事是创新转化的重要探索。

---

① 刘新传.“文化贴现”与中国纪录片的出路[J].当代传播，2011(1).

② 程曼丽.融通中外——从话语追赶到话语超越[EB/OL].(2016-04-07).http://news.xinhuanet.com/politics/2016－04/07/c_128872602.htm.

具体而言，主要是探索如何用西方语言风格讲述中华优秀传统文化故事。此处的西方语言风格与西方的思维方式紧密结合，尤其是图片、纪录片的影像传播在优秀传统文化的表达和传播方面具有天然的优势，在影像传播的运用方面，具体表现为多机位、过程式、开放性、全景式的纪录方式。纪录片《西藏一年》就是很好的佐证。在这部作品中，创作者采用开放的空间，在饭馆里与当地人的交流完全是开放式的，可进可出，增强了纪录的真实性。过程式的纪录体现在时间的长度上，《西藏一年》的巨大价值在于，它是迄今为止唯一获得中国政府许可在西藏拍摄期长达一年的纪录片。此前，没有任何电视机构或导演获得过这么长时间的拍摄许可。这给它过程式的纪录提供了极好的平台。同时，纪录片的力量也正是在时间的长度中获得了历史与真实的张力。比如，笔者主创的纪录片《躁动》也是采取全景记录仪式化事件，摄像机多方位、全视角地记录下捕捞海蜇的整个过程，展示万名渔民的群体肖像，使中西方元素在融合中创新。再如运用了大量“画面表意”的《唐山地震三十年祭》等，这些纪录片都反映了中西融合已经逐渐成为一种趋势。此外，可以加快画面的叙述节奏以满足信息量高效传播的要求，如美国探索频道制作的《北京三大奇观》系列纪录片都是采用快节奏的叙述方式。

（三）优秀传统文化传播与融通情感体验结合

传承和弘扬传统文化的思想精华需要在历史、脉络、走向、创造、理念等方面讲好、传播好，这就需要融通古今中西受众的个体情感，从而产生共鸣与共情效应。社交媒体使得人们对于一些正在发生的事情形成参与感，这种参与的经历促成了主人公意识，引发情感。① 因此，需要挖掘优秀传统文化中人性、人情的主题和内容，而非概念化、模式化的内容，进行展现与传播。《西藏一年》虽然只重点记录了八位藏族人的普通生活，但是将他们生活的喜怒哀乐、人性的真善美真实展现在观众面前。美国探索频道的自然类纪录片把动物的快乐、悲伤以及动物之间的竞争与情感展现于观众面前，引人入胜、广受好评。

此外，还需要融入娱乐化元素。优秀传统文化融通情感体验的传播并不排

① 卢嘉，等. 社交媒体公共讨论中理智与情感的传播机制[J]. 现代传播，2017(2).

除娱乐，人们在阐述与传播的过程中通过娱乐方式可以让受众有更好的情感体验，从而提升传播的深度与广度。在影像传播中，纪录片被大众认为是较为严肃的体裁，但是历史证明，人在被优秀的纪录片中的真实所震撼的同时也会被片中的趣味深深吸引，两者相互融合、相得益彰。例如，在《西藏一年》中，白驹寺年龄最小的僧人（次平）做事毛手毛脚，次成喇嘛对他很不放心，导演就会如实地记录他做事的细节，让观众在捧腹中感受了作品真实性的张力。美国国家地理频道常务副总裁史博恩说：纪录片在西方本身就是“娱乐”工业的一部分，因此纪录片必须用娱乐化方式去制作才有可能抢到一些市场。我们也制作了大量的历史类纪录片，历史类纪录片也必须融入娱乐因素，这样才能让历史变得“鲜活”。可见，面对激烈的电视节目竞争，纪录片如果缺少娱乐化的元素，很难打入国际市场。探索亚洲电视网制作总监维克兰·夏纳在给中国纪录片把脉时谈道：中国纪录片虽然在拍摄的角度、人物感情和细节的表达上有独到之处，但往往只是思想性强、故事性弱、节奏缓慢，观赏性比较差，很难迅速吸引观众，因此也就难以进入世界市场。面对全球化影视作品的激烈竞争，中国纪录片只有学会用国际化语言讲述民族故事，才能在这样一个多元融合的时代胜出。

（四）优秀传统文化传播与贯通网络思维结合

资深新媒体人士罗伯特·斯考伯与谢尔·伊斯雷尔指出：大数据、移动设备、社交媒体、传感器、定位系统五种原力正在改变人们作为消费者的体验。[①] 这种即将到来或已经到来的场景是网络时代人们不同于以往获取信息方式的重要转变，主要表现为移动化、社交化、智能化三个显著特征。根据艾媒咨询的数据报告显示：网民已经在移动互联开放的情景下使用更多的时间消费日常信息。其中，22.6％的人是在用餐时，39.3％的人会在搭乘交通工具时，40.5％的人会在白天休息时……，不同空间的媒介使用已经成为移动互联网的主要特征。2018 年皮尤报告显示：95％的美国青少年通过智能手机使用脸书

① 罗伯特·斯考伯，谢尔·伊斯雷尔．即将到来的场景时代［M］．赵乾坤，周宝曜，译．北京：北京联合出版公司，2014．

等社交软件，并且45%持续在线。中国互联网研究中心2018年的数据显示：我国手机网民规模达7.53亿，占上网人数的97.5%。2017年12月的《中国社交应用用户行为研究报告》也显示：即时通信工具发展到现在，不再是一个单纯的聊天工具，它已经发展成集交流、资讯、娱乐、搜索、电子商务、办公协作和企业客户服务等为一体的综合化信息平台，分别有92.6%、87%的人使用微信、QQ，而在典型社交应用中，微信朋友圈、QQ空间、新浪微博均属综合社交应用，使用率分别为85.8%、67.8%、37.1%。使用互联网和手机以及对于数字媒体的使用模式会影响到个体对自己社会地位的认知。[①] 同时，基于人物特征、内容特征和环境特征的人工智能算法分发技术已经被广泛应用到网络信息传播中。因此，优秀传统文化需要贯通移动化、社交化、智能化的网络思维。

传统文化“千人传承”计划，充分利用创新AI技术手段，结合人物抠图技术、Slam和3D渲染技术让千年文物“活过来”。尤其是虚拟全景博物馆，让人们足不出户逛文物，通过视觉、听觉等众多感觉元素深度体验优秀传统文化的魅力。这些信息在国内快速传播的过程中，通过软件平台TicTok、Musical.ly等同时在海外上线，一周内获得国内外累计超过2亿的浏览量，总点赞量超过1400万。因此，贯通网络思维与优秀传统文化传播的巧妙结合将产生巨大的影响力和引导力。

五、小结与启示

环顾世界，随着全球化的深入发展，不同的文明无论是在广度还是深度上都获得了巨大的发展，但如何避免“文明的冲突”已经成为当今新的时代课题。古老的东方文明在5000多年连绵不绝的传承中不断向前发展，优秀传统文化转化创新的传播主要以受众为核心，综合互通现代情景、共通国际话语、融通情感体验和贯通网络思维的“四通”维度，通过互鉴方式，增信释疑、凝心聚力，最终期待实现融通，并带来新的启示。

---

① 曾国华，等. 社交媒体地理偏好的传播机制实证研究［J］. 现代传播，2018(6).

第十四讲　根植于中华优秀传统文化，讲好新时代中国故事

2013年，习近平在全国宣传思想工作会议上指出，要精心做好对外宣传工作，创新对外宣传方式，着力打造融通中外的新概念新范畴新表述，讲好中国故事，传播好中国声音。此后，习近平总书记在众多场合多次就“讲好中国故事，传播好中国声音”作进一步阐述。党的十九大报告进一步提出，“要推进国际传播能力建设，讲好中国故事，展现真实、立体、全面的中国，提高国家文化软实力”。讲好中国故事，是习近平关于新闻舆论和对外传播的重要论述，是新时代统筹国内宣传和国际传播的重要任务。讲好中国故事，习近平总书记本人既是倡导者，也是践行者。党的十八大以来，习近平在国际国内众多场合讲述的中国故事，已经引起国际舆论的广泛关注和高度认同，树立起讲好中国故事的典范。习近平讲述中国故事的一大特色是善于运用中华优秀传统文化，这是他深厚文化底蕴的自然展现，更是他坚定文化自信的深沉寄托。学习贯彻习近平总书记根植于中华优秀传统文化讲好中国故事的理论和实践，对于做好新时代对外传播工作、提升中国文化软实力，具有重要意义。

一、旨意遥深：根植于优秀传统文化讲好中国故事的逻辑内蕴

讲故事是文化传播传承的重要方式，“民间故事、传说和神话涵盖了文化

的各个方面，成为传承文化的有力工具”[1]。无论西方还是东方，每一种文化的源头总是与瑰丽生动的神话传说、民间故事相伴随，每一种文化的传承总是在一代代的故事讲述中历久弥新。讲故事也是新闻传播的重要方式，特别是20世纪六七十年代以来，新闻生产加入人文社会科学的“叙事转向（narrative turn）”潮流，通过讲故事的方式和文学手法的运用，推进了新闻文体的创新，并在互联网情境下孕育生发着新的数字新闻美学。

习近平总书记的“讲故事”命题远远超越了叙事或文体的范畴。站在提升国家文化软实力的时代要求和全球性文化交流互鉴的高度，习近平总书记思接千载、视通万里，赋予“讲故事”这一古老的传统以全新的含义，使其成为推动中华优秀传统文化与世界各国各民族文化交流融合熔铸人类命运共同体的重要路径。

（一）讲好中国故事是习近平关于新闻舆论重要论述时代性、原创性的重要体现

党的新闻舆论工作是党和人民群众联系的桥梁和纽带，是治国理政、定国安邦的大事。习近平总书记高度重视新闻舆论工作，从2013年8月19日出席全国宣传思想工作会议发表重要讲话，到2016年2月19日在北京主持召开党的新闻舆论工作座谈会并发表重要讲话，再到党的十九大概括、阐述新时代中国特色社会主义思想，习近平总书记对新时代党的新闻舆论工作的历史方位、职责使命、方针原则等重大理论和实践问题，提出了一系列富有创见的新观点、新论断、新要求，形成了完整科学的思想体系。

1. 习近平关于新闻舆论重要论述的科学内涵

习近平关于新闻舆论的重要论述融根本性、战略性、全局性于一体，其主体内容可以大致分为如下三个方面：

一是强基固本的新论断。这个方面的内容，主要包括党的新闻舆论工作的“五个事关”战略定位论、“48个字”职责使命论、党性人民性统一论、正面宣传为主论等。习近平总书记指出：“做好党的新闻舆论工作，事关旗帜和道路，

---

[1] 拉里·A．萨默瓦，等．跨文化传播[M]．6版．闵惠泉，等译．北京：中国人民大学出版社，2013：18.

事关贯彻落实党的理论和路线方针政策，事关顺利推进党和国家各项事业，事关全党全国各族人民凝聚力和向心力，事关党和国家前途命运。”“五个事关”深刻论述了新时代舆论工作的极端重要性。习近平总书记提出的新闻舆论工作“48个字”的职责使命是“高举旗帜、引领导向，围绕中心、服务大局，团结人民、鼓舞士气，成风化人、凝心聚力，澄清谬误、明辨是非，联接中外、沟通世界”，为新时代新闻舆论战线履职尽责指明了方向。承担起这个职责与使命，必须把政治方向摆在第一位，牢牢坚持党性原则，坚持党性和人民性的统一，坚持以人民为中心的工作导向，坚持正确的舆论导向，坚持正面宣传为主，凝聚社会共识，奏响奋进凯歌。所有这一切，都是围绕新闻舆论工作大本大原作出的根本性论断，为新时代把握、定位和做好新闻舆论工作提供了基本遵循。

二是创新为要的新战略。“明者因时而变，智者随时而制。”习近平关于新闻舆论的重要论述具有鲜明的马克思主义理论品格，具有鲜明的时代特征，是面向新时代的新表述、新战略。这方面的主要内容包括网络舆论阵地论、舆论引导时度效论、网络空间治理论、增强国际话语权论等。习近平总书记高度重视互联网环境下新闻舆论工作的新场域、新形态、新趋势，强调要过好互联网这一关，要管好互联网、用好互联网，加强网络舆论引导，把握好舆论引导的时、度、效，营造风清气正的网络舆论空间。要加快形成法律规范、行政监管、行业自律、技术保障、公众监督、社会教育相结合的互联网管理体系。要推进国际传播体系和传播能力建设，提高国家文化软实力。所有这一切，都是立足时代发展要求作出的战略性判断，为新时代把握、定位和做好新闻舆论工作提供了战略指引。

三是统揽全局的新要求。这方面的内容主要包括媒介融合发展论、国际传播能力建设论、善用善管媒体论等。坚持“创新为要”，习近平总书记提出了包括理念、内容、体裁、形式、方法、手段、业态、体制、机制等“九个领域创新”和理念创新、手段创新、基层工作创新“三个重点创新”，特别强调“对新媒体，我们不能停留在管控上，必须参与进去、深入进入、运用起来”，强调“融合发展关键在融为一体、合而为一”，要“着力打造一批新型主流媒体”①；强调“各级党委要自觉承担起政治责任和领导责任，主动谋划本地区本部门新闻舆论工作”，“党委主要负责同志要定期听取新闻舆论工作汇报，对重要工作靠前指挥，对重要稿件亲自把关，在重要关头加强对媒体的指导调控”②，既要善管媒体，也要善用媒体，“要增强同新闻媒体打交道的能力，善于运用媒体宣讲政策主张、了解社情民意、发现矛盾问题、引导社会情绪、动员人民群众、推动实际工作”③。所有这一切，都是习近平总书记“从信息传播的新变化中审视新闻舆论工作，从传媒变革的新趋势中分析新闻舆论工作，从舆论引导的新挑战中思考新闻舆论工作”④ 作出的全局性部署，为新时代把握、定位和做好新闻舆论工作提供了实践指南。

2. 讲好中国故事是习近平关于新闻舆论重要论述时代性的重要体现

加强国际传播能力建设，讲好中国故事，传播好中国声音，是习近平总书记统揽统筹国内国际两个大局、统筹内宣外宣两大场域作出的战略决断，具有鲜明的时代特征。

讲好中国故事，是党的新闻舆论工作面对时代挑战的坚定回应。长期以来，由于西方在国际传播上的垄断优势和“文化霸权”，我国的对外传播处于“有理说不出”“说了传不开”的境地，导致我国的对外传播存在着信息流出流入的“逆差”、硬实力和软实力的“落差”、中国现实和西方呈现的“反差”。特别是“随着新媒体快速发展，国际国内、线上线下、虚拟现实、体制外体制内等界限愈益模糊，构成了越来越复杂的大舆论场”⑤，西方敌对势力利用网络优势、信息优势，鼓吹西方价值观，制造“中国崩溃论”“中国威胁论”，严重威胁我国的意识形态安全和国家安全。在这种形势下，需要我们讲好中国故

① 中共中央文献研究室. 习近平关于社会主义文化建设论述摘编[M]. 北京：中央文献出版社，2017：46.

② 中共中央文献研究室. 习近平关于社会主义文化建设论述摘编[M]. 北京：中央文献出版社，2017：49.

③ 习近平在党的新闻舆论工作座谈会上强调　坚持正确方向创新方法手段　提高新闻舆论传播力引导力[N]. 人民日报，2016-02-20.

④ 新华通讯社课题组. 习近平新闻舆论思想要论[M]. 北京：新华出版社，2017：序言 6.

⑤ 中共中央文献研究室. 习近平关于社会主义文化建设论述摘编[M]. 北京：中央文献出版社，2017：45.

事，传播好中国声音，增强国际话语权，让世界认识一个真实、立体、生动的中国。

讲好中国故事，是党的新闻舆论工作把握时代机遇的积极选择。中国已经站在世界舞台的聚光灯下，国际社会有着了解中国的强烈需求。从“一带一路”倡议到构建人类命运共同体，人们需要了解中国政策、中国机遇，了解中国经验，了解中国道路背后的文化根基、制度架构和思想体系，特别是习近平新时代中国特色社会主义思想更是国际社会关注研究的重心，形势需要我们把握好机遇，讲好中国故事，向世界分享中国经验、中国智慧、中国方案、中国精神，为人类社会的发展进步贡献中国力量。

正是在这样的一个新的时空背景下，习近平总书记撷取“讲故事”的古老传统，着力开掘其国家形象传播、价值理念传播的丰富潜能，使其由一个文体的概念转换成一种新的传播范式。

（二）讲好中国故事是新时代做好对外传播工作的最佳方式

习近平总书记指出，“讲故事，是国际传播的最佳方式”，“讲故事就是讲事实、讲形象、讲情感、讲道理，讲事实才能说服人，讲形象才能打动人，讲情感才能感染人，讲道理才能影响人”。[①] 讲故事是一种艺术化的传播方式，故事中具体真实的个案，戏剧性、冲突性的情节，丰沛的情感力量和对人性、道德力量的展现与呼唤，以及平等、亲切的讲述方式，让人愿听爱听、听有所得、听有所悟。特别是在国际传播中，讲故事是跨越政治边界、文化差异、社会区隔的有效方式，是增强话语传播力、感召力和影响力的有力手段。

故事是一个综合的传播载体，故事中不仅包含着信息，更展现着形象，蕴含着话语和价值观念。习近平总书记一再强调要精炼故事载体、创新话语方式，展现真实、立体、全面的中国，提升国家文化软实力。由此，讲故事被赋予信息、形象、价值等多重传播功能。

讲好中国故事，传播好中国实践。习近平总书记指出，我们有本事做好中

---

① 中共中央文献研究室. 习近平关于社会主义文化建设论述摘编[M]. 北京：中央文献出版社，2017：212.

国的事情，也应该有能力讲好中国的故事，“要讲好中国特色社会主义的故事，讲好中国梦的故事，讲好中国人的故事，讲好中华优秀文化的故事，讲好中国和平发展的故事”①。“五个讲好”，涵盖了历史、现实和未来的维度，涵盖了政治、经济、文化、社会、外交等各个方面，目的是解疑释惑，让国际社会全面、客观、理性地看待和认识中国，认识中国的特色社会主义实践和和平发展的道路。

讲好中国故事，传播好中国形象。习近平总书记指出，“要注重塑造我国的国家形象，重点展示中国历史底蕴深厚、各民族多元一体、文化多样和谐的文明大国形象，政治清明、经济发展、文化繁荣、社会稳定、人民团结、山河秀美的东方大国形象，坚持和平发展、促进共同发展、维护国际公平正义、为人类作出贡献的负责任大国形象，对外更加开放、更加具有亲和力、充满希望、充满活力的社会主义大国形象”②，要“展示中国作为世界和平的建设者、全球发展的贡献者、国际秩序的维护者良好形象，为推动建设人类命运共同体作出贡献”③。“四个大国形象”和“三个国际角色”，全方位立体化定位了中国形象，目的是在大国崛起的过程中消除疑虑、偏见和污名化、妖魔化，让当代中国形象在世界上不断树立和闪亮起来。

讲好中国故事，传播好中国价值。习近平总书记指出，话语的背后是思想，是“道”，“要加强对外话语体系建设，用中国理论阐释中国实践，用中国实践升华中国理论，更加鲜明地展现中国思想，更加响亮地提出中国主张”④。中华优秀传统文化中蕴含的价值理念、道德观念，中国人民在民族伟大复兴和中国特色社会主义建设中熔铸的当代价值观念，特别是习近平新时代中国特色社会主义思想，是中国故事的源头、读懂中国的标识，要通过引人入胜的讲述、循循善诱的传播，让中国话语、中国理论、中国思想深入人心，提升国际

---

① 中共中央文献研究室. 习近平关于社会主义文化建设论述摘编[M]. 北京：中央文献出版社，2017：212.

② 中共中央文献研究室. 习近平关于社会主义文化建设论述摘编[M]. 北京：中央文献出版社，2017：202.

③ 习近平致信祝贺中国国际电视台开播[N]. 人民日报，2017-01-01.

④ 中共中央文献研究室. 习近平关于社会主义文化建设论述摘编[M]. 北京：中央文献出版社，2017：213.

话语权。

(三) 中华优秀传统文化是讲好中国故事的丰厚依托

文化是一个国家、一个民族的灵魂。习近平总书记以高度的文化自觉和深沉的历史意识，廓清了一百多年来关于传统文化认识的种种迷雾，揭开了中华优秀传统文化创造性转化、创新性发展的新篇章，指明了中华优秀传统文化在对外传播交流和讲好中国故事中发挥的关键作用。

1. “四个讲清楚”：根植于优秀传统文化讲好中国故事的科学逻辑

习近平总书记指出：“宣传阐释中国特色，要讲清楚每个国家和民族的历史传统、文化积淀、基本国情不同，其发展道路必然有着自己的特色；讲清楚中华文化积淀着中华民族最深沉的精神追求，是中华民族生生不息、发展壮大的丰厚滋养；讲清楚中华优秀传统文化是中华民族的突出优势，是我们最深厚的文化软实力；讲清楚中国特色社会主义植根于中华文化沃土、反映中国人民意愿、适应中国和时代发展进步要求，有着深厚历史渊源和广泛现实基础。”① 讲好中国故事，让世界正确认识中国现实，正确认识中国道路、中国制度、中国理论，需要从中华优秀传统文化入手，因为历史是现实的根源，任何一个国家的今天都来自昨天，只有了解一个国家从哪里来，才能弄懂这个国家未来会往哪里去和不会往哪里去。如果说中国特色社会主义是当代中国的“操作系统”，那么中华优秀传统文化就是其“源代码”，当代中国的故事是在这一源代码的基础上书写、“迭代”的。掌握了中华优秀传统文化，就掌握了打开中国人心灵秘密的一把钥匙。

2. 文化自信：根植于优秀传统文化讲好中国故事的主体意识

讲好中国故事，不仅是指要讲好中国的故事，也是指要按照中国的话语、中国的理论讲好故事，而不是跟在别人的后面亦步亦趋，以西方的理论剪裁中国的现实，做西方话语的“学舌鹦鹉”、西方理论的“搬运工”。习近平总书记一再强调要坚定“四个自信”，强调文化自信是更基础、更广泛、更深厚的自信。讲好中国故事，传播好中国声音，最根本的就是要坚定文化自信，彰显中

---

① 习近平. 习近平谈治国理政[M]. 北京：外文出版社，2014：155-156.

国人的主体性、中国文化的主体性。中华优秀传统文化是中国文化主体性的源头，是文化自信的基础。中华优秀传统文化在长期的融合发展中，不仅本身形成了开放、包容、学习、融合、创新的历史传统，更重要的是中华优秀传统文化中丰富的哲学思想、人文精神、教化思想、道德理念，作为文化基因积淀于中国人的内心，作为历史智慧显现于当代中国的价值体系、理论体系、制度体系，习近平新时代中国特色社会主义思想中的一些标识性理念，如中华民族伟大复兴中国梦、以人民为中心的发展思想、人类命运共同体、正确义利观、"一带一路"倡议等，都具有鲜明的传统文化底色，是立足时代、通览古今的理论升华。因此，根植于中华优秀传统文化讲好中国故事，才能讲出特色、讲出意味、讲出中国人的精神境界。

3. 人类命运共同体：根植于优秀传统文化讲好中国故事的文明进路

与现代新闻业以信息传播为主体功能的大众传播不同，讲故事是一种以情感和联结为主要功能的共同体传播。信息传播是媒介组织面向匿名大众的工具性、功利性传播，讲故事则不仅是信息传播，更是讲述者和受众共同在场的情感交流和文化互动，是联结、扩大共同体的一种文化方式。在国际传播中倡导讲故事，不仅是传播中国，也是中国、中国文化与世界各国各民族主体间的交流与对话，也是联结共建人类命运共同体的一种方式。我们应该站在人类发展的高度，讲好中国故事，把根植于中华优秀传统文化的中国特色社会主义道路、理论、制度、文化成果传播出去，为解决人类问题贡献中国智慧、中国方案，同时加强与世界各民族的文化交流、文明互鉴，共同构建多样性的文化生态，共同服务于以文化人的时代任务，共同开创人类更加美好的未来。

二、文以载道：根植于优秀传统文化讲好中国故事的价值意蕴

习近平总书记是讲好中国故事的倡导者，更是垂范践行者。在治国理政特别是对外交往中，习近平总书记特别善于用中国的历史和文化资源，用一个个具体而生动的故事，讲述中国实践、中国道路，传播中国智慧、中国主张。

（一）习近平讲故事中的中国形象

中国特色社会主义进入新时代，中国已经走到世界舞台的中央。让世界认识一个真实、立体、全面的中国，是新时代对外传播的重要任务，也是习近平讲述中国故事的一条主线。围绕着这一主线，习近平总书记主要讲述了如下几类故事中的中国形象：

一是砥砺奋进故事中的逐梦中国形象。实现中华民族伟大复兴的中国梦是近代以来中华民族的夙愿，中国梦是和平、发展、合作、共赢的梦，与世界各国人民的美好梦想是相通的。在与美国时任总统奥巴马瀛台会晤时，在伦敦金融城市长晚宴上，习近平总书记都通过回顾历史，通过讲述瀛台背后的变法故事①、讲述孙中山先生的英国求学故事②，让世界认识民族复兴中国梦的艰辛求索，认识中国特色社会主义是历史的选择、人民的选择，中国人民要的是更加美好的生活。在欧美同学会成立100周年庆祝大会上的讲话中，习近平总书记缕述从民族资产阶级革命、新民主主义革命到新中国成立前后几代留学生“索我理想之中华”的奋斗故事③，在美国侨界欢迎招待会上讲述华工参与建设美国太平洋铁路的故事④，在秘鲁国会讲述“中华通惠总局”“百年老店”的故事⑤，阐述中国梦是国家梦、民族梦，是海内外中华儿女共同的梦，唤起海外同胞、华人华侨胼手胝足的历史记忆、团结奋斗实现梦想的强大力量。

二是文化和合故事中的文明中国形象。中华优秀传统文化，是中华民族的“根”和“魂”，是中国和平发展的历史基因。习近平总书记对中华优秀传统文化充满自豪，经常向世人讲述优秀传统文化的核心理念，强调中国自古以来即推崇“协和万邦”“亲仁善邻，国之宝也”“四海之内皆兄弟也”“国虽大，好

---

① 人民日报评论部.习近平讲故事[M].北京：人民出版社，2017：325-327.

② 习近平.共倡开放包容　共促和平发展——在伦敦金融城市长晚宴上的演讲[EB/OL].(2015-10-22).人民网，http://politics.people.com.cn/n/2015/1022/c1001-27727382.html.

③ 习近平.在欧美同学会成立100周年庆祝大会上的讲话[EB/OL].(2013-10-22).人民网，http://cpc.people.com.cn/n/2013/1022/c64094-23281641.html.

④ 习近平.在西雅图出席侨界举行的欢迎招待会时的讲话[EB/OL].(2013-09-24).新华网，http:www.xinhuanet.com/world/2015-09/24/c_1116670765.htm.

⑤ 人民日报评论部.习近平讲故事[M].北京：人民出版社，2017：217.

战必亡”的和平思想①，让世界充分认识中国和平发展的历史传统、文化基因。习近平总书记也高度评价人类创造的一切文明精华，如在俄罗斯莫斯科国际关系学院的演讲中讲述自身感受俄罗斯文学的魅力，在美国访问期间讲述自己探访海明威酒吧的故事②，在英国访问期间讲述自己“寻找莎士比亚”的故事③，等等，显现出中国人民开放包容的文化胸怀。在所有的文化故事中，习近平总书记尤其注重讲述中外文化和合融通的故事，如在联合国教科文组织总部的演讲中，习近平总书记花大篇幅讲述了中外文化文明的交流史，讲述了玄奘取经、佛教东传、郑和下西洋等经典故事，以绚烂多彩的历史画卷，阐明了“只有交流互鉴，一种文明才能充满生命力。只要秉持包容精神，就不存在什么‘文明冲突’，就可以实现文明和谐”④。

三是友好交往故事中的情义中国形象。每访问一个国家，每到一个地方，习近平总书记总会深情回顾两国友好交往的历史，总是不忘风雨同舟、相互理解和支持的老朋新友。在俄罗斯莫斯科国际关系学院的演讲中，习近平总书记讲述了苏联英雄来华抗日英勇牺牲和中国母子为其守灵半个多世纪的故事，讲述了中方为别斯兰人质事件中受伤儿童提供康复医疗和俄方符拉迪沃斯托克“海洋”全俄儿童中心精心疗养汶川地震灾区中国儿童的故事⑤，展现了两国人民患难与共、灾难相恤的深情厚谊。在巴基斯坦议会演讲中，习近平总书记在回顾两国2000年的友好交往历史中，讲述了中巴两国政府彼此鼎力支持的故事，讲述了巴方在中国汶川地震、中方在巴方发生特大洪灾和也门撤侨中倾力帮扶的感人故事，形象地阐明了“中国和巴基斯坦的友谊是肝胆相照的信义之交、休戚与共的患难之交”⑥。在美国访问期间，他讲述了中美二战期间并

---

① 习近平.在纪念孔子诞辰2565周年国际学术研讨会暨国际儒学联合会第五届会员大会开幕会上的讲话[N].人民日报，2014-09-25.

② 人民日报评论部.习近平讲故事[M].北京：人民出版社，2017：279.

③ 人民日报评论部.习近平讲故事[M].北京：人民出版社，2017：276-277.

④ 习近平.在联合国教科文组织总部的演讲[N].人民日报，2014-03-28.

⑤ 习近平.顺应时代前进潮流　促进世界和平发展——在莫斯科国际关系学院的演讲[EB/OL].(2013-03-24).人民网，http://politics.people.com.cn/n/2013/0324/c1024-20892661.html.

⑥ 习近平.构建中巴命运共同体　开辟合作共赢新征程——在巴基斯坦议会的演讲[N].人民日报，2015-04-22.

肩奋战的“抗战往事”[①]；在哈萨克斯坦访问期间，讲述了冼星海的阿拉木图故事[②]；在印度访问期间，讲述了泰戈尔的“中国故乡”故事[③]；在德国访问期间，讲述了拉贝的南京故事、德国葡萄专家诺博和汉斯的中国故事[④]；等等。这些跨越古今、感人至深的友好故事，勾连起中国人民和世界各国人民友好往来的温暖记忆，展现了中国重情义、崇正义、讲道义的国家形象。

四是合作共赢故事中的机遇中国形象。作为全球第二大经济体和快速成长的发展中大国，中国已经成为全球经济增长的发动机，习近平总书记曾用“搭快车”一词比喻中国和平发展给世界带来的合作共赢的发展机遇，也讲述了许多生动的故事。如在中阿合作论坛第九届部长级会议开幕式上的讲话中，习近平总书记既讲述了中阿人民在大漠戈壁上“驰命走驿，不绝于时月”、在汪洋大海中“云帆高张，昼夜星驰”的丝路友好交往往事，也讲述了一位阿拉伯青年在义乌的繁荣兴旺中立业成家的当代故事[⑤]，诠释了中国梦和阿拉伯梦梦想相通带给普通人的人生机遇。在2012年访问美国期间，习近平总书记则以马斯卡廷的“金钥匙”故事为引子，引出中美两国友好交流和经贸合作的快速发展，说明“中美地方合作交流的大门一经打开，就没有任何力量可以再把它关上了”[⑥]。所有这些故事，都生动地展现了中国和平发展、互利共赢的国家形象。

总之，习近平总书记从民族复兴、文化交流、友好往来、和平发展等角度讲述的中国故事，全方位、立体化地展现了中国的历史、现实与未来，展现了中国作为“世界和平的建设者、全球发展的贡献者、国际秩序的维护者”的良好形象。

---

① 人民日报评论部. 习近平讲故事[M]. 北京：人民出版社，2017：304.

② 人民日报评论部. 习近平讲故事[M]. 北京：人民出版社，2017：298.

③ 人民日报评论部. 习近平讲故事[M]. 北京：人民出版社，2017：285.

④ 习近平. 在德国科尔伯基金会的演讲[EB/OL]. (2014-03-29). 人民网，http://politics.people.com.cn/n/2014/0329/c1024-24772018.html.

⑤ 习近平. 弘扬丝路精神 深化中阿合作——在中阿合作论坛第六届部长级会议开幕式上的讲话[N]. 人民日报，2014-06-06.

⑥ 人民日报评论部. 习近平讲故事[M]. 北京：人民出版社，2017：267-269.

（二）习近平讲故事中的中国智慧

习近平总书记讲述的中国故事中，不仅展现了鲜明的中国形象、坚定的中国主张，也包蕴着丰厚的中国智慧，包蕴着中华优秀传统文化、中国特色社会主义实践对解决当今世界面临重大问题的经验和启示。

一是中华优秀传统文化中包蕴的中国智慧。习近平总书记在国内外众多场合、利用各种契机阐发中华优秀传统文化的思想精华。2014 年 2 月 24 日，中共中央政治局第十三次集体学习时，习近平总书记强调，深入挖掘和阐发中华优秀传统文化讲仁爱、重民本、守诚信、崇正义、尚和合、求大同的时代价值，使中华优秀传统文化成为涵养社会主义核心价值观的重要源泉。习近平总书记在纪念孔子诞辰 2565 周年国际学术研讨会上的讲话中，集中阐述了中华优秀传统文化“道法自然、天人合一”“天下为公、天下大同”“以民为本，安民富民乐民”“革故鼎新、与时俱进”等十五个方面的思想精华①。这次讲话是一篇解读中华优秀传统文化时代价值、全球价值的经典文献，为传承弘扬优秀传统文化、推进优秀传统文化创造性转化、创新性发展提供了指南。

二是中国特色社会主义实践中蕴含的中国智慧。中国共产党领导的亿万中国人民的中国特色社会主义实践，为世界提供了走向现代化的新范例、新选择、新启示。在中国共产党与世界政党高层对话会上的主旨演讲中，习近平总书记从人类命运共同体的高度，围绕共建美好世界、共同开创人类美好未来，提出了“努力建设一个远离恐惧、普遍安全的世界”“努力建设一个远离贫困、共同繁荣的世界”“努力建设一个远离封闭、开放包容的世界”“努力建设山清水秀、清洁美丽的世界”的“四点意见”，宣示了中国共产党“一如既往为世界和平安宁作贡献”“一如既往为世界共同发展作贡献”“一如既往为世界文明交流互鉴作贡献”的“三条主张”②，汲取了中华传统文化中“天下观”与

---

① 习近平. 在纪念孔子诞辰 2565 周年国际学术研讨会暨国际儒学联合会第五届会员大会开幕会上的讲话[N]. 人民日报，2014-09-25.

② 习近平. 携手建设更加美好的世界——在中国共产党与世界政党高层对话会上的主旨讲话[EB/OL]. (2017-12-01). 新华网，http://www.xinhuanet.com/world/2017-12/01/c_1122045658.htm.

“和文化”的思想精髓，展现了中国共产党治国理政和中国特色社会主义奋斗实践凝结的中国经验和中国智慧。泰国民主党主席、前总理阿披实认为：“中国共产党的智慧提醒了我们，不管政党来自于什么样的体制，秉持着怎样的原则，都要通过制定政策和贯彻执行来满足民众的意愿。”①

（三）习近平讲故事中的中国方案

党的十九大报告中指出，中国特色社会主义新时代“是我国日益走近世界舞台中央、不断为人类作出更大贡献的时代”。“为人类作出更大贡献”承载着中国共产党人的初心和使命，承载着中华优秀传统文化兼济天下的胸怀和气度。习近平总书记站在人类发展的高度，统筹国内国际两个大局，提出了共同构建人类命运共同体、“一带一路”倡议等一系列中国主张、中国方案。

2017 年 3 月 17 日，“构建人类命运共同体”理念载入联合国安理会决议。2018 年 6 月 20 日，纪念联合国外空会议 50 周年高级别会议通过的成果文件，首次在和平利用外空领域以协商一致方式写入人类命运共同体重要理念。“构建人类命运共同体”是中国为处于转型期重要当口的世界贡献的国际秩序新理念、新愿景，更蕴含着深沉的文化哲思、文明进路。习近平总书记在联合国日内瓦总部所作的《共同构建人类命运共同体》演讲，是集中阐发这一理念的经典文献。在演讲中，习近平总书记用了“平行宇宙”猜想、“修昔底德陷阱”和“达摩克利斯之剑”等典故警醒人类认识面临的共同危险，用瑞士联邦大厦穹顶的“人人为我，我为人人”拉丁文铭文、日内瓦的和平见证、“杜楠之问”等故事唤起人们化解冲突、共建和平的历史记忆，用“瑞士军刀”的精巧激励人们去探寻解决世界问题的方法。② 一则则典故、故事，缀玉联珠，赋予生动的形象和流畅的节奏。相比较而言，习近平总书记在联合国教科文组织总部所作的演讲，则是重点讲述了一个中华文明的“大故事”，通过全面论述中华文明融合发展的历史，阐述和而不同、交流互鉴、融合创新的中华文明智慧。习

① 努力把这个星球建成和睦的大家庭——习近平总书记中国共产党与世界政党高层对话会主旨讲话引发国际社会热议[N]. 人民日报，2017-12-04.

② 习近平. 共同构建人类命运共同体——在联合国日内瓦总部的演讲[N]. 人民日报，2017-01-20.

近平总书记强调“我们应该从不同文明中寻求智慧、汲取营养，为人们提供精神支撑和心灵慰藉，携手解决人类共同面临的各种挑战”①，是以文明之思导向人类命运共同体的当下主张。

“一带一路”倡议可以说是走向人类命运共同体的重要路径，也是习近平总书记讲述最多的故事主题之一。其中有在联合国教科文组织总部的系统讲述，而更多的则是结合具体访问国讲的“在场化”“对象化”故事。如在哈萨克斯坦纳扎尔巴耶夫大学的演讲中从张骞出使西域的故事讲起，在访问伊朗期间发表署名文章讲述丝路上的中伊友谊故事②，在新加坡讲述“郑和宝船”③，等等。这些民心相通的友好故事为“一带一路”沿线国家和地区的共商、共建、共享提供了社会心理基础。

此外，围绕当今世界发展的重点问题，习近平总书记积极向国际社会传播共商、共建、共享的全球治理观、正确义利观、新型大国关系、网络空间治理等中国理念、中国方案。如在出席世界经济论坛2017年年会开幕式并发表的主旨演讲中，习近平总书记将“阿里巴巴的山洞”和“潘多拉的盒子”两个世人皆知的典故巧妙搭配，以“经济全球化曾经被人们视为阿里巴巴的山洞，现在又被不少人看作潘多拉的盒子”一句话，化繁为简，举重若轻，回应了贸易保护主义升温的全球化逆流，引出牢固树立人类命运共同体意识，共同担当，同舟共济，共促全球发展的中国主张、中国担当，提振了国际社会应对挑战的信心，受到广泛赞誉。世界经济论坛主席施瓦布称，习近平出席年会，表明美国主导的单极世界正在转向多极世界，希望中国在这个新世界中承担积极的、负责任的领导角色。④

总之，习近平讲述的中国故事，既有具体生动的典型故事，更有丰满的大国形象、深邃的中国智慧、立意高远的中国主张，具有深厚的价值意蕴和强大的感召力、说服力。

---

① 习近平.在联合国教科文组织总部的演讲[N].人民日报，2014-03-28.

② 人民日报评论部.习近平讲故事[M].北京：人民出版社，2017：249-250.

③ 人民日报评论部.习近平讲故事[M].北京：人民出版社，2017：301.

④ 中新社.外媒热议习近平达沃斯演讲：传递中国主张　彰显世界影响力[EB/OL].(2017-01-18).中国新闻网，http://www.chinanews.com/gn/2017/01-18/8128263.shtml.

三、化成天下：根植于优秀传统文化讲好中国故事的话语艺术

讲好中国故事，不仅要注重讲什么样的中国故事，更要讲究怎样讲好中国故事，让中国故事、中国话语更好地赢得世界的认同与共鸣。在这方面，中华优秀传统文化依然具有重要的启示。习近平总书记指出："以理服人，以文服人，以德服人，是中华文化的生命禀赋和生存耐性。'远人不服，则修文德以来之'，中华民族早就懂得'观乎人文，以化成天下'的力量。"①

习近平总书记对中国故事的讲述，鲜明地体现了中华优秀传统文化以"理""文""德""服人""化人"的艺术。

（一）话语创新与以理服人

国际传播要跨越国家、民族、宗教、文化以及经济发展阶段的差异与隔阂，特别需要以融通共享的概念、范畴、表述为中介。习近平总书记特别注重话语创新，精心打造出一批融通中外的标识性话语，如中国梦、人类命运共同体、"一带一路"倡议等。其中，中国梦展现了中华民族的夙愿，同时每个人、每个民族、每个国家也都有自己的梦想，许多国家也同中国一样拥有披荆斩棘、艰难奋斗的历史，所以特别容易引起共鸣。从中国梦到非洲梦、亚洲梦、世界梦，中国梦已经成为联通中国与世界的价值纽带。构建人类命运共同体思想不仅具有中华优秀传统文化"天下为公""大同世界""民胞物与"的思想印记，也反映了自古以来各国人民对理想世界的憧憬，反映了人类文明相互依存的现实和对公正合理、互利共赢国际秩序的追求，因而一经提出，就迅速被载入联合国的相关文件。"一带一路"倡议源于中国，属于世界，根植于历史，更面向未来，为欧亚非大陆及世界搭建了共商、共建、共享的合作平台。总之，这些新概念新范畴新表述，既有鲜明的中国特色、中国风格、中国神韵，又具有融合古今、融通中外、融汇时代关切与价值主张的张力，故而能够成为

① 中共中央文献研究室. 习近平关于社会主义文化建设论述摘编[M]. 北京：中央文献出版社，2017：201.

影响世界、影响时代的新时代中国的标识性话语。

（二）“平语近人”与以文服人

“言之不文，行之不远”，讲好中国故事要注重语言的艺术。习近平总书记的话语风格鲜明、内涵深刻、亲切自然，特别容易入耳入心，即所谓“平语近人”，而习近平总书记深厚的文化底蕴、艺术修养，又赋予其话语以生动、睿智、警策、雄健等美学品格。

用典是中国古典文学特别是古典诗词的重要艺术手段，按照刘勰《文心雕龙·事类》中的说法，是“据事以类义，援古以证今”，即通过引用典籍中的名句（“语典”）、故事（“事典”）艺术化地表达思想。习近平话语风格的一大特色就是善于用典，人民日报编撰的《习近平用典》一书，按照“敬民篇”“为政篇”“立德篇”“修身篇”等十个主题，整理了习近平总书记讲话、文章中引用的112则中国古典名言名句，如“计利当计天下利”“万物并育而不相害，道并行而不相悖”“既以为人，己愈有；既以与人，己愈多”等经典名句，寓意深刻，展现了中国的天下情怀、和合文化、和平传统、共赢智慧和共同开创美好未来的坚定信念。此外，习近平总书记的话语中也大量运用俗语谚语，如“打铁还得自身硬”“人心就是力量”“开弓没有回头箭”“没有比人更高的山，没有比脚更长的路”等等，生动形象，增强了话语的亲和力。

善用比喻也是习近平总书记话语风格的一大特色，诸如“把权力关进制度的笼子”“打老虎、拍苍蝇”“绿水青山就是金山银山”“鞋子合不合脚，自己穿了才知道”以及经贸合作是国际关系的“压舱石”“助推器”等比喻，都已经走出国门，成为具有国际传播力的话语。在比喻的运用上，对喻、博喻、排喻是习近平经常运用的手法，如群众路线教育要“照镜子、正衣冠、洗洗澡、治治病”，改进工作作风要打破“围城”“玻璃门”“无形墙”，反腐败不是看人下菜的“势力店”、不是争权夺利的“纸牌屋”、也不是有头无尾的“烂尾楼”。在与德国总理默克尔会谈时，他以“牛顿力学”为喻，强调两国合作要把握“惯性”、提升“加速度”、减少“反作用力”等，均是妙语连珠、一气呵成，尽显磅礴大气，也展现了中国诗文注重对仗排比的历史传统。

（三）修辞立诚与以德服人

亚里士多德将信任、情感和逻辑作为修辞与说服的三个基本要素，信任来自于言说者的品格。我国古代也提出“修辞立其诚”（《周易·乾·文言》），强调有“真”“善”才有修辞之“美”。

习近平总书记讲中国故事，首重一个“真”字，要求“展现真实、立体、全面的中国”。“立体、全面”，实际上也是“真”，是相对于具象之真的整体之真、本质之真。习近平总书记讲述中国故事始终坚持实事求是，不仅讲述中国的成就，也直面中国发展的挑战，传递中国发展的主张，让世界认识一个真实的中国。同时，习近平总书记还特别注重讲述方式的真情实意，让世界感受到中国的诚意。其中一个很重要的方式，就是把自身带入故事的讲述中，为故事赋予真情实感。如在访美期间讲述的梁家河插队故事①，以个人亲历的中国山村变迁，展现了中国发展的成就，展现了中国共产党人为人民创造美好生活的初心。在访英、访美期间，讲述了自己对莎士比亚、海明威作品的热爱，在访问印度期间讲述了泰戈尔的优美诗句给予自己的启迪，这些故事既拉近了与访问国人民的心理距离，更展现出开放包容、多元互鉴的大国气度。在联合国教科文组织总部的演讲中，习近平总书记特意讲到他在欣赏陕西法门寺地宫出土的东罗马和伊斯兰琉璃器时的思考②，为演讲主题“文明的交流与互鉴”提供了生动注脚。总之，习近平总书记将个人带入故事，以“我”的经历、感受、思考为故事带来“真”的确证，带来“情”的融入，带来“思”的升华，有力地提升了故事的感染力。

话语的根本力量，来源于“善”，来源于话语背后的道德力量、公共价值。前文梳理习近平总书记讲述的友好交往故事，充分展示了中国的“情义”形象。需要补充的是，习近平讲述的中国故事，更充盈着“道义”内核，中国提出的各种双边、多边主张，如亲、诚、惠、容的周边外交，真、实、亲、诚的中非关系，共商、共建、共享的全球治理等，均是根植于正确义利观“计天下

---

① 人民日报评论部.习近平讲故事[M].北京：人民出版社，2017：322.

② 人民日报评论部.习近平讲故事[M].北京：人民出版社，2017：289.

利”的大道大善大德，因而具有了强大的感召力。

语言学家萨丕尔说过：语言不脱离文化而存在，不脱离那种代代相传地决定着我们生活面貌的风俗信仰总体。习近平根植于优秀传统文化讲述中国故事，使中华优秀传统文化的价值理念、人生智慧和文化精神融入中国形象、中国方案、中国精神中，展现了中华优秀传统文化跨越时空的永恒魅力，为世界认识和了解中国搭建了一座跨越语言障碍、超越文化纷争、穿越心灵隔阂的桥梁，为中华优秀传统文化在新时代构建人类命运共同体、提升国家文化软实力的历史任务中实现创造性转化、创新性发展提供了生动范例。

后 记

本书是山东省社科规划研究重大委托项目“习近平新时代中国特色社会主义思想对中华优秀传统文化转化、发展的研究”（批准号 17AWTJ02）的研究成果，是山东省、济宁市党委宣传系统领导大力支持、省内外相关领域专家共同协作的结果。

2013 年 11 月习近平总书记视察山东并发表重要讲话，揭开了中华优秀传统文化传承发展的新篇章。围绕贯彻落实习近平总书记讲话精神，推进优秀传统文化转化创新，山东省开展了一系列实践创新和理论研究工作。济宁是“儒学原乡”。本课题由时任中共济宁市委常委、宣传部部长的李昌文同志策划并组织实施，在履任新职后，李昌文同志仍时时关注课题进展并及时统筹协调。课题实施过程中，山东省社科规划办将课题列入山东省社科规划重大项目，规划办主任杜福同志、副主任陈建兵同志就选题框架、内容提出了具体建议，并几次听取课题组成员的课题进展情况汇报，给予全程指导。山东大学人文社科研究院对于本课题给予高度重视，联络协调马克思主义学院、政治学与公共管理学院、威海校区的专家一并参与，山东大学校长助理、人文社科研究院院长邢占军教授专门出席了开题会。中共济宁市委宣传部、济宁市曲阜文化建设示范区为课题提供了研究经费，济宁市委宣传部常务副部长孙爱民、理论教育科科长李征，曲阜文化建设示范区党工委副书记、管委会副主任李学斌，示范区党工委委员、管委会副主任吕斌、王士虎及文化旅游局局长颜磊等同志为课题组的调研、研讨提供了全方位支持。在此，对各级领导的关心支持表示衷心的感谢！

本课题由中国人民大学郭庆光教授、山东大学颜炳罡教授担任学术指导。郭庆光教授是传播学研究的知名专家，颜炳罡教授是儒学研究的权威学者，两位先生的悉心指导，令我们受益无穷，谨表诚挚谢意！

参加课题研究的除山东大学的有关专家外，还有北京大学、清华大学、中共山东省委党校、山东行政学院、山东理工大学、济宁学院等高校以及孔子研究院、北京时间等机构的专家学者。课题实施过程中，杨朝明、徐艳玲、张士海、王成、魏磊、齐金江、周新芳等学者不计名利，克服教学科研任务繁重的困难，戴元初、刘新传、卢嘉等省外专家克服交流研讨的长途奔波之苦，全力以赴，鼎力而行，确保了课题研究顺利实施，令人备受感动。在此，对各位课题专家表示衷心的感谢！

我们将课题分解为“中华优秀传统文化传承发展与四个自信”“中华优秀传统文化传承发展与治国理政”“中华优秀传统文化传承发展与文化强国建设”三个大的部分，细化为十四个子课题，分别邀请了省内外理论研究、文化研究、传播研究等领域的专家学者担纲各子课题负责人并组织完成相应章节的撰述。

课题和章节撰述分工如下：

第一编 中华优秀传统文化传承发展与“四个自信”

第一讲 中华优秀传统文化是道路自信的内在逻辑支撑

子课题负责人：王成（山东大学政治学与公共管理学院教授、博士研究生导师）

撰稿人：王成、何婧祎（山东大学政治学与公共管理学院博士研究生）、王露（山东大学政治学与公共管理学院博士研究生）

第二讲 中华优秀传统文化是理论自信的坚固底气

子课题负责人：徐艳玲（山东大学马克思主义学院教授、博士研究生导师）

撰稿人：徐艳玲、王盛椿（山东大学马克思主义学院硕士研究生）、钱子昊（山东大学马克思主义学院硕士研究生）

第三讲　中华优秀传统文化是制度自信的深厚根基

子课题负责人：张士海（山东大学马克思主义学院副院长，教授、博士研究生导师）

撰稿人：张士海、孙道壮（山东大学马克思主义学院博士研究生）

第四讲　中华优秀传统文化是文化自信的丰富源泉

子课题负责人、撰稿人：杨朝明（孔子研究院院长，教授、博士研究生导师）

第二编　中华优秀传统文化传承发展与治国理政方略

第五讲　汲取传统文化资源，推进现代社会治理

子课题负责人：刘明洋（山东大学新闻传播学院常务副院长，教授、博士研究生导师）

撰稿人：刘明洋、张赛（山东大学新闻传播学院硕士研究生）

第六讲　习近平生态文明思想对传统生态文化的承续与发展

子课题负责人、撰稿人：梁艳［山东大学（威海）文化传播学院讲师，博士］

第七讲　弘扬中华优秀传统文化，大力加强党的建设伟大工程

子课题负责人：魏磊（中共山东省委党校《理论学刊》副主编，教授、硕士研究生导师）

撰稿人：魏磊、牛凤燕（山东理工大学马克思主义学院讲师，山东大学马克思主义学院博士研究生）、陈家付（山东大学教授）、刘瑞同（中共山东省委党校硕士研究生）、田惠羽（中共山东省委党校硕士研究生）

第三编　中华优秀传统文化传承发展与文化强国建设

第八讲　中华优秀传统文化涵养社会主义核心价值观

子课题负责人、撰稿人：周新芳（济宁学院文化传播系教授，博士）

第九讲　实施国家记忆工程，坚持和弘扬中国精神

子课题负责人、撰稿人：齐金江（孔子研究院研究员）

第十讲　传承优秀传统文化，发展现代教育事业

子课题负责人、撰稿人：袁晓川（山东大学新闻传播学院副研究员）

第十一讲　弘扬新时代背景下的家风家训文化

子课题负责人：王钦鸿（济宁学院中文系主任，教授）

撰稿人：唐延军（济宁学院马克思主义学院讲师）、王祥（济宁学院中文系副教授）

第十二讲　人类命运共同体理念的文化基因与现实图谱

子课题负责人、撰稿人：戴元初（北京时间新闻总监，博士）

第十三讲　互鉴与融通：新时代中华优秀传统文化传播的探索与创新

子课题负责人：刘新传（北京大学新闻与传播学院研究员、博士研究生导师）

撰稿人：刘新传、卢嘉（清华大学新闻与传播学院副教授、博士研究生导师）

第十四讲　根植于中华优秀传统文化，讲好新时代中国故事

子课题负责人、撰稿人：王景强（山东行政学院副教授，山东大学博士研究生）

本书的编辑出版得到了山东人民出版社的大力支持，特别是本书的责任编辑马洁、张卫玲、胡桂生，以专业高效的编辑素养、精益求精的工作态度，高质量高效率地完成了本书的编辑工作。在此特代表课题组全体成员，向他们表示衷心的感谢！

课题实施过程中，山东大学新闻传播学院博士研究生张晓雪、吕晓峰等同学承担了大量联络服务工作，在此一并感谢。

中华优秀传统文化源远流长，对中华优秀传统文化的传承发展是一项长期的、系统的学术工程。本书的出版，只是一个起点，是我们前期学习领会的一个心得汇报，粗疏之处难免。我们诚恳地期盼来自理论界、学术界和文化传承发展层面的专家给予批评指正，也希望能在这个起点上，以更加扎实深入的研究，将这项工作向纵深推进。

刘明洋

2018 年 10 月